任性出版

讀論語

做一個沒有敵人的人

《論語》就是一堂孔子給現代人的快樂幸福公開課。

正安康健創始人
梁冬——著

CONTENTS

第二部 職場上不能只有本事，還要懂做人〈為政篇〉……119

CONTENTS

第四部 在很多時候，和平比公平更重要〈里仁篇〉……301

CONTENTS

推薦序一

孔子的正確打開方式

「羊咩老師的追劇國文課」粉專版主／羊咩老師

我們接觸儒家的時間都很早，國、高中時期，它是課文、是默寫、是那幾本惹人厭的「中國文化基本教材」。當時的我們，可能連「十五志於學」的年紀都不到，卻在課堂上聽著老師從十五志學講到七十從心所欲不逾矩。默寫、抄寫、說教，如果調查臺灣學生與孔子的初次接觸，恐怕回憶都是惡評。

青春期的我只覺得他口中的君子矯情、做作又迂腐。我從歷史課本上學到漢代以後獨尊儒術，儒家成了歷朝統治者最好的統治迷藥，忠孝節義灌輸下去，人民就會乖乖聽話。可惡！太可惡了！正值反叛期、追求個人主義的青年怎麼受得了這些教條？所以一講到孔子，我就掩耳疾走，背他而去。

大學以後，如何在複雜的人際關係中自我定位，深深困擾著我。攻讀中文所碩士的期間，我們坐在教室裡，用各種深奧的學術名詞討論著孔子……分神的我翻著《論語》一條條原文，某幾句突然打中了我——他說的正是我當時的人際困惑，他說的正是一種人可以選擇的更好行為標準。

原來孔子說的不是什麼艱深的學術名詞！他說的就是生活中我們可能會遇到的各種抉擇難題！

我像一個迷路許久、因為害怕而哭泣的小孩，意外碰到鄰家老伯親切帶我回家。那一刻，我想哭又想笑，原來如此，原來老伯平時叨唸的是這個意思！沒碰到問題前，我聽不懂、也不想聽他在說些什麼。遇到問題時，我才發現，能有一個分享人生智慧的長輩，是多麼幸福的一件事。

在那間教室裡，我第一次和孔老先生拉近了距離。我驚喜的抬起頭，卻發現教室裡依舊交換著各種深不可測的學術名詞。那一刻的矛盾，讓我不禁懷疑，也許從一開始，我們就用錯了方式和孔子約會。我們布置了神聖的聖壇，將孔老先生供奉在莊嚴的祭壇上，歌頌讚揚，意圖讓年輕學子知道，你看，聖壇上的老人是聖人，還不快尊敬他？

但認識孔老伯不該是這樣的，最好的約會方式是：拉張小板凳，跟孔老伯坐在路邊榕樹下，他一邊下棋，一邊聽我們絮絮叨叨的抱怨著生活。然後，他瞇著眼，突然冒出幾句金句。恰好的打中我們生活的痛處，指出我們的盲點。

「鞠，阿伯，你說的我怎麼沒想過？」

「你還太嫩了，年輕人。」孔阿伯瞇起眼，笑得慈祥。

我們需要一種新的約會方式。而這本書，正是另一種回歸到生活中，用一年又一年的人生經歷細品孔子的約會守則。去玩味、去咀嚼，然後驚喜的發現，我根本不用花大錢去上什麼勵志雞湯、心靈導師課程，我們的文化中有一老——有這位孔老人家，其實我們早就如獲至寶。

我曾掩耳疾走、背他而去，而在彎彎繞繞的多年後，終於又回到他的身邊，坐下細細反芻他的一言一字。他使我領悟自己靈魂的種種需要，他是唯一讓我覺得我可恥、卻又可救的長者。

原來，他一直都在，只是我們不知道該怎麼接近他。而這本書，也是一位回到他老人家身邊的羔羊，在歷經千帆後，終於發現，孔老夫子的討厭是因為他總一針見血戳中我們的要害，我們詛咒他，卻又知道，若真失去他，我們的生命又將繼續繞圈迷惘，我們的迷惘會勝過遠離他的欣喜。

給孔老伯一個機會，拉把凳子坐下來，跟他這位老人家分享你生活的點滴——然後，你會發現，你也給了自己一個機會。

推薦序二

身心安頓的立身處世

臺師大共教中心國文組助理教授／李純瑀

理念不被接受的黑暗時刻；情感不被理解的糾結心境；作為不被同理的沮喪情懷，自古至今皆然。從何得解？在遙遠的千年前直至今日都有一敲響內心的答案：《論語》。

本書以清晰的語言、通達的條理，在千年後的今天，解答了距離你我如此接近的人生課題。從中可知，若能守住自我價值並站穩崗位前行，事實上已然走在正確的道路上，至於過程中是否開心、失意，那終將成為回頭遙望時的一道風景，掛齒與否？我想那不過是一抹坦然釋懷的微笑。

人生前行的路上難免會有荊棘坎坷，但我們常常在事情還未發生之前，就開始煩惱糾結，為自己設下絆腳石，殊不知那些煩惱其實多數不會真的發生。而這些阻礙我們前行的困頓和矛盾、失望與沉淪，早在《論語》中已明白點出，而本書則以更淺近且貼近日常的語彙告訴眾人，這些阻礙因素得從哪些方面解套。也許是從人際關係，抑或是從與身旁人的互動，又更或者一開始便走錯了方向，「始亂」如何能不至於「終棄」？這或許才是必須面對的一生課題，本書讓我們理解真誠的面對自我、照見內心方是最主要的生活態度。

生活中的自在往往與荊棘險阻互依互存。若是一個對自己的角色和分寸有清醒覺知的人，將會尊重並理解許多已知、未知的人際關係與互動模式，而這也是一種推己及人的態度，也可說是一種將心放得更寬大，讓周遭人們感到舒心的態度，由此細推，最終得以安然自在的不也是自己！讓自己成為自在且謙和的存在，推至他人身上使得他人亦感自適。

看待自我價值同時，則是從未輕易放棄堅持與理想；抓穩人與人之間的分際並盡其在我，更是「心安」則為之。如此一來許多的顛簸都將成為坦途。

期待在前行道路上風雨無阻或許是一個美妙的理想，但又何嘗不是一個值得努力一試的方向？心安便能得到一生當中安身立命的根基，這份根基來自於圓融的生活智慧；來自於真心看見天地、看見眾生、看見自我內心後的坦蕩情懷。

這份真心，將成為荊棘險阻中的心安則為之，並且始終懷抱心安於天地之間。深切期盼你我在這份真心之中，找到屬於自己的生命情懷，那將是一生中最為堅固的一份安然。

序

讀《論語》，我可以學會什麼？

我到了四十三歲才開始覺得慚愧，為什麼小時候沒有人能有系統的告訴我《論語》到底說了什麼，以至於人們提到《論語》、提到孔子時，我總帶著某種不以為然——我們在沒有接觸他之前，居然對他進行判斷，這種情況實在是太普遍了。

當我們評價一件事好或者不好時，內心應該保持一種聲音：「看過嗎？用過嗎？了解過嗎？」然後才能評價——我曾經看過一篇影評，第一句話是「我沒看過這部電影」，後面寫了八千多字……人們總是太匆忙的進行表達。

我是在二〇一八年才開始有系統的學習《論語》，那時恰好正在做《生命・覺者》系列（按：作者自製的視訊課程），訪談了心理學界、科技界、哲學界的很多大家。知道了關於生命的祕密之後，再去讀《論語》，發現這些祕密在《論語》中早就講過了。

試舉一個例子，我以前總是不喜歡孔子言必稱君子和小人，總是提醒我們要時時刻刻，念茲在茲，**哪怕做不成君子，心裡也要想著君子，要與君子做朋友，讓自己成為君子**。我以前認為這是一種思想迫害，起碼是不自由的想法。

為什麼人一定要被分成好人和壞人？當我認真讀完《論語》才發現，其實這是一個活明白的人降低層級高度的說法。

難道孔子不懂得道嗎？難道孔子不知道好壞相生嗎？以孔子的學習力，他應該比我們更能理解上古時期更多出名、得道的人。

為什麼孔子要在《論語》裡如此強調我們該怎麼跟朋友相處、跟父母相處、跟自己相處，怎麼每天對自己有點兒要求？為什麼孔子要把自己落入一個二元的世界裡，而不是在一個超越二元的、終極的，不生不滅、不垢不淨的世界裡？

我現在隱約覺得，這其實是孔子的慈悲使然，他相信大部分的人此生在俗世間，還是要透過相對世界發表自己對世界的認知，也就是在不了解義的境界下過完此生。所以在一個相對世界裡，好壞的標準就顯得重要。

當我們在這個層面討論好壞時，你就會發現，**如果心裡總念叨自己要成為好人，就會對自己的言行、想法、朋友圈也有所警惕。根據吸引力法則，你想著的是這樣的人，結交的是這樣的人，哪怕你只是「演」一個好人，時間長了，大概也會成為一個不壞的人。**

這輩子都沒活好，還談什麼下輩子

孔子做到了他追求的聖人境界嗎？起碼在他的自謙裡不認為自己做到了。連自己都沒有做到，為什麼仍然要提呢？原來**聖人和君子根本就不是真實存在的**，**只是我們人生中的一個方向**。**沒有方向的船，任何風都不是順風**。

而且在一個普遍社交化的時代，孔子日常關注的世界處於一個人際網路社交時代。當然他也為《易經》作注，整理了《詩經》、《尚書》，但他在《論語》裡其實是降低了自我層級高度，他在另一個更不垢不淨、不好不壞，更宏觀的世界裡，讓自己從那個維度降了下來。

他難道不知道會因此在後世留下一個不那麼高級的名分嗎？也許他想過，但他覺得要對學生負責，要對最愛的人負責——**你這輩子都沒活好**，**總想活出超越這輩子的境界**，**很容易走偏**。

過去幾十年，中國、韓國、日本、新加坡在經濟上的崛起，難道不正是儒家思想勤勉、誠懇、守信、務實的體現嗎？所以在這個基礎上，我認為未來的越南和朝鮮，如果得以實現生產力的釋放，會成為地球上最重要、經濟發展最快的國家，因為它們同樣受到儒家思想的影響。

如果說當今中國的世俗社會裡有一套需要大家共同去了解、學習的知識體系，我認為孔子的思想體系更合適，起碼他能讓你成為一個在朋友圈比較容易受到尊重的人。哪怕中間有對自我的約束，讓你覺得不爽；哪怕你在讀《論語》時，覺得每句話都在打自己的臉（我就有這樣的體會，每一篇讀起來都很慚愧）。

但就是這點兒慚愧心，幫助我們在惡勢力面前，幫助我們每天在造各種口業、做各種不合理的事情時，有點兒羞愧感，哪怕是一點點。這一點點就是良知，就是我們沒有墮落成一個終極壞人的基礎。

當然，並不是說學完《論語》之後，我們就不需要了解佛經、不需要了解空性、不需要學習《莊子》……而是當我們能對自己有這樣的要求後，再來學習更超脫於世界的一切，才會發現孔子的用心良苦。

哪怕他是一個已經把《周易》韋編三絕（按：指勤讀《易經》，致使編聯竹簡的皮繩多次脫斷）的人，哪怕他對上古時期文化的理解遠比我們深刻，這樣一個對各類知識都了然於胸的人，為什麼在《論語》裡呈現出善良的鄰家老伯形象？這肯定是他對學生的愛使然。如果沒有這份愛，他完全可以表現得更高冷，但這就不是孔子了。

這就涉及一個很深刻的討論，你是不是一定要顯得比你真正能達到的境界更高一些？孔子選擇了相反的道路，他在《論語》裡顯得比自己真正的境界低了半格，而這半格真正成就了他。這是他在中國的主流價值觀裡，成為萬聖師表，而且這麼多年來被那麼多人最後接受的原因。

如果你真正研究過海寧格家族系統排列（按：Family Constellation，是心理諮詢與心理治療領域的一個方法，多用於家庭治療。是由海寧格開發出來，主張在家庭系統中，有一些不易被人們意識到的動力操控著家庭成員之間的關係。很多人的身心問題，其實都是家庭「牽連」造成的。將「牽連」的原因顯露出來，往往能找出化解的方法）、研究過人的意識對他人的影響、研究過新意識的作用，並且在日常生活中有所實踐，便會發現，其實孔子在平凡的語言裡，包含了非常深遠的宇宙終極祕密——仁。

同情心是仁的開始

仁是什麼？仁就是將心比心，就是用自己的心感受宇宙、用自己的心感受他人、用自己的心感受有情與無情的眾生。當你有這種瞬間的感受力時，套用一句科幻電影的說法——可以用你的心穿越宇宙的蟲洞，宇宙的終極祕密是愛（《星際效應》，*Interstellar*）。這個愛不是小情小愛，我覺得更接近於孔子說的仁愛——你能否隨時把自己的意識頻譜調到與任何人對接，並且在他的身上積蓄能量。

打個不恰當的比喻，你是否擁有 Wi-Fi 萬能鑰匙，走到哪兒都能連接上網？仁就是孔子給我們靈魂的一把 Wi-Fi 萬能鑰匙。

有了它，你走到哪裡都不會有敵人，這才是真正的仁者無敵。而且我們越深入體會孔子，就越能理解為什麼每當國家有危難時，總會有儒生站出來——從同情自己的家人到同情自己的鄉黨，到同情自己的族人，再到同情人類這樣一種廣泛而深遠的愛，讓他們湧現出捨生取義的勇氣。所以孔子說以人為本，就是後來生發的信念、勇氣、責任、擔當……都是以內在的同情心為核心的。

國學大師辜鴻銘說，東方人，最偉大的品德就體現在廣泛的同情心上。我理解的廣泛的同情心就是仁，而仁是需要訓練的，是需要從小培養的，是一門心理養成術，要先從親密關係的聯結中開始培養。一個人如何在與兄弟、父母、老師、同僚的情感聯結中學會尊重，保持寬容，都是從小浸染而來的。所以現在我對兒子的教育還是以儒家思想打底，我希望他不會在太小的時候被「空」、「無」這樣的字面含義引入虛無主義的氛圍。

我在看電影《無問西東》時，深深的被王力宏飾演的角色感動——他的家族三代五將，一輩一輩最優秀的、最有擔當的人，都懷著對他人的大愛，支撐起民族的脊梁。所以我們對孔子的誤解導致了太多混亂，是時候重新提倡人本主義思想，並且以人本主義為基礎，追溯我們本來就擁有的責任與擔當。

學《論語》，最起碼可以成為一個不太糟糕的人

很多人對孔子的第一大誤解就是為權力階層背書，其實這是一個誤會。在清朝末年，四億中國人，只有三十萬人吃皇糧——國家發薪資，大部分的管理都是靠鄉紳階層自治。為什麼在鄉紳自治的情況下會湧現出那麼多優秀的知識分子？因為不管你在哪裡，在山西還是廣東，在紹興還是西安，用的幾乎是同一套教育體系——儒家思想。

而且他們的管理是自主管理，以禮來管理，而不是用刑。子曰：「道之以政，齊之以刑，民免而無恥；道之以德，齊之以禮，有恥且格。」意思是如果你用法律、制度和非常明確的KPI考核，也許老百姓會避免做壞事，但他的內心是沒有羞恥感的——犯規就得接受懲罰，所以很多人就會去思考該怎麼鑽法律的漏洞。但如果你「道之以德，齊之以禮」——用道德、仁心、尊重、愛來管理，老百姓的內心是有羞恥感的，這就是差別。法律和技術也許會幫助我們建立起一個規範的社會，但不會培養出溫暖的人民。

我在香港工作時，發現香港的農村其實仍然延續著清朝典型的鄉紳自治制度。政府對他們的干預並不多，他們如何規畫土地、培養弟子、發展出一套社群管理制度，完全是靠彼此之間共同遵守的價值觀來推動的。

這件事給了我很大的啟發，人民最終還是要回到內心有道德標準的時代。也許我們

對孔子的誤讀，是因為後世儒家和統治階級閹割了孔子的原本思想，如果你讀《論語》原典，會看到一位熱愛生活、對財富不抗拒，但對不義之財心生警惕的智者。

有能力、有錢時可以為人民謀福利，可以「食不厭精，膾不厭細」；道德淪喪、環境不允許時，可以退而獨處。子貢曰：「貧而無諂，富而無驕，何如？」孔子說：「可也。未若貧而樂，富而好禮者也。」就是說，你能不能做到在沒錢時尋找快樂，而不至於怨天尤人；有錢時不驕橫，同時保持一種真正意義上的人與人之間的平等、尊重。

我們現在開始學習《論語》雖然晚了點兒，但不遲。種下一棵樹最好的時間是十年前，其次是現在。讀書也是一樣，哪怕是即將淪為年過半百的中年人，才像以前的小童子一樣重新學習《論語》，未必能學得多麼好，在訓詁和義理上可能錯漏百出，但你仍然可以在學習《論語》的過程中時時提醒自己，不要成為一個太糟糕的壞人。

做君子也可以，做小人也不是不可以——不要做一個太卑鄙的小人；但在誠實和虛偽的君子之間，你還是可以選擇做一個誠實的普通人。哪怕你能做到這一點，孔子也會認為你就是君子。

我發現學習《論語》可以幫助自己培養一種正心誠意、溫暖喜悅之情——正心誠意是儒家的核心心法，溫暖喜悅是做人的優秀介面。

《論語》只有道德常識，沒有「思辨哲學」？

第二個誤解是人們認為孔子不高級，說的都是大白話，家長裡短，顯得不夠有哲學派頭。德國哲學家黑格爾（Georg Wilhelm Friedrich Hegel）曾經表達過類似的看法，他以前對孔子挺尊敬的，但看了《論語》之後很失望。

大概是因為他沒有看過孔子對《易》的評注，沒有看過孔子對《尚書》、《春秋》的整理，包括對歷史的記錄，尤其是他沒有看過《易傳》。所以他在《論語》裡讀到的是一個絮絮叨叨的老頭，反覆說很多事：你要認真學習；如果你學不了太多東西，起碼要有門手藝；你得把手藝練好；做事不能太著急；如果賺不到錢，也不要忘記簡樸的生活裡也有快樂；做人不要太泛泛，對所有人保持謙卑，保持學習的心態……好像都不是特別深刻的東西。

這時問題就來了，連這些都做不到，深刻有什麼用？我覺得學《論語》最起碼可以讓自己成為一個好部屬、好兒女——連部屬都做不好，怎麼做好主管？連兒女都做不好，怎麼做好父母？成為好主管、好父母的基礎是，你首先成為好員工和好兒女。

第三個誤解是很多人對好色這件事的看法。孔子是一個對生活充滿激情和愛的人，我相信他是愛南子的，也是愛美食的，他對器物的鑑賞能力很高，他知道什麼是好馬，在學生中，誰能幫他，誰能更好的傳承，他一眼就能看出來，這說明他是一個有品味的人。

我很高興看到現在很多城市的定位和文化，都語出《論語》，這充分說明儒家思想的確是民間社會的主流思想。在這個基礎上，有一天你放棄一切，看破紅塵，了悟生死，證道三藐三菩提，可喜可賀；如果沒有證道這個，你只是成為一個溫暖的小老頭，也不失為成功。

第一部

當你的才華，還撐不起你的野心時……

〈學而篇〉

01 如何獲得快樂，如何避免不快樂？

原典

子曰：「學而時習之，不亦說乎？有朋自遠方來，不亦樂乎？人不知而不慍，不亦君子乎？」

我常常在想，《睡睡平安》（按：作者自製的視訊課程）作為一檔想和大家一起成為更好的自己的節目，最好的方法就是，尋找一個偉大的思想，在學習它的過程中，受到加持。事實上在太安私塾（按：作者開設的課程，除親授外，也會邀請其他專家學者上課）裡，我一直都在和同學一起學習《論語》。

雖然有的朋友會認為《論語》表達的思想還不夠深刻，甚至有的西方哲學家認為，《論語》只不過涉及一些家長裡短，教大家怎麼做人的內容，談不上有多深的內涵。但我認為，這是微言大義，是一個讓人快樂學習的分享。

通常，中國古典名著的第一句話就是文章的總綱。我們來看《論語》的第一句話，其實就是在幫助我們建立自己的幸福力。

「學而時習之，不亦說乎？有朋自遠方來，不亦樂乎？人不知而不慍，不亦君子乎？」**前兩句在講如何獲得快樂，後一句在講如何避免不快樂**。事實上，這就是一門快樂幸福公開課。

以前，我沒有意識到，獲得快樂來自一件最重要的事——擁有某項技能。比如當你很艱苦的學會了騎自行車，終於可以很嫻熟的穿梭在大街小巷時（甚至可以把手放開），如果自行車的後座上還載著一個女生，那無疑是一件極其快樂的事。

為什麼孔子不說學而又學之，不亦說乎，而說「學而時習之，不亦說乎」呢？我想他可能在很早的時候就發現了一件事——**學習知識會給人帶來更多的焦慮。只有把你學到的知識轉化為行為、習慣，甚至轉化為不假思索的熟練技能時，才是真正意義上獲得快樂的入手式**。

是能力，而不是知識讓我們獲得快樂。

比如讓我最快樂的事情，居然來自一項我鍛鍊了十多年的能力——聊天。每個人都有屬於自己的很奇怪的能力源泉。我有一位做玉器的朋友，當他在打磨一塊石頭時，專注而嫻熟的沉浸在與石頭的互動中，慢慢的，這塊石頭就浮現出了一個觀音的模樣，你會觀察到他臉上洋溢的那種真正的幸福感。

其實，每個人都可以獲得某種技能，寫字、畫畫、彈琴、吹黑管……現在很多朋友都說自己很焦慮，其實我覺得，**焦慮恰好是因為你沒有找到一個技能，可以讓自己獲得享受並經過反覆練習之後感到快樂**。

沒有無意的成功，只有刻意練習

當然，孔子在講到「學而時習之」的時候，我相信他是有所側重的。學什麼？什麼東西要反覆練習？

當年我在《國學堂》節目採訪哲學家王東岳先生時，他有個觀點——孔子主要是做殯葬業的（按：在《論語．子罕篇》中有一段話，子曰：「出則事公卿，入則事父兄，喪事不敢不勉，不為酒困，何有於我哉？」於是就有人據此說孔子是殯葬禮儀業祖師），教人如何埋人，所以他跟學生說：「連埋人這件事，你學完了也要反覆練習，這樣才能埋得高級、埋得順暢、埋得驚天動地、埋得合乎禮儀。」

我當時聽了哈哈大笑。現在看來，此話可能對了一半，這是一個比較入世的比喻。其實無論什麼事情，都要遵循禮——萬物背後的遊戲規則，哪怕是對待往生者。

如果我們把這種心智模式擴展到對眾生、對朋友、對親人，乃至對自己，你就會發現，這其實是一種功夫。待人接物，觀察自己的內心，覺察自己情緒的生滅……這一切都是技術活，並且需要鍛鍊。

哪怕是每天早起這件事，甚至只是起來打一下卡，也是一個經過反覆訓練之後可以給你帶來快樂的事情。就像我們在「自在睡覺」微信公眾號裡做的「二十一天早起打卡」活動，我相信那些堅持了二十一天的朋友，儘管在練習的過程中，每天在七點以前很痛苦的打一次卡，但是當堅持了二十一天之後，他們一定會充滿一種非一般的快樂。這種快樂不是吃一頓飯、喝一杯酒就能獲得的，而是經由艱苦的練習而成長出來的快樂。

小時候，我們甚至可以從做練習題裡獲得類似的快樂。還記得你在上國中時，解答出代數或幾何題時所享受到的那份快樂嗎？這種快樂，居然是經由極其痛苦的練習得來的。

當我們**理解「習」甚至比「學」更重要時，就理解了知識焦慮的源泉**。因為對知識的學習，掌握更多的名詞，了解更多的概念……只會帶來更多的焦慮。哪怕你只是學了一點東西，並把它練到出神入化，也是基於道的。

有一個叫「拳王李淳」的網路紅人，他的微信公眾號叫「拳王的故事」，其中有一篇專門講到一個洗肥腸（按：豬大腸）的人，如何在虛空之中感受到肥腸那種柔軟而堅硬的力量——把肥腸的皮翻開，不用把它洗得特別乾淨，尚存一點兒油脂才會經過「千錘百鍊」，最終幻化成脫胎換骨的肥腸。

因此，我在講《論語》的過程中給大家的第一個建議就是，你是否找到了自己需要長期練習的法門？站樁、打坐、寫小楷毛筆字、做菜、打太極，甚至是練習睡覺之前的呼吸導引之術……不管做什麼，我相信它都會給你帶來一種超級快樂。

原來當我們和聖人在一起的時候，自己也會變得從容。

02 被人誤解很正常，自己開心就好

原典

子曰：「學而時習之，不亦說乎？有朋自遠方來，不亦樂乎？人不知而不慍，不亦君子乎？」

現在，我終於找到了《睡睡平安》的祕密，就是與聖人在一起，我們就能獲得溫暖而堅定的力量。

一個人睡不好覺，一定是因為他的心力不足以讓自己獲得幸福和快樂。在我看來，《論語》就是一門幸福快樂公開課。它的第一段，兩句講快樂，一句講如何避免不快樂。

上一篇我們講的是「學而時習之，不亦說乎？」本篇就來講講下一句：「有朋自遠方來，不亦樂乎？」

有人說：「同門曰朋，同志曰友。」意思是，大家在同一位老師的帶領下，學習知識，叫「朋」；如果彼此之間有共同的趣味、共同的價值觀，叫「友」。

以前在央視的《國學堂》節目裡，我採訪過一位訓詁學的唐漢老師，他告訴我：「『朋』和『友』不一樣，『朋』是一起花錢的人，『友』是一起賺錢的人。因為從甲骨文的角度來說，『朋』（）是兩串錢，『友』（）是兩隻手。」

朋友的確是我們獲得快樂的第二個法門。在人世間，人總是需要幾個有共同興趣、共同頻率的朋友。有時哪怕是一起吃一頓路邊攤、一頓火鍋，或喝一瓶茅台，只要是和對的人在一起，就會有聊不盡的話，就能體會到因為思想頻率的共振而帶來一種愉悅感——人們因為內心有共鳴，所以「酒逢知己千杯少」。再比如，情侶剛開始談戀愛時，就有聊不完的共同話題。

因此，大部分的時候，我們的快樂除了來自自身一種特別嫻熟的能力外，另一種快樂的源泉，就是在與朋友交流的過程中獲得的精神共振。我甚至覺得，所謂愛，本質上就是頻率的共振。

為什麼兩塊磁鐵會相吸？因為它們彼此之間有某種吸引力。同氣相求總是會產生巨大的能量。如果兩個人都隱約的感覺到了某些世間的真理，感覺到在某個境界上不可言傳的妙意，相互碰到一起，一定是極其快樂的。

我曾經設想，如果兩個完全不認識的人，各自在自己的領域創作音樂。結果有一天，他們發現對方居然創作過同樣的一段旋律，會不會有種跨越宇宙的快樂？我想可能會有的。

所以，一個能在精神上與你產生共鳴的人，從遠方來與你相會，這種愉悅是無法用言語來表達的。因此，我們在臨睡之前，可以做一個小小的練習——把自己真正喜歡的朋友列出來，你要知道，他們是你生命中最重要的資糧。

雖然做君子應該一視同仁，但像你我這樣的凡人，在沒有做到之前，是不是應該對那些真正的朋友，付出更多呢？因為**給你帶來快樂的人，其實就那幾個。管理好你和這幾個人的關係，其實已經管理好了大部分的快樂**。

絕大部分的煩惱，都來自不了解

接下來我們看看第三句：「人不知而不慍，不亦君子乎？」講的是我們怎樣才能避免不快樂。

人世間絕大部分的煩惱，都來自一句話——「人家不了解你。」

一個人怎樣才能真正的從別人對自己不了解這種狀態裡解脫出來呢？其實有一個很簡單的方法，你只要問一下自己了不了解自己就可以了。如果連自己都做不到真正的了解自己，又如何譴責別人不了解你？

其實大部分的人都不了解自己。比如，捫心自問你的動機和欲望一致嗎？有的人哭喊著要賺錢，但也許在他內心深處裡，並不渴望賺錢，甚至害怕賺到錢。也許是小時候，他被灌輸了某種暗示——賺錢是一件骯髒的事，因為需要花費心機和經歷不擇手段的過程。

我認識一位德國的朋友，他告訴我，他出生在一個清教徒家庭，在他的童年，父母就向他灌輸，錢從靈魂到承載其數目的這張紙，都是不乾淨的思想。所以在很長的一段時間裡，他不太願意談錢，甚至不太願意碰錢。

我很詫異的說：「這種事情可能在我的朋友圈裡已經沒有了，有不愛錢的人嗎？」後來我認真的觀察了一下。很多人以為自己很愛錢，其實內心是害怕得到錢的，因為他隱隱的覺得自己不配擁有這些錢。事有不成，必有所懼——**你沒有獲得任何東西，一定是因為內心對獲得的東西有所恐懼**。

所以，自己不了解自己都是如此司空見慣的事，又怎麼能指望別人真正理解你呢？如果我們發現自己對別人的誤解也是非常司空見慣的，那別人對我們的誤解，不是更理所當然嗎？

被誤解，幾乎是所有表達者的宿命。你站在那裡，你就在表達，你的語言、眼神、行為……都試圖傳遞某種資訊。而我們知道，當自己表達時，對資訊接收者而言，他一定會用他的成見、價值觀、趣味，乃至內在利益的訴求，扭曲他看到的你表達的一切。

「人不知而不慍」的「慍」，是一個很有意思的字。「慍」講的是有點兒生氣，但又不能充分表達出來，如油和麵的糾結感。

孔子說，這種**對別人不理解自己，但又不能表達出來的不爽，才是真正意義上的超級不爽**。但是，如果你能超越這種感受，發自內心的體會別人不理解你是再正常不過的事，甚至明白別人理解你，有可能只是人家的教養使然，你就不會對別人不理解自己感到那麼憤恨了。

我以前發現一個特別有意思的現象——我身邊的很多朋友都是極其優秀的人，我總是能跟那些人中最優秀的人達成某種共識。甚至在很長一段時間裡，我都認為是因為自己太優秀了，以至於普通人不能理解我。

後來我發現，這是一個很大的誤會，人群中那些最優秀的人，他們有能力讓所有人都感覺到他們能理解你。那是他們成為最優秀的人的原因，與我們自身是否優秀沒有關係。而我們大部分的人，被誤解才是常態——甚至那些最優秀的人，他們也是被誤解的。

這些年我常採訪不同的朋友，我最習慣問的一個問題是：「有那麼多人採訪你，也有那麼多人做了關於你的報導，請問，你最不能接受人們對你的誤解是什麼？」我沒有想到這樣一個平常的問題，每次都會獲得非常真誠的回答，幾乎每個人都充滿了自己被誤解後的「慍」。我每次看見如此成功的人都對自己被誤解不能釋懷，就覺得舒服多了。

獨處時，你能透過彈琴、寫字獲得快樂；「有朋自遠方來」時，你因為你們有共同的頻率而快樂；對自己不能獲得別人的理解而表示充分的接受，從而能避免不快樂。這大概就是孔子眼中的君子吧。

做君子很難嗎？不難。君子是很遙遠的嗎？不遙遠。

你能夠做到快樂，就是對世界最大的貢獻。一個不給別人添亂、怡然自得的人，本身就是一件藝術品。

03 守住自己的價值和位置，運氣就會好

原典

有子曰：「其為人也孝弟，而好犯上者，鮮矣；不好犯上，而好作亂者，未之有也。君子務本，本立而道生。孝弟也者，其為仁之本與！」

有子是孔子的學生，姓有，名若。在《論語》裡，有個很有意思的現象，孔子的學生都稱名字，比如顏回，並沒有被稱為顏子，只有有若和曾參一直被稱為有子和曾子。有人推論，可能《論語》主要是有若和曾參的弟子撰述的，所以他們也把自己的老師稱為子。

有子曰：「其為人也孝弟，而好犯上者，鮮矣。」這句話的意思是，有子說：「一個人如果孝敬父母、敬愛兄長，卻喜好冒犯長輩和上級，是很少見的。」

一個人如果在生命中，能與祖先乃至父母、兄長建立起一種很好的次序感，把自己的位置定得很清楚，這樣的人幾乎不會作奸犯上——但凡奸臣逆子，內心必然會有糾結。

所以，我們看一個人的人品，要看他是否處在「一個序列」的正常位置，看他是否孝敬長輩，是否清楚自己的身分，不做逾位之事。

有一天，一位和我萍水相逢、沒有太多交集的朋友，無意中跟我提到他母親的腰傷時，眼中略略泛起一絲淚光，我頓時有種很強烈的想要幫他的想法。恰好我的一位道家師父雲遊至此，於是我安排他們見面。最後，道家師父用一種針法，讓這位朋友的母親能從輪椅上站起來。他母親當時很激動，我也很高興。事後我突然想，為什麼我願意幫他？其實是被他的那份孝心所感動。

在當今的互聯網上，你會發現一個很有意思的現象——雖然網民的道德觀非常多元化，甚至有時讓我瞠目結舌，但**有一種價值觀是全民一致的，那就是孝**。當一個人有孝心時，沒有人會不幫他按讚；當一個人不孝時，也沒有人會支持他。

我發現，當一種價值觀成為了所有人不言而喻的共識時，它一定擁有某種強大的能力。當一種幾乎所有人都認同的價值觀在人們的心中產生共振時，它的能量是很強的。甚至當一個人的孝心發自內心時，他會獲得來自祖先的幫助。

很多人都說，這是不是一種迷信？其實換個角度來看，是很容易理解的。你想想你的身體裡就住著你的父母，你的父母又是你的爺爺奶奶、外公外婆的孩子，再往上數，還有更多祖先。因此，如果我們不孝，尤其是內心不孝時，其實就是一種對自我的否定。你見過一個否定自己卻運氣很好的人嗎？因此，孝是一個民族得以一直成長、昌盛，而且綿延不絕的靈魂和普世價值觀。

我見過很多朋友，他們心裡對父母有種隱約的傲慢感，別看他們在外面總是很有禮貌的樣子，但其實回到家與父母聊天時卻很不耐煩。這個問題最嚴重的後果就是，它會讓你在外面與貴人相處的時候露出馬腳。

當一個人習慣了如何向他應該尊重的人真誠的表達他的愛時，對方是可以感受到的。所以，如果一個人從小了解如何與比他能力強、段位高的人互動，那麼在之後成長的過程中，他一定能在與其他貴人相處時，自然而然的表達出得體的尊重。

貴人憑什麼幫你，還不是因為覺得孺子可教？所以，讓自己成為一個孝順的人，讓自己的孩子成為一個孝順的人，是這輩子最重要的福德。

如果你的內心有祖先的祝福，在外有貴人相助，怎麼會睡不好覺呢？從《論語》的第二句，可以看出「守孝悌」是如此重要。

扮好自己的角色

一個人如果在家裡不能做到真正的孝順，在部門就會習慣性的犯上。主管在「上面」

俯瞰你的時候，其實對這一點是看得很清楚的。以前我在別處都是做小弟，有時還有點兒小心思。現在自己開公司，有了自己的團隊，從上往下看，哪個人是真的，是可以培養的；哪個人是假的，是要「幹掉」的……其實一目瞭然。

令我詫異的是，這些犯上的人，難道他們的父母都沒有教過他們嗎？一個人步入職場的第一天，就暗自被那些人生當中的貴人——從上往下看的主管一眼看穿，決定培養你還是折磨你，那是一念之間的事。

在你沒有犯上之前，那些能成為你主管的人，早已了解你的心思。所以有子曰：「其為人也孝弟，而好犯上者，鮮矣。」這句話的意思是，那些平常就養成了自己在「序列」裡找到合適的位置，並懂得尊重別人的人，會犯上嗎？這種情況非常少見。

因此，許多人一輩子很努力，卻總得不到主管的賞識，覺得自己懷才不遇，就應該好好想一下，是不是因為自己從來就沒有學習過，或者說沒有養成發自內心的尊重他人的習慣。

現在鼓勵生育，很多朋友都在想，有兩個小孩以後，該如何處理好弟弟和哥哥之間的關係。我們常聽到做哥哥的要讓著弟弟，因為弟弟小，還不懂事。導致弟弟在很小時，在沒有意識到的情況下，就被播下了可以犯上的種子。

這對父母得有多蠢，才會同時讓兩個孩子都受到了某種童年的傷害——做哥哥的不知道保護和憐愛弟弟，做弟弟的不知道培養跟隨大哥的意識。最後，導致當哥哥的不知道如何做領導，當弟弟的不知道如何獲得貴人相助，太可惜了。

究其本質，孝是我們向次序感致敬的藝術。一切的狀態，一切的好運，難道不就是因為你守住了自己的角色嗎？

也許有朋友會說，是不是當弟弟的人就永遠不能成為好的領導者呢？其實，成為好的領導者有兩種方法：第一，如果他的角色是哥哥，他可以在一開始時從父親那裡延續生命的力量；第二，如果他的位置是弟弟，那麼他要學會在比他稍大的那群人中，獲取另外一種男性的力量。

若干個月之前，我在採訪德國心理學家海寧格（BertHellinger）夫婦的時候（大家對海寧格夫婦還是蠻有爭議的〔按：海寧格的家庭系統療法以他個人為主導，在團體的代表的幫助下對來訪者進行治療，以其個人超自然的感悟力抓住來訪者與家庭成員之間的牽絆，指出解決之道，幫助來訪者脫離牽絆獲得新生〕，不過我個人很喜歡他們），海奶奶拍著我的肩膀說：「你需要一種力量——向你的爸爸學習，從他那裡獲得能量。」

我突然意識到，對絕大部分的中國男性來說，也許**擁有一個有力量的父親，和一個懂得在父親面前保持溫和的母親，是一件多麼重要的事**。是的，這就是守住自己位置的價值和力量。

如果你發現自己總是在外界不能獲得某種尊重，不能得到貴人相助；如果你發現老公居然沒有陽剛之氣，不能讓你發自內心的崇拜；如果你發現男朋友總是不能給你所謂的安全感……我們可以從守好自己在各種「序列」——人際關係裡的位置開始做起。

一切都不會太晚，如果從今天開始你發願，要發自內心的尊重別人，你會發現自己的運勢會發生巨大的改變。

04 對自己不了解的事，不貿然的否定

原典

「君子務本，本立而道生。孝弟也者，其為仁之本與！」

君子要務本，什麼叫「務本」？什麼是我們的「本」？我們的本，就是綿延在身體裡的基因。我們的肉身，只不過是這幾十年，最多一百來年的盔甲而已，僅僅是自身基因的承載物。祖祖輩輩的信息借助我們的身體，完成一個往下傳遞的恆久主題。

因此，我們的基因就構成了「本」。本是我們的種子，它其實是一個資訊集合體，聚集了所有祖先的記憶。

「君子務本」，就是要明白你是幾十萬祖先凝聚的產物。這些人所有信息的聚合體，就是你的本。所以「君子務本」，才會「本立而道生」。當我們真正了解自己活在一個巨大的歷史洪流中，就像一支漏斗一樣，處在幾十萬人乃至上百萬人能量的貫穿和資訊的匯

聚裡，才能感到與世界同在的同頻感。這種同頻感，就叫「道生」。「孝弟也者，其為仁之本與！」這句話是說，對自己所處的整個巨大的生命共同體的序列，要表示尊重；對整個生命共同體的所有力量和過往，要表示接受。這是仁，是一種核心——我們與生俱來的與天意連接的隧道。就像《星際效應》裡面說的，跨越時空，只有一種力，那就是愛。但這個愛不是簡簡單單的男女之愛，更像孔子說的仁，是同情、同理、共振。

國學大師辜鴻銘先生說過，中國人的諸多美德，是以同情心為基本心智模式的。我在《梁冬說莊子》這本書裡和大家分享過，同情心是一個產品經理的核心能力，你要比別人更能迅速、不假思索的感受到痛點——別人的痛你能立刻理解，別人的癢你也能迅速感受。所以，採取向上尊重的方式——「孝弟」，來得到一個所謂的「成仁」的結果，是非常有趣的。

很多能力都是可以藉由喚醒獲得

我們很多時候都以為創新就是造反、就是突破。我也曾經一度認為，守住某個「序列」，會阻礙自己突破邊界。但後來我發現，其實這兩者並不矛盾，因為你所有的突破，都必須根植於一股巨大的支持你的力量——光靠一個人戰鬥很容易被摧毀。

如果你願意連接那些自己內在承載的靈魂（基因）的信息、記憶、信念、趣味等的集合，你的很多創新，很可能是一種重複的突破。比如你在寫字時，寫著寫著突然有種很熟悉的感覺——尤其在抄經時，或許你爺爺的爸爸的叔叔……曾經是一個狀元，他在很久很久以前，就抄過這篇經文。你會不會在某一剎那間，和他形成了一種超越時空的同頻共振？如果你連接到了，或許馬上就學會寫字了。

以前我認為這是不可能的，後來結識了很多字寫得很好看的人，他們都會跟我分享那種突破的時刻——他們練啊練、寫啊寫、抄啊抄……好像突然有一天就會了，接下來就得心應手、信手拈來，怎麼寫怎麼對。你以為這種本事是靠練習得來的嗎？可能只不過是你從哪裡同步、拷貝過來的某些記憶而已。我深信，每個人的DNA都是一個全像底片，裡面承載的記憶，其實非常多是來自其他靈魂的記憶，包括一些曾經練過的能力。

有位朋友曾經告訴我，他在寫字時，好像聞到了一股沉香的味道。這是一種通感，也許是錯覺，但可能是你在寫字時，引發出的某位遠房親戚的祖先的記憶，他寫字時聞到的沉香味道，被混合成了神經電的信號，在你寫字時，那個「資料包」被調了過來，因此你感受到了這一切。換句話說，這是所謂的「書到今生讀已遲」。——**很多能力都可以藉由喚醒獲得，尤其是那些可以超越練習的能力**。所以，有子說：「本立而道生，孝弟也者，其為仁之本與！」

在中國古代，其實包括現在，只要有組織、有序列、有某種先來後到的場景，都會存在某種潛規則。

在海寧格的家族系統排列裡，他甚至會幫助那些早年兄弟姐妹過世的人，找到相應的角色感。比如，有個人在家裡排行老大、是哥哥，但他總是找不到做哥哥的感覺，內心總是受到某種隱隱的牽絆。結果，海寧格在做家排時，發現他其實還有一個夭折的哥哥（或姐姐），但這件事爸爸、媽媽沒有告訴他，所以他一直不知道自己並不是家裡的老大。因此，他們需要一些儀式，讓這個過世的孩子在家裡仍然有屬於自己的位置。

當我聽到這件事時，其實保持著懷疑的態度，我認為這是一種心理暗示。但如果這種暗示本身能幫助人，又有何不可呢？對暫時不了解的事，我們只能保持一種尊敬的態度，不要急於否定，也不要急於說「就是這樣」。這是一種禮。

在這個世界上，任何事都有兩種可能：第一，它是假的；第二，它是真的。如果是假的，你要對它保持一種尊重，因為它於你無害，你只是養成了一種尊重的習慣而已——萬一這件事是真的呢？所以我常跟自己說：「對自己不了解的事，不貿然的否定，這其實是一種教養。」——我也常跟兒子這樣說。其實，科學不也是一種對未知世界敬畏探索的心態嗎？一個全然了解並接受自己的人，自會有種自在的氣象。

05

不必討好所有人，也不必為了別人討厭你而難過

原典

子曰：「巧言令色，鮮矣仁！」

我現在發現，有的人睡不好覺，其實是因為他總想得到某個結果卻得不到，因此可能會為了達到目的而討好別人。刻意去討好一個人時，會喪失自我內在的仁德。

《論語》裡有一句話——子曰：「巧言令色，鮮矣仁！」朱熹說過：「好其言，善其色，致飾於外，務以說人，則人欲肆而本心之德亡矣。」這句話的意思是，**當一個人在語言上琢磨如何善巧方便，在神情上表現出討好的樣子時，第一個傷害的，是自己。因為那不是你發自內心的善意。**

我們跟最愛的人交流時，哪怕用再多溢美之詞，再多歡喜的神態……也不會覺得虛

偽，因為這都是內心自然而然流露出來的。而「巧言令色」則是你為了某種利益，用理性推動自己去演一個關心、讚美他人的人，背後是偽善。

之前講《莊子．內篇．德充符》時，提到有種人很有魅力——不評價你，不有求於你，也不在你面前展現他的傲慢，安靜得像平靜的水，反映你的欲望和恐懼。這樣的人自然而然會產生強大的吸引力，就不是巧言令色。

很多人晚上睡覺之前，會對今天自己做了一個巧言令色的人而隱隱的感到自責（哪怕不是刻意的，只是無意識的閃念）。

我剛開始創辦正安醫館時，不得不和一些不太了解的朋友打交道。像我這樣平常很少求人的人，內心對自己作為一個平民，是既自豪又自卑的。因此碰到那些喜歡「吃馬屁」的人，有時會為了達到某種善巧方便的目的，有意無意的呈現出巧言令色的樣子。現在想來，總是隱隱的覺得有點兒不太好。

其實，每個人都是這樣的。我們在人世間行走，總是會有意無意的做一些自己不那麼想做的「好人好事」——其實，本心的喪失是有代價的。我在這裡並不反對一切表揚，也不反對一切歡喜，只是我們能不能升起一種覺察——你的表揚和歡喜，是基於契合、源於欣賞而湧現出來的一種情緒，還是因為想達到其他目的而呈現的手段？同樣是歡喜的神態，善巧方便的語言，它是結果，還是手段，多少還是不同的。

不用急，未來的一切，都會有解決的方法

張居正說過，說話的語氣和神態，都是我們內心世界的反映，最可以觀察人。如果我們每天能覺察自己的表情處在什麼樣的狀態，就會看到自己的變化——你會發現**有時我們只不過是習慣性的巧言令色**。

隨著一個人慢慢成長，有時不一定非要達到什麼目的，只不過由於年輕時習慣了巧言令色，因此這種習慣變成了一種狀態。如果你覺察到是這樣，就會開始產生一種自然而然的「正」——如果內心有憤怒，沒必要把它放大，而是保持一種了了分明、如如不動的狀態就好。

朱熹曾經講過：「聖人辭不迫切。」這句話說得太高級了，它的意思是聖人不著急引導對方，更沒有不可告人的目的，他只是說出自己的觀點，不求改變你，也不是非要如何如何……。

曾經有部很出名的話劇叫《推銷員之死》（*Death of a Salesman*），這部話劇講的是商品經濟氾濫，以至於人們都有意無意的成為「推銷員」，不得不觀察聽眾的想法，然後在神態上予以迎合。

為什麼說「巧言令色，鮮矣仁」呢？首先，表達者內在的真誠消失了；其次，接收

者也會受到傷害。作為接收者，受到最大的傷害就是，他的閾值提高了，以後會覺得接收到這樣的資訊才是對的。當別人不這樣時，他就覺得不過癮。猶如一個天天吃中辣火鍋的人，突然吃口味清淡的飯菜，會覺得食之無味——其實這是對味蕾的傷害，也是對接收這一切聲音、相貌的接收者內心「仁」的傷害。

國學大師梁漱溟先生說，他最佩服的就是那些隨時能睡著、心裡沒有任何掛礙的人，這種人的能力隱藏著，不可輕易使人知；他的心敞亮著，無人不可以不知。他的心是這樣的，所以他坦蕩，於是就煥發出一種與自然、與大家在一起的感覺，我們稱之為合的感覺。

「合一」是我們獲得真正自在最好的方便法門，因為我們不需要欺騙，哪怕是無意的、暗暗的欺騙。

你知道嗎，**任何一個謊言，哪怕是善意的謊言，都會讓我們的內心產生些許不安；這些不安累積到一定程度，就會兌現成不睡覺的積分**。所以「仁者無憂」——沒有什麼可以擔心的，因為每件事都是坦然的。

小時候，我們經常被老師要求要家長在作業本上簽字。如果成績不夠好，每次簽字時我們就很焦慮。比較笨的同學，比如我，早期就模仿父母的筆跡，但一般都會被發現；後來，我先讓父母在寫得還不錯的作業上簽字，再在其他寫得不好的作業上簽字，或者把試卷上的五十九分改成八十九分，拿給父母簽字，結果還是被發現，打得半死……。

現在想起來，自己做父母之後，如果孩子真的把考得很差的試卷拿回來，其實我們是不會真的打孩子的，也不會憤怒——稍有點兒良知和自信的父母，首先都會檢討自己怎麼把這麼聰明、可愛的孩子，弄成一個遭受那麼大壓力，連六十分都得不到的孩子。不用害怕，父母打不死你的，只有那種恐懼，才會真正讓人徹夜難眠。

我用這一小段話，想勾起你年輕時曾經撒過的種種無傷大雅的謊。其實，所有我們撒過的謊，都變成了負積分，都變成了我們今天睡不好覺的真正原因。

花點兒時間，向自己曾經撒過的謊、撒過謊的對象，說一聲抱歉。請生命賜予我們真正的勇氣，直接面對不及格的人生。不及格又如何？那是老師和家長的問題，小孩子怎麼會有問題呢？我們要對曾經的自己說：「你不及格，不也混到今天了嗎？」

回想自己二、三年級時為作業焦慮的心情，因為那時的焦慮，其實累積到了現在。花點時間跟他說：「小朋友，英語差沒關係，將來會發明一種同步翻譯機……」。

有一天，我看著兒子用 Siri 做數學題、做語文題，他直接問：「二十七乘以六十五等於多少？」Siri 告訴他答案，他就寫下來了。所以你說，我們急什麼呢？未來的一切，都會有解決的方法。

讓我們成為一個不需要、或者起碼能覺察自己巧言令色的人。覺察是改變的第一步。

06 如果你不打算盡力，就不要說「我盡力」

原典

曾子曰：「吾日三省吾身：為人謀而不忠乎？與朋友交而不信乎？傳不習乎？」

上一篇我講到不討好他人，就會發展出自己的仁德，可以幫助我們成為一個睡得好覺的人。本篇我跟大家分享一個睡前的練習，這個練習很重要，它關乎我們是不是能完美的與朋友圈進行連接。

許多人都不知道睡前要做什麼，所謂的安心有沒有法門？其實安心是有法門的，比如儒家是以著名的三個問題來展開對安心法門的解說的。

曾子曰：「吾日三省吾身：為人謀而不忠乎？與朋友交而不信乎？傳不習乎？」曾子是孔子晚年的弟子，也是最有成就且備受尊重的儒家代表人物之一。《大學》的作者就是曾子。

「吾日三省吾身」，是曾子一個很重要的修練方法。怎麼說？你看，「為人謀而不忠乎」，其實更多在於你和你的受託者。雖然現在沒有封建時代意義上的皇上，但每個人總會受託於人，總有領導、上級，哪怕你是老闆，也有董事會的其他成員、投資人……。

「為人謀而不忠乎」的意思是，當別人託付你什麼東西時，你是否能盡心盡責？朱熹說：「盡己之謂忠。」就是問心無愧。你說：「這件事我盡力辦。」你是不是真的盡力了？如果你不打算盡力，就不要說盡力兩字（大多數中國人的名字，都是有出處的。比如，張忠謀的「忠謀」，據我推測就來自「為人謀而不忠乎」）。

我每天讀《論語》時，都感覺在扇自己的耳光，因為每句話都直戳心窩。當我開始承認這一點時，就舒服多了。因為自己做不到，就不能要求別人。**道德，最多是用來貼在自己身上的金條，而不是扔向他人的板磚**。

曾子說「為人謀而不忠乎」，為什麼不是「為人謀而忠乎」？因為我們有很大機率都是不忠於自己的承諾的，所以當我們問自己是不是真的不忠時，其實已經假設了內心的承諾與行為是不一致的。因此，很多人很怕讀《論語》，因為讀了會讓自己覺得很汗顏。

我常想，當我們讀完《論語》之後，是否知道自己做不了君子該如何呢？幸好以前學過《莊子》，只能說**知道自己做不到，也比不知道強，能做多少做多少，做不了，就慢慢**

做，但是得接受自己，清楚自己是做不到的人。

知道自己做不到，和不知道自己做不到，是有境界上的差異的。

忠於別人之前，先問是否忠於自己

第二個問題：「與朋友交而不信乎？」就是說，你與朋友交往時，有沒有真正做到守信用。「信」就是言而有信，時時刻刻想著之前的承諾。

最後一個問題：「傳不習乎？」這句話是說，老師教給我們的東西，我們是不是常常把它應用到實踐中了呢？「學而時習之」（我們是不是有常複習學到的知識呢）就是與這句話對應的。「習」歷來有不同的解釋，但我認為，無論是作為實踐練習，還是常常複習，都是有價值的。王陽明先生的《傳習錄》，就語出於此。

所以，我常常覺得一個人如果不讀點古書，就會導致說話沒有出處，很受鄙夷，很陋（low，我在讀《論語》時，有一個偶然的收穫——把 low 翻譯成「陋」，它不僅有境界低的意思，還有蒼白、沒有力量、沒有層次的況味。就像我們翻譯 humor，用「幽默」這個詞，其實「幽默」最早出現於戰國時期屈原《九章．懷沙》中的「眴兮杳杳，孔靜幽默」，然而這裡的釋義是安靜，現在所指的「幽默」則是英文 humor 的音譯，由國學大師林語堂先生於一九二四年引入中國）。

我以前讀書時，隨意的把這句話讀過去，但真正接觸《論語》之後，開始在睡前問自己——是否做到了「忠」？有時不一定是忠於別人，而是忠於自己。

我們可能是別人的僕人，卻也是自己的主人。在我們問自己是否忠於別人之前，還有一個問題——我們是否忠於自己？很多人的身心疾病，本質上是因為不忠於自己身體的反應和感受，也不忠於內在真正的發願。「忠」字，一個「口」，一「豎」，下面是「心」，一以貫之，將心注入。

我在想，一個人忠於自己和他人，是否矛盾呢？可能在終極層面是不矛盾的。**很多人之所以不能忠於別人，其實是因為不忠於自己。**

如果我們真正忠於自己，就會發現自己其實沒有那麼複雜，也沒有那麼多想得到的東西。那個真正值得自己忠於的自己，其實要求很簡單——「一簞食，一瓢飲」，足矣。

其實，大部分的時候我們如果能忠於那個簡單的自己，是不需要迎合他人的；沒有太多需要迎合的人，也就沒有那麼多需要忠於的人，就不存在忠還是不忠的問題。

「與朋友往來，是否守信？」這句話的背後是另外一個值得討論的話題——何必有太多的朋友？一個有幾十位、上百位朋友的人，怎麼可能每一次都守信？因為你照顧不過來這麼多朋友。所以要做到真正的守信，就會迫使你不要有太多的朋友。

我很欣賞我的一位朋友，他說：「我的心就這麼大，進來一個『新人』，就得擠掉一個『舊人』。」他一定會成為一個很忠誠的人，因他最終發現當自己需要守信時，只需要守住很少的朋友。就像古代真正的君子和聖人，朋友都不太多，因為，有一個，是一個。

「傳不習乎？」你不可能練習太多東西。因為學的再多，如果不練習也沒有用、沒有意義，甚至是不仁的。

當我們讀這三句話時，要做到三件事——忠、信、習。這會逼我們做減法：不應該結識太多向你要求「忠」的人、不應該有太多的朋友、不應該學太多的東西。

當我們開始意識到這一點時，才發現所謂斷捨離的本質，是把自己真正想交的人、想做的事落到實處的必然反映。

在去了好幾趟日本後，我越來越深刻的感覺到，那個成熟的社會有種很有意思的氣質——人們對那些特別奢侈的產品，早已沒了興奮感。在那些很大的奢侈品店，你幾乎很少看見本地人，全都是內心還沒有過這一關的外國朋友。

因此，忠、信、習是經歷過很多之後，為了達成而反過來做了減法的人才可以說的。

臨睡之前，當我們問自己這三個問題時，可以再做進一步推演——你準備放棄什麼？因為沒有放棄，就不會有真正的獲得。就像沒有疾病，就不會有真正的霍金一樣。

睡不好，是因為我們想得太多。放下，就睡著了。

07

如果一年後你會後悔做這件事，現在就不要做了

原典

子曰：「道千乘之國，敬事而信，節用而愛人，使民以時。」

上一篇我講了睡前的「三問」心法，最終推導出來你要為「忠、信、習」而放棄點什麼。本篇我們要討論的是，怎樣才能把一件事運轉好。

我們每天都糾纏在太多具體事務中，甚至睡前也會「剪不斷理還亂」。如今，每個人打開手機看微信、看微博，再轉發給誰、@誰，不就跟以前皇上說請國子監司業看一看、請國子監祭酒看一看、請張居正同志看一看……一樣嗎？我們為中美貿易、石油危機、貨幣流向、房地產政策等焦慮，這樣看來，好像處理的都是國家大事。

以前我開玩笑說有些朋友是「地命海心」——吃著地溝油的命，操著中南海的心，

現在發現還真不是，世界局勢真的是牽一髮而動全身：看著美國制裁伊朗，你就知道可能過幾天油價要漲了，你老婆就會跟你說：「別開車了，坐捷運吧。」然後你可能在捷運裡碰見一個女孩……所以美國制裁伊朗，可能對你的生命有很深遠的影響，因為人們都活在「天下一家」的大系統裡。

面臨這樣一個大系統該如何是好？有人說：「半部論語治天下。」孔子在講到這裡時，已經開始提及一個問題了——**面對很複雜的系統，要把握好什麼原則？**

子曰：「道千乘之國，敬事而信，節用而愛人，使民以時。」「道」在這裡指治理。「乘」是古代用四匹馬拉著的兵車。「千乘之國」，指的是有一千輛戰車的國家，這算是一個比較大的國家。「道千乘之國」，就是管理擁有很多部戰車的大國。如今看來，差不多就是那種有一千位朋友，每天要刷成百上千條朋友圈和微博的人吧，他的思考維度可能跟孔子那個時代的國君差不多。

對待每件事，心中都要有敬意

如果你是這樣的人，要把握五個原則才可能活得安然。

第一個原則是「敬事」。對待每件事情都要謹慎，心中要有敬意，不要出爾反爾，想清楚了再出手。

所以我在想，這個世界真奇怪，一個出爾反爾的國家，居然能運作得這麼好，是不是《論語》錯了？

任由總統在網路上隨意發言，今天說要見面，明天說不準備見面了，後天又見面了；今天說貿易問題可以解決了，明天說再打一次……這的確非常透支一個國家的信用。

雖然我只是一介匹夫，站在一個宏觀的角度來看，這樣一個世界超級大國，可以如此輕率的發出某種聲音，並且隨時改變，我在想，這種事一定不會長久。

每件事情在做之前，甚至起心動念之時，其實都值得我們認真對待。**如果一年之後，你會後悔做一件事，那現在就不要做了。這就叫「敬事」**。

第二個原則是「有信」。司馬光說：「夫信者，人君之大寶也。」比如大家說好了吃火鍋，那就一定一起去吃；說好了要達到這個目標，那就一定要做到。所以，如果我以後輕易的做出了承諾，請你們提醒我：「梁老師，做不到就不要說。」是的，寧可不承諾，也盡可能不要背信。

既然說了「房住不炒」，那就堅決擁護，一定不炒房。投資和投機不一樣，投資是最少拿五年、十年，再看情況是否適合出手；投機是買了之後馬上就準備賣掉。

我後來發現一件事，但凡那些想今天買、明天賣，或者今天買、下個月賣的人，都賺不到錢。我們能比高頻交易（High-Frequency Trading，HFT）的機器算得快嗎？機器是沒有感情的，按照某個節點，直接下單買賣。我們想賣，同時又擔心會不會虧本，恐懼、貪婪夾雜在一起，有時電話訊號不好，有時在開會不方便下單……早就被別人割了一茬又一茬「韭菜」（按：形容股市散戶，反覆虧錢被割，卻又有源源不絕、不怕死的新韭菜加入）了。

面對高頻交易的時代，必須信守自己內在的承諾——我要做一個投資者，而不是投機者。對普通人來說，要堅守自己對這個行業、公司、產品的信任。這就叫投資。

很多朋友都知道，我曾多次提過，海天味業（按：中國調味料製造商）和貴州茅台是兩支很好的股票。為什麼我認為它們好？不是因為它們是好股票，而是因為我作為它們的消費者，看到它們的品質一直都很好；而且我也相信，再過五年，人們還是會用海天醬油炒菜，還是會覺得要跟最好的朋友一起喝茅台。還有人會喜歡它們、需要它們，而且會越來越喜歡，它們就會隨著通貨膨脹建立價值。

如果你準備投資一家公司的股票，我強烈建議你先成為它的消費者。因為股票的價格在短期之內總會起起落落，如果你不是它的消費者，沒有真正了解它的價值，你就不會相信它，那麼你是拿不住的。

因此，信不僅僅是別人的信用，也包含你內在對自己所做的事情真正的信任。你要堅信自己做的事情是對的，而不是口頭上說得多了之後的自欺欺人。

就像我在過去八年的時間裡做正安中醫這件事，坦白說，做中醫行業太不容易了，尤其我還不是學醫的。物價、房租都在漲，好的藥材一定會越來越貴，好的醫生也一定會越來越貴，因為需求會增加，而供給並不會成倍增加。那麼，是什麼東西支撐我做下去？也是那個字——信。

有一天，一位同事不舒服，醫館內部拿出一支銀針，互相教學練習，它就有用。當你越來越相信一件事時，就越堅信你所做的這件事，雖然短期之內有風險、有困難，但長期來講一定會勝利。

因此，**守住「相信」，是把一件事管理好的真正原因**。很多時候我們之所以不能把事情管理好，其實不是技術上的問題，而是在內心已經放棄了對這件事的堅定信念。所以，無論是投資股票，還是自己創業，甚至是婚姻關係、子女教育，以及自己做的事，都是一樣的。

有一天，一位同學來我這裡面試，我問他：「你的終極理想是什麼？」他說自己只是不想再做公關的事情了，因為做公關經常要在網路上懟人、刪帖、跟大V打交道……他覺得這些事沒有意義。

我說：「那你想做什麼？」他沉默了一下，說：「我想做一個農夫，最好有一片土地，在上面種一些東西，看著果實慢慢的長出來。」我說：「你為什麼不現在就去做呢？」他說：「現在條件還不成熟吧。」

我說：「不，沒有人能阻擋你做農夫。你有看過一個短片嗎——兩位偉大的老頭，一位盲人，一位好像手腳不方便，他們兩個互相幫助，種出了一片森林，感動了世界。所以，只要你相信，任何時間都不晚，任何時間也不早。」

第三個原則是「節用」——不鋪張、不奢侈、不浪費。有的人喜歡透支，比如，摩拜單車（按：共享單車營運的公司）本來做得很好，但就是因為它透支了預備存款，所以必須找人接手，才有了後來的種種。

這些年因為有了很多融資工具，所以很多創業者很容易拿到很多錢，但我還是堅信老派廣東生意人講的：「先收錢，後花錢；多收錢，少花錢，保持正向現金流。」這就是「節用」。

第四個原則是「愛人」——保持一種良心。什麼叫良心？它不是一個簡單的道德術語，而是有物質基礎的。

女性生孩子的時候會分泌催產素（Oxytocin），催產素會讓她產生一種誰都挺好、誰都挺可愛的感覺——慈悲感。據說在美國，有的人感覺注射催產素是一件上癮的事。不過我的一位朋友告訴我：「在美國有些地方已經立法，禁止過度注射催產素。」這種催產素會讓人長出一種叫「娘心」的東西，這個「娘心」就約等於良心，也就是慈悲。

父母對孩子的那種心，就是真正的愛。那種愛，是發自真心的，哪怕自己沒有，也要給孩子的一種自願感。當你覺得「養一個孩子還不如養條狗」時，那你就不要養孩子了，因為養孩子真的很貴，不划算。

最後一個原則是「使民以時」——人們做事情時，要按照時間節點，不要在農忙的時候濫用民力。

以上五點對我們來說，其實各有啟發。一言以蔽之，管好龐雜的「千乘之國」，因為每個人在朋友圈裡都是一個擁有「千乘之國」的主人。還要保持敬、信、節、愛、使民以時，它們的背後是一件事——一種足夠的謙卑感。

因為只有保持謙卑，你才會知道自己並不是無遠弗屆的。這時，所有的「敬、信、節、愛、使民以時」才有了基礎。

謙卑從哪裡來？從見過比你厲害得多的人那裡來。所以很多人在我面前展現他的驕傲時，我都很同情他——他太慘了，都活到這把年紀了，連一個厲害的人都沒有見過。如果你生出了傲慢心，也可以問自己是不是有這樣的問題。

當你變得謙卑，你就會發現自己只能沉浮於宇宙，於是就可以陷入深深的夢中了。

08 不是學會了才做，是做了就能學會

原典

子曰：「弟子入則孝，出則弟，謹而信，汎愛眾，而親仁。行有餘力，則以學文。」

上一篇我講到很多人之所以睡不好覺，是因為已經陷入了自己的「朋友圈王國」——就像古代帝王一樣，忙著轉發、批閱、擺平事，為世界操心。和平、戰爭、愛情、八卦、別人活得比我好、別人活得比我差……都是睡不著的理由，所以要恪守五大原則。本篇我與大家分享的是和睡覺有關卻超越睡覺本身的知識。

現在許多人由於學習的法門很方便，各種知識平臺也很多，導致越學越焦慮。因此，賣知識點是一門很好的生意。因為人們學習新的知識點，就跟貪吃蛇一樣會越吃越多。你以前不懂就不會煩惱；當了解越多之後，就會發現自己不懂的也越多。

比如，當你知道了互聯網思維之後，發現不懂新零售怎麼辦？當你懂了新零售之後，發現不懂 SaaS（Software-as-a-Service，軟體即服務）怎麼辦？當你開始研究 SaaS 之後，發現組織結構和行動力跟不上怎麼辦？當這些都懂時，你又擔心找不到人怎麼辦？……所以知識就一浪又一浪的把我們這艘心靈的小船打得水花四濺。

可是你知道嗎，儘管孔子是一位大知識分子，但他並不主張你讀很多書（如果你沒有做到以下這幾條）。

子曰：「弟子入則孝，出則弟，謹而信，汎愛眾，而親仁。行有餘力，則以學文。」

在孔子面前，我們都是小朋友。「入則孝」，說的是在家時，一切事情以尊敬父母、兄長為本。道理很簡單，他們是我們的榜樣，你越尊敬他們，他們就越要做出榜樣的樣子，因此就會把他們變成更好的人。

孔子說：「年輕人，在家裡要以孝敬父母為第一根本。」我以前和大家分享過，愛父母就是愛自己，因為我們是一半爸爸和一半媽媽的結合；你愛他們，就是對內在的自己說：「我認同你。」

「出則弟」，「弟」指尊敬兄長。在外面跟著大哥混，才是能混得出人頭地最重要的法門。先跟著大哥混，混到一定程度，大哥自然會幫你做別人的大哥。一出來就找小弟混的人，那就一輩子跟著小弟混，格局總是不夠高遠。大哥帶你看見的東西，小弟能帶你看見嗎？

「謹而信」，說的是做人很謹慎，而且有信用。「謹」和「信」這兩個字，在今天的語境裡和以前是不太一樣的——「謹」，做事踏實不亂來，有始有終；「信」，說話誠懇，言出必行。這都是非常美好的字眼。

「汎愛眾，而親仁」這句話是說，對各類朋友，都要廣泛的接納，內心不起憎恨。而對那些有德行的、能量高的人，則應該更加親近。這句話很有意思，不是跟每個人保持同樣的距離，而是跟絕大部分的人保持同樣的距離，但是要和那些讓你特別欽佩的人更加親近，所以叫「汎愛眾，而親仁」。

「行有餘力，則以學文。」——當我們把前面說的那些都做好以後，還能騰出工夫，再去學習文獻知識。

多觀察、模仿，你自然就會了

《大學》裡說的誠意、正心、修身、齊家……是有次第的。先誠其意，再正其心，這是一種修德，內在世界觀的中心要調整好。

什麼叫「好的世界觀」，就是誠意、正心——說話、做事，是不是真正發自內在的願；你的願景、你的態度和你的行為，是否具有貼合感。而在誠意之前，是格物、致知。格物致知就是實踐。我們研究事情的道理，在做事的過程中明白一些，然後再去讀書，才能理解經典——這是一個非常大的提醒。

現在，很多年輕人都是先學而後實踐的。其實應該**先實踐再學習，這樣會更有力量**。比如我認識的很多香港導演，他們在剛開始拍電影時，哪懂什麼分鏡頭、前期、後期、攝影、製作、籌資……一開始可能就在片場裡賣便當，恰好有一天攝影師對他說：「來，幫我推一下這臺機器。」再後來，攝影師說：「來，你試著看一下這臺機器後面是什麼樣子的。」再後來，導演說：「你來喊開始。」再後來，導演又說：「你去找兩個演員。」再後來，他會在大家攢故事時參與一嘴。再後來，製作人員做後製時帶著他去看一看，他就明白了：哦，原來這叫剪片子……。

許多偉大的導演，都是這樣一步一步做出來的，包括周星馳。周星馳不是導演專業出身，他是演員出身的，甚至還做過兒童節目主持人。後來，他在一九八三年版的《射雕英雄傳》裡面跑過龍套，演被梅超風一把抓死的宋兵乙……然後才一步一步成了一代喜劇宗師。無論如何，他都是一個非常有說服力的實踐樣板——先做後學。

所以，常常有一些小朋友來問我這件事情怎麼做時，我說：「你先去做。」他們總說：「沒學過怎麼做？」我說：「找師父跟著做呀，他說抬手你就抬手，他走你就走，他說買飯，你就去買飯……要有眼力見兒。**觀察多了，模仿多了，你自然就會了。**」

地球上沒有一隻螞蟻上過藍翔技校，沒有一頭獅子讀過北大、清華，也不妨礙牠們在蒼茫的草原上活出真我風采。**要先做後學，而不是先學後做。**

當我讀《論語》讀到這裡時，赫然發現，**我們在很長的一段時間裡，把學和做的順序搞反了**。

睡覺這件事，做就對了；如果你實在搞不定，就去跑馬拉松、晒太陽、走路……不用搞那麼多研究，大多數時間你都會睡得很好。

我有一位朋友叫毛大慶，他以前在萬科（按：中國最大的專業住宅開發企業）工作，後來出來創業。有一年，毛大慶老師跟我說，他曾經有很長一段時間由於讀書、學習、管理公司……導致自己很焦慮，因此睡眠品質很差；後來他去跑馬拉松，跑著跑著人也瘦了，竟然可以秒睡。

像我們這種天天研究睡眠的人，其實搞錯了——不應該研究睡眠，而應該直接睡一覺。很多朋友應該有類似經驗，如果輾轉反側實在睡不著，做一件事就能睡著。做什麼？自己發掘。比如我睡不著就起來拼一拼兒子的樂高。

當晚上同時冒出很多想法導致自己很焦慮的時候，就要去做一件讓自己很專注的事情。樂高小人的大小適合小朋友的手指，當我們這種粗手指的人很專注的去玩時，很快就睡著了。因為只有當你把焦點放在某件事情上，那些讓你煩惱的事情，才會被你的意識所忽略——定在此處而放下別處。

讀《論語》能幫助我們睡好覺，因為每句話都能讓我們獲得啟發，想要睡好覺就做好一件事——Just Do It，要不就做到早起，要不就在睡覺前打坐，要不就去跑馬拉松，要不就晒太陽……反正不是思考。

從來沒有一個藉由思考能睡好覺的人。當然也有人說：「我透過學習也可以睡好覺。」其實是因為這根本不是讓你學習新的東西，只是轉移了你的注意力而已。

你會發現那些讀起來很爽的書讓你睡不著覺，反而那些讓你讀得很困難的書能幫你睡好覺。為什麼？因為這是在做，而不是在學。讀書是「行有餘力」之後要做的事，在生活裡活著，而不是在生活裡尋找書本和知識的印證，變成了一個口頭禪。

說到此處，又戳自己的心了——為什麼常年不敢碰《論語》？因為《論語》的每一句，都是對自己無情的諷刺，有力的鞭撻。

記住，**是做，而不是學，讓我們獲得真正的安定感**。

09 你的多數煩惱，都來自人際關係

原典

子夏曰：「賢賢易色，事父母能竭其力，事君能致其身，與朋友交，言而有信。雖曰未學，吾必謂之學矣。」

上一篇我講了《論語》中的「弟子入則孝，出則弟，謹而信，汎愛眾，而親仁。行有餘力，則以學文。」（《弟子規》就分為「入則孝、出則弟、謹、信、汎愛眾、親仁、餘力學文」七個部分。）

我常常覺得，也許我們會很快掌握前沿的知識和能力，但對人性的理解，以及因為在某個位置上所看到的不同境界，其實是不一樣的。所以年輕人應該有一顆謙卑的心，尊重那些好像有點兒糊塗的長輩，因為他們的糊塗，有可能是歲月凝結的智慧結晶。

我曾經看過一篇調查分析說，在中國，一個人從上小學開始，一直到四、五十歲，最重要的煩惱都來自同一個東西——人際關係。

認真回想，小時候你跟誰玩了，誰跟你玩了，你不跟誰玩了，誰又不跟你玩了；長大之後，在宿舍裡面，有的兄弟之間相處得很愉快，也有的兄弟常常打得不可開交，同「室」操戈。我曾聽一位朋友說，他的失眠就是從大學時和舍友打架開始的。

長大之後，在部門裡，中午跟誰一起吃飯，這也是一件讓人煩惱的事。對很多OL來說，中午有沒有人叫她一起吃飯，是一件讓她很緊張的事；到了情人節那一天，有沒有人送花，又是一件讓人煩惱的事——我以前在一家公司裡工作時，每當到了情人節，哎喲，那些女生把自己的座位搞得像「公墓」一樣，尤其是那些還沒有嫁出去的女孩。

人際關係中，跟主管的關係、跟父母的關係容易給人帶來煩惱——當然，所有讓人痛苦的關係中，最痛苦的是夫妻關係。君不見北京市離婚率是四〇％，這還是離婚成功的比率；而那些起心動念想離婚，比照離成的比率，也得有二．五比一吧，換句話說，想離婚的比率幾乎是一〇〇％。

每一次我去參加婚禮，長輩們都跟年輕人說：「婚姻就是這個樣子，無數次想要殺死對方——當然你並沒有。等兩個人都老年痴呆以後，彼此依賴，也就對婚姻絕望了，那時才會進入婚姻真正的放鬆期。」

這些東西都會影響我們真正的精神上的放達與安頓，我們追求的怡然自得總是會被以上的種種關係所糾纏。《論語》是如何看待這件事呢？子夏曰：「賢賢易色，事父母能竭其力，事君能致其身，與朋友交，言而有信。雖曰未學，吾必謂之學矣。」

子夏是孔子的學生，姓卜，名商。他說「賢賢易色」（「賢賢」的第一個「賢」是動詞，第二個「賢」是名詞），「賢賢」的意思是人要用非常有禮貌、非常尊重的心態來對待賢達的人（就像「親親尊尊」一樣，「親親」指的是親近應該親近的人，「尊尊」指的是尊重應該尊重的人）。「易」，朱熹的解釋為移——置換的意思。

「賢賢易色」就是說，如果我們能夠用尊重賢達的心態，去和喜歡美女、美色、美器、美物的心態置換，那麼我們就會擁有一種嶄新的心智模式——對一切仁慈的、品格高尚的事，心嚮往之，恨不得也擁有這樣的心智模式和能力。

孔子說「好德如好色」，意思是如果一個人喜愛美好的品格像喜愛美女一樣的話，那這個人就是賢人。其實這是一個非常精妙的比喻，一個三歲的小男孩，在商場看見長得好看的阿姨，就撲上去，抱著人家的腿晃來晃去。阿姨還特別高興，覺得這個小孩太可愛了，而且認為這只是小孩而已。殊不知，一個三歲小孩的身體裡可能住著三、四十歲的老靈魂，他只是用自己年輕的身體，在做一件老了之後都不敢做的事而已。這叫好色，是男人的本性。

子夏說：「我們要用一種心智模式替換另外一種心智模式。對待父母時，不遺餘力的孝敬父母；面對主管時，能把自己全部交出去，這樣不會覺得累，甚至因此受到委屈都能置之度外。」

其實現在很多人不一定能經常直接面對老闆，但是有客戶，我們把自己的身體託付給客戶，風裡來雨裡去。「與朋友交，言而有信。」如今，不要說做人「言而有信」，別人發訊息給你，你能回覆一下，已經是一個很了不起、言而有信的人了。如果有人發簡訊給你，你都回覆，那就更了不起了，因為現在很多人是不看簡訊的。

我曾經給一個人發了一封郵件，他馬上回覆我；後來我又發了一封郵件給他，他又立刻回覆我。其實兩封郵件的內容是一樣的，因為我怕他沒看到。就這一件事，我在微信上對他進行了表揚。這個哥們兒崩潰了，他說：「梁老師，像你這樣考驗人的人不多啊。」我說：「我真的覺得你是很有信的人。」

如果你有這樣一個能及時回覆你訊息的朋友，就要珍惜了。如果能做到這些，就算你什麼都沒有學過，我也會覺得你已經算是得道之人了。

焦慮的本質，是一個需要自我檢討的過程

我們常常會為自己與父母的關係、與朋友的關係、與客戶的關係、與主管的關係、與

合作夥伴的關係……而焦慮。其實，焦慮的本質是一個需要自我檢討的過程。

女生會覺得自己的男朋友或老公不會賺錢，沒有勇猛之氣；男生會覺得自己的女朋友或老婆是黃臉婆，肚子上有「游泳圈」（我陪兒子看《蠟筆小新》時，蠟筆小新對他媽媽說：「妳有『游泳圈』。」他媽媽就崩潰了。這都是經歷過的人才會講出來的話）。

如果我們能把好色的心置換為好德的心，能從別人身上看到他對你的包容，那你就會成為得道之人。

很多女生總是抱怨老公下班以後不回家，妳知道人家在外面陪客戶喝酒有多辛苦嗎？喝著五十三度的茅台，喝多了胃裡就會「翻江倒海」，妳以為那很愉快？其實很不容易。能自斟自飲的酒，才是真正好喝的酒；帶著任務出去喝的酒，多半都有辛酸的往事和迫不得已的無奈。

其實，要解決所有的人際焦慮，需要我們捫心自問能否做到「賢賢」——能否把焦點放在對方美好的品格上，能否把焦點放在改造自我、讓自己的品格變得更好上頭。

我讀《論語》時，就像在扇自己耳光一樣，常常看見一張血肉模糊的臉——其實，覺得自己還有臉，本身就是不要臉的行為。

我們這輩人在精神上和古人相比，真的已經墮落到不要臉、沒有廉恥感的地步了。意識到這一點，本身就是淨化心靈的開始。

10 多看別人的優點，你就不會有敵人

原典 子曰：「君子不重則不威，學則不固。主忠信，無友不如己者，過則勿憚改。」

我發現，睡不好覺的原因，是內在的不純然——心有千千結，當然也有生理上的原因。關於睡不好覺的生理原因，我們做了很多臨床研究，發現不管是鼻炎、咽喉發炎，還是肺炎等原因，導致人睡不好覺，主要原因是氣不順。氣不順，則肺氣不降，腎陽不固；氣不順，則肺經不得力，肝火上亢；氣不順，則胃氣不降。

所有的氣不順，都隱隱約約的意味著另一種心智模式——覺得自己沒有得到足夠的尊重。比如林黛玉是一個很典型的氣不順的人，她的出身，她在大觀園裡的角色，都與此有關。

《論語》裡正好有一句話回應沒有受到尊重這一點——「君子不重則不威。」這句話的意思是，如果君子不能做到敦厚持重，就沒有威嚴，不會受到真正意義上的尊重。雖然有的人很有錢，但不能獲得別人的尊重；雖然有的人長得很漂亮，但一張嘴說話就是：「幹啥呢！」我就有種「熊出沒」的感覺，她接著說：「再看！我把你的眼睛挖出來！」我就趕緊跑了……。

如果一個人總是討好別人，或者學東西時很快就覺得自己學會了，然後誇誇其談，或者與人交往時很容易跟對方承諾點什麼……這都是不自重的表現，不可能獲得別人的尊重。如果你對待每個細節，都沒有一種認真的態度，那麼學到的東西就不會堅固——「學則不固。」

比如我們組織的「九九睡前抄經」，沒有說第一天就一定要把《金剛經》抄完，一天抄一頁，一天抄五個字，或者認真反覆的寫好一個字，比如「無我相」的「無」字，你把「無」字寫好，抄完整本《金剛經》，就寫好了好多個「無」字了。

《中庸》言：「不誠無物。」所以「忠」、「信」兩字是人的主心骨；如果你能做到忠信，自然會贏得他人的尊重。

如果你還有一些需要學習的地方，那就是「無友不如己者」——不要跟不如自己的人交朋友。這句話在歷史上有很多爭論，如果每個人都去結交那些比自己強的人，那誰還有朋友呢？其實這句話的背後是另外一個意思——人不是「孤獨一人」。

我們可以在王先生那裡學到敏而好學，在李先生那裡學到不恥下問，在張先生那裡學到格物致知……。

其實我們可以在每一個人那裡學到比自己強的部分。所以「無友不如己者」這句話的意思並不是要我們往「上」看，只結交比自己能力強的人，而應該在每個人身上學到比自己優秀的部分，正如孔子說的「三人行必有我師」，這句話的背後其實是一個去除我慢（按：指態度自大傲慢，侮辱輕視他人）的過程。

一個看得到別人優點的人，一輩子都有貴人相助

我們很容易在別人身上發現問題和缺點，這幾乎是一種人性的自我保護機制，因為這會讓自己感覺好點——當你發現一個很優秀的人不如自己時，是不是覺得很爽？但是，我們要覺察這是一種人性的陋習，要意識到它只不過是人類的一種自我保護機制，同時也是人類自我墮落的可能。

因此，我們的意識要即時轉變，看待別人的焦點要從發現別人的缺點，轉到別人的優點上，時時刻刻從每個人的身上發現值得學習的地方。當有了這種心智模式時，你會發現

自己成了一個每天都在進步的人，而且有意思的是，你幾乎不再有敵人了，因為你可以隨時去讚嘆他人。

這不是拍馬屁，因為拍馬屁出於想從某人身上得到點利益的目的，而這種讚嘆是發自內心的「賢賢」的感覺。如果家長能培養孩子在別人身上發現優點的習慣，那這個孩子的未來必然不可限量。

有一天，我看見一位父親在跟他的兒子對話：「在飯桌上，你看見左邊的第一位叔叔身上有什麼優點？」他兒子說：「我看見他每次抽菸時，都拿出來跟別人分享。」這位父親繼續問：「好，第二個叔叔有什麼優點？孩子回答：「第二個叔叔不怎麼說話，但別人說話時他都會回應。」這位父親接著問：「好，觀察得好。第三個叔叔有什麼優點？」孩子回答：「第三個叔叔對旁邊的姐姐很好。」

我發現這位朋友只有這一個核心教育方法，他的孩子每天走到哪裡，都能觀察到別人的優勢和了不起的地方。你明白一個大人突然從孩子的嘴裡聽到對他的表揚，而且他自認為真的是自己的優點時，那種恨不得在兒童節送這個孩子一套完整的變形金剛的衝動嗎？

有多少孩子從來沒有受過這樣的教育。父母帶小朋友認真觀察別人的優點，並發自內心的表示隨喜讚嘆，這很難嗎？有學奧林匹克數學難嗎？有學英語難嗎？……沒有。但就是這個能力，讓這個小孩子一輩子都不會餓死，一輩子都有貴人相助。

以前我總是聽說「半部論語治天下」，現在看來，一句話足以讓我們在普通人的世界裡成為一個受人尊敬，自己也能心安理得的人。

衡量一個人是不是心安理得很簡單，看他坐下來時手機正面是朝上還是朝下。經常有人跟我聊天時，把手機正面朝下，現在有很多人都有種惡習，他一跟你聊天就會錄音，也不是針對你，他什麼都錄……。

還有一些人，永遠都是很晚才回你的微信，因為他平常不看微信。也對，因為人家有自己的時間規畫。但還有一種朋友，恨不得你跟他打招呼或者說事時，他都立刻回覆你，那只能說明：第一，他很閒；第二，他人真的很好。

「過則勿憚改。」——有了過錯就不要害怕改正，而且要公開承認錯誤。

讀《論語》會有一種渾厚感，會覺得哪怕自己做不到，也希望身邊有這樣的朋友。這和讀《莊子》很不一樣。莊子對人性中的種種不可靠，保持一種坦然；孔子則更認真一點兒。

因此，學《莊子》的人比較逍遙，喜歡他的朋友愛得要死，因為像這樣不給自己壓力的朋友已然不多；但他不可靠時突然就消失了，你也不要抓狂，因為人家就是這個樣子。跟孔子學習《論語》的人都比較可靠，但隱隱的也給自己和別人施加了壓力。

之前我和大家一起學《莊子》，現在一起學《論語》。其實這是一個文火、武火兼備的過程，有時我們需要放達一些，有時我們需要敦厚一些……這是東方人人格的兩面。

當我們面對他人和生活在人世間時，做一個厚重而不怕改正錯誤的人，是一個令自己放心的人；當我們失意和夜間睡覺時，讓自己成為一個負責任的人，也不失為一種對自己的愛惜。

所以說，東方人的人格是非常豐富且多層次的，當我們意識到這一點時，就會對完全不同的內在自我保持一種欣然接受的狀態，這是我們能安睡的最重要的心智基礎。

11 為什麼我總是得不到自己想要的？

原典

子禽問於子貢曰：「夫子至於是邦也，必聞其政，求之與？抑與之與？」子貢曰：「夫子溫、良、恭、儉、讓以得之。夫子之求之也，其諸異乎人之求之與？」

有朋友問我：「為什麼我總是得不到自己想要的東西？這也是讓我輾轉反側難以入眠的原因。」

在《論語》裡有一段話，子禽問於子貢曰：「夫子至於是邦也，必聞其政，求之與？抑與之與？」子貢曰：「夫子溫、良、恭、儉、讓以得之。夫子之求之也，其諸異乎人之求之與？」

子禽姓陳，叫陳亢。子貢姓端木，名賜。陳亢和端木賜都是孔子的學生。有一次，子禽問子貢：「我們的老師每到一個國家，必然能夠了解這個國家許許多多的大城小事，好像知道一些內幕，請問這些『八卦』是他自己琢磨的，還是別人告訴他的呢？」

其實這句話說的是，孔子得到的東西——關於一個國家政治、文化的內幕，他是怎麼得到的呢？這個問題就和我們每個人問：「我想得到一個東西，要怎樣才能得到呢？」是一樣的。

子貢回答：「夫子溫、良、恭、儉、讓以得之。」因為孔子擁有這樣五種生命狀態，所以他身上充滿了巨大的能量和資訊匯聚力，以至各種人都會把各種資訊匯聚給他。

「溫、良、恭、儉、讓」中的「溫」是溫和的意思。朱熹說是「和厚」，張居正說是「溫而和厚，無一些粗暴」——哪怕你在一個人面前做錯了事，他也不迫切的要求你改正。一個粗暴的孩子一定是因為他有粗暴的父母，這已經讓他損失了二〇%的魅力。

「良」是善良，朱熹說：「易直也。」張居正解釋：「良而易直，無一些矯飾。」——你和一個心性光明、明心見性的人交往時，不需要揣測他說的話是什麼意思，他說的就是他想的，他不說的就是他不想表達的，無須掩飾什麼。

「恭」是不傲慢。我發現一件很有意思的事，很多極其優秀的人都有種天生自帶「恭」的狀態，也就是說他已經知道很多了，但當你喋喋不休的說一些他已經知道的事情時，他臉上居然沒有不耐煩。

「儉」在這裡不是指節儉，而是指節制。一個人剛剛和你接觸的時候，可能會顯得很溫和、很善良、很通達。但是一段時間之後，他就懈怠了，那些他應該有的狀態都沒有了，原形畢露，這就叫不儉。

「讓」是謙遜，不驕傲。

孔子用「溫、良、恭、儉、讓」這五種我們稱之為吸引力、溫和力的品質，讓一切向他靠過來的力量為他所用。

折磨人最好的方法，告訴他一個祕密

如果你朝一潭很淺的水裡扔石子，水花會濺得到處都是；但如果是很深的水，你放兩個人進水裡，很快就看不到人影了——這就是水淺和水深的差別。

一個人如果總是保持著「溫、良、恭、儉、讓」的情緒模式，那些知道點什麼的人，就特別願意跟他分享。而且這種人不會到處傳播，只有很淺薄的人才會知道點事馬上就跟別人講。天哪！這種行為就等於扇了自己一耳光；而那些讓你放心的人，你就不怕把祕密告訴他。

折磨一個淺薄的人，最好的方法就是告訴他一個祕密，並讓他知道不能說出去，說出去會對他造成傷害；但是不說出去他又會渾身難受……如果你發現自己擁有這種特性，恭喜，你還有很大的進步空間。

如果一個人知道點什麼，卻好像什麼都不知道，他不是裝作不知道，而是因為他知道自己現在所知道的這些，其實只是一件事很小的一部分而已。他的心中有一個假設——世界比我想像的要複雜得多，哪怕我親眼所見，它也可能不是這樣。

劉備就是如此。論文，他不見得有諸葛亮那麼足智多謀；論武，也沒有趙子龍那般帥氣瀟灑，更沒有關羽、張飛的英勇善戰……但為何劉備能成為三國之一的國君？就是因為他永遠保持了那種溫和的狀態，這種狀態叫「備」，也叫「玄德」。

我小時候總是不理解，為什麼這麼多人總是願意跟著劉備幹？其實是因為劉備身上有種能吸納一切的心智模式。

在「溫、良、恭、儉、讓」這五種品德裡，我個人認為，「溫」和「讓」是一頭一尾——「溫」是態度溫和，不激烈、不迫切，既不是很熱，也不是很冷；而「讓」是對方在你說話時，永遠微笑著接受你的表達，沒有想要刷存在感，也沒有恨不得隨時要插一嘴的姿態（還沒有聽完就已經迫不及待的要表達自己）。

現在的互聯網很容易培養過度表達的人格，大V們也鼓勵大家發言，而每個人都認為自己代表了正義與智慧，可以批評任何人。在現實生活中，這種人其實就是一個買煎餅果子，還跟人家討價還價，然後在地鐵裡被擠成一張紙，在鍵盤上「揮斥方遒」、「指哪兒打哪兒」的人。這是一種非常普遍的人格，我想這種人最終會傷害的應該還是自己吧。

因為這樣的人格一旦形成以後，在現實生活中很難做到真正的「讓」。**一個不懂得在言語上謙讓的人，一定是因為在心理上不謙讓；一個人在心理上不謙讓的人，一定是說話做事不留餘地的人。**

做事不給自己留餘地，也不給別人留餘地，每件事都做得太「滿」，自然而然高血壓、肥胖、糖尿病等疾病就會出現。

所以子禽和子貢的這段對話，其實代表了兩個後來也非常優秀的知識分子的觀察，到底老師是如何獲得他想獲得的一切——透過營造一種情緒反應模式來達成。

對比一下自己，是不是能從中獲得點什麼呢？你在內心特別想得到什麼？你特別想得到錢？你能做到對錢有溫和感嗎？你能做到真正尊重錢嗎？你能做到有節制的用錢嗎？你能做到在自己賺錢時也讓別人賺到錢嗎？

如果你能對錢做到「溫、良、恭、儉、讓」，就能像孔子獲得每個國家的所有資訊一樣，擁有一種對錢的吸引力。吸引力法則的核心就是，讓自己處於一種讓你想吸引的東西投奔而來的頻率。

讀《論語》總是讓人感到很開心的原因是，幾乎用了兩千年的時間，孔子在中國的普遍社會裡獲得了傳承。不管在什麼朝代，似乎在大部分的時候，當政者乃至一些大戶人家，仍然希望自己的後代擁有這樣的情緒模式。

假設有一個大戶人家的長子找女朋友（這個女孩子可能會成為家裡未來的女主人），你想想，老先生、老太太會選一個什麼樣的女孩子做未來的兒媳婦？一定不是按照下面這五個標準來選擇的：錐子臉、說話聲音過於高亢、語速很快、做事不懂得謙讓、過度消費。如果妳是具備這些條件的人，哪怕那個男孩子很喜歡妳，當父母的都有一萬種方法，最終讓妳進不了門（如果連這點智慧都沒有，怎麼能成為大戶人家）。

12 孩子是看著父母的背影長大的

原典

子曰：「父在，觀其志；父沒，觀其行；三年無改於父之道，可謂孝矣。」

當一個人的父親活著時，我們可以觀察他的人生觀、態度和志向；當他的父親過世了，就要觀察他的行為——如果這個人三年之內仍然延續父親生前做過的事，沒有太大的改變，就算是真正的孝。

人們歷來對這句話有很多爭議，很多人都說：「儒家好迂腐呀，父親在時就要聽他的；如果父親做的是錯的，在他去世後的三年還要延續錯誤的做法嗎？」

我有時會在喜馬拉雅FM（按：中國在線音頻分享平臺）或者「自在睡覺」微信公眾號裡看留言，有朋友說：「聽《論語》總是讓人感覺有點壓抑，不像《莊子》那麼放達。」因為孔子總是給人們一些標準，而這些標準讓人們在做不到時覺得很刻板。

其實，現代人讀書不是完全照抄孔子當時的言語和行為（因為時空已變），而是要體會其背後傳承的精神。我們並不是刻板的延續父親所做的事，而是把他曾經做過的有意義的事傳承下去，讓自己活在一段歷史的長河中。

我和一些朋友聊天時，談到一個話題——為什麼一個人的人生是有意義的？或者說他的生命擁有某種力量感？一個很重要的原因是，他活在歷史的長河中。他知道自己是父輩的延續，是兒女的開啟。就像任何一個點，如果前面有來路，未來有去向，這個點是被固定在那裡的，這就是力量的源泉，也是傳承的基因。

一個家族是這樣，一家公司也是這樣。我去日本時，發現日本有些東西是很值得我們揣摩和學習的，比如很多維繫了幾百年的家族企業，可能這家企業做得並不大，就是一間藥鋪，但所有員工在做每項工作時都會想：「我不可以做得太差。」因為祖先父輩曾經把這件事做到了極致，他們會在「天上」看著你。就是這種隱隱的覺得「我不可以辱沒家門」的想法，令他們可以不斷的保持品質，並且讓這家公司或者家族事業得以源遠流長。

活在祖輩的延長線裡的感覺，有時恰是亞洲人，尤其是儒家文化圈裡的一股很重要的力量。

在孔子眼中，人並不是一個單獨的人，而是活在一個家族序列裡。個人和集體之間，個人和祖輩之間，個人和子女之間，擁有不可切割的聯繫；而這種不可切割的聯繫，就是我們獲得一切安全感的來源。

我不知道有多少人會在某些時刻隱隱的感受到祖先對他各種形式的幫助，也許有時僅僅是一種心理暗示，有時是一種自我以為的傳承（就像我剛才舉的例子，當你覺得自己不可以給「天上」的父輩丟臉時，就會有種雖然在別人看不見的地方，但仍然嚴格要求自己的能力），這種心智模式是很重要的。

在廣東，尤其是廣州、順德這些地方，如果你去一個本地人的家裡，會看見家裡供奉著祖先牌位（這種現象在中國很多地方是沒有的，我只在福建和廣東見過）。在每個老廣東人的家裡，逢年過節要拜土地公、拜灶神，還要拜祖先。在這種自我暗示的過程中，人也就變成了一個知道自己該做什麼事情的人了。中華民族得以綿延至今，就是因為人們有這樣一種集體意識。

在過去的一百年裡，尤其是「五四運動」以後，出現了很多批判儒家思想的人。而大部分批判的人，都是因為從來沒有認真接觸過儒家思想。還有一部分的人，以反對儒家思想的名義，彰顯自我存在的價值。但你有沒有想過一件很有趣的事，如果你對祖先有承諾，等你有了孩子，一定會有這樣一種自然而然的言行和舉止——不希望給祖先丟臉，同時也希望成為孩子的榜樣。

我有一位在地產公司當高階主管的朋友，有一天他跟我很感慨的講述了他和老闆一段互動的簡訊。他說某一年，他發簡訊給老闆表示感謝，老闆回覆：「讓我們為人民做些事，讓我們都成為自己孩子的榜樣。」

朋友跟我轉述這句話時，眼中居然有種溫暖、溼潤的感覺。我看見一位四、五十歲的男人如此動情，就知道那句話一定深深的擊中了他。

一個活在這種心智模式裡的人，不會成為壞人（再壞也壞不到哪裡）。這不是靠法律能達到的效果，也不是靠獎勵、積分、薪資、績效、KPI等能達到的，僅僅是因為內心的相信。

因此，如果每個人都開始慢慢的有種堅定的信念——不可以給祖先丟臉，要成為孩子的榜樣，會減少多少社會管理成本，又會讓多少人得以安然入眠。

愛不是多少的問題，是一種能量的傳遞

有一天，我在錄節目之前，兒子突然發燒了，我就趕回去幫他做推拿、刮痧。他怕疼，於是我用很輕柔的方法幫他把火「引」下來，但他還是會疼，因為小孩發燒時碰他的身體，他哪兒都會疼。於是我帶著他站樁，站著站著，他的身體和精神就放鬆了；放鬆了之後，突然說要上廁所，我就知道他的病已經好了。大部分的孩子在發燒時，只要下面一

通，馬上就能退燒。

果然是這樣，十分鐘之後，小夥子很有精神的下樓了，他問我：「你今天怎麼這麼有空啊？」（因為有時我回家比較晚）我說：「爸爸很想告訴你，我們做的每件事都是基於愛，而不是基於恐懼。我今天回來幫你做的一切，不是因為我怕你，而是因為愛。你要記著這樣的感覺，也許有一天當你有了孩子以後，你會把這種習慣傳遞下去。」

當時，我記得我很感激上蒼的加持，在我家裡有一個佛堂，供著觀音像。當我趴在地上跟菩薩表示感謝——誦經時，我兒子從小就會把他的肚子貼在我的背上，他會感受到我誦經時的振動，這時他會哈哈大笑。現在他已經開始慢慢的感受到了，他一直活在一個習慣的序列裡。

如果一百年以後，我成了他說的「遠去」的爹，他會想到曾經有過這些時刻，構成他非常美好的生命中的一部分，他也願意把我曾經對待他的方法傳遞下去。

這就是本篇我講的「父在，觀其志；父沒，觀其行」的核心內涵——基於信任、同情和愛，我們得以把一些很重要的情緒交流模式、審美、做事方法傳遞下去，而這種傳遞，其實是讓每個人獲得安全感、力量的根本原因（尤其對中國人來說更是這樣）。

如果晚上你突然睡不著覺了，也許可以做一個小小的冥想練習——回想一下小時候，你生病時，趴在父親或者母親的背上，趕去醫院看病；或者他們很焦慮的看著你，把水果罐頭拿出來給你吃——也許你小時候會因為想吃水果罐頭而裝病，但現在想起來，難道不都是滿滿的幸福的回憶嗎？這種幸福的回憶，是一種洋溢在顱內和胸腔裡的溫暖，它會把你帶進童年曾經擁有過的美好夢鄉。

好的睡眠，並不是因為你能很好的進入夢鄉，而是因為你喚起了曾經睡得非常好的回憶。讓那種回憶包裹在你身體的裡裡外外吧，你就會進入一個非常好的睡眠狀態。

13 不要因為親密而失了分寸

原典

有子曰：「禮之用，和為貴。先王之道斯為美，小大由之。有所不行，知和而和，不以禮節之，亦不可行也。」

很多朋友都對親密關係中的責任、表現和認同感有種深深的焦慮。比如，男生要有擔當，同時應該獲得尊重；女生應該溫和，同時應該獲得愛。再比如在父子關係之間，父親應該擁有某種尊嚴感，同時又很慈愛——理論上兒子平時可以跟父親很親密，但在是非面前，不能一味服從。

這樣的親密關係當然是一種很完美的、和諧的人際關係，但是想要長久保持下去很難，因為彼此之間關係太親密就容易沒規沒矩，以至於達不到和諧與舒適。尤其是我們童年與父親、母親的關係，常缺乏某種尊重的分寸，因沒看見父親怎麼愛母親，母親怎麼尊重父親，所以很多朋友長大之後，基本上不懂得如何在與他人的親密關係中，保持既有尊重感又有親密感的交流方式。

在親密關係中，兩個人可以像舞者一般默契，但要有次第。這是如何達成的呢？大部分親密關係中的焦慮，都是因為兩個人沒默契——剛剛還親密著，突然翻臉要「振夫綱」或者「振妻綱」了。很多時候，兩口子，或者父子之間，總是不能恰到好處的扮演好彼此的角色。其實，**保持親密關係中親愛的分寸，絕對是一門藝術**，它是孔子說的「學而時習之」中「習」的很重要的內容。

有子曰：「禮之用，和為貴。先王之道斯為美，小大由之。有所不行，知和而和，不以禮節之，亦不可行也。」

有子就是有若，有子說：「禮在應用的層面，其核心祕訣在於保持一種和諧的關係。」所謂「先王之道斯為美，小大由之」，講的是古代帝王擬定了很多禮節，比如如何藝術性的對天、對大地、對祖先，和對他人表示尊重……無論大事還是小事，都那麼完美的體現了規矩之中的親密感，親密之中的規矩感。

但他又補了一句：「知和而和，不以禮節之，亦不可行也。」這句話是說，我們都知道和諧、親密很重要，但如果沒有次第和規矩，親密關係就很容易流於隨意，最後連規矩都沒有了。我們也常常有這樣的經驗，跟一些人剛認識的時候，往往還表現出有點教養的樣子；彼此熟悉了之後，就不把熟人當熟人，不把村長當幹部，不把豆包當乾糧，於是在彼此關係裡就會沒大沒小。

我常常看見一些相當優秀的朋友，由於太愛自己的孩子，以至於回到家之後，在兒子的眼中簡直就跟「傭人」一樣。老婆對他也是這樣，開始時還挺崇拜這個男人的（否則也不會嫁給他），但彼此熟了之後她發現：原來歐巴也會放屁，還在被子裡放，再加上其他不堪的種種，老婆就開始對他不屑起來。

反之亦然。你在剛開始追求一個女孩子時，還覺得她挺漂亮的，好像很有教養的樣子。彼此熟悉了以後你發現，她的一片假睫毛掉在床上，一片假睫毛掉在眼睛外面；肚子上的「游泳圈」也不收一收，完全不在意自己的樣子（以前都是氣沉丹田，照相時吸著一口氣）……你就會覺得：天哪，原來她是這樣的。

這種因為彼此距離拉近而忽略了自己的樣子，其實是親密關係中一次巨大的傷害。

一方面，如果你平時就是一個值得他人尊敬的人，不可以因為彼此距離拉近之後，懈怠了自己身上那股頂著的氣；另一方面，如果你本身很想尊重一個人，也不可以因為跟他的距離拉近了之後，而失去對他的尊敬。

甲方和乙方扮演好各自的角色，有嚴格的角色感，對於保持親密關係是至關重要的。就是有子後面說的那句話：「不以禮節之，亦不可行也。」——當彼此之間已經很親密，如果忘記了禮、忘記了規矩，親密關係是不會持久的，也是不可靠的。

我們從這段話中看到了一些很有趣的現象——**永遠不要因為親密而喪失了分寸，也永遠不要因為距離遠了而心生抱怨**。其實這是每個人對自我覺察的一種提醒。

距離不是彼此生疏，而是互相尊重

如何才能做到這一點呢？保持一種旁觀者的清醒。無論距離多遠、多近，我們都能像旁觀者那樣不時的提醒自己：如果你們的親密已經損害了彼此之間預設的遊戲規則，這種親密可能不會長久。如果你們因為太久的分離，而忘記了對彼此的關懷，那麼只會越走越遠；而且如果因為距離太遠而心有抱怨，那麼你的抱怨會以某種方式損害自己。

我見過很多人，曾經在一家公司幹得挺好的，後來離開了，時間長了之後，對之前的公司也不了解了，就隨意的調侃、批評。如果一位新同事來到我的公司，隨意批評他的舊東家，我想這位同事很難在我的公司工作太久，因為我幾乎可以看見將來他也會在跳槽去別的公司後，以這樣的語氣談在我們這裡工作的體驗。

每個人都是這樣，**當你表達對別人的不滿時，你面前的聽眾聽到的可能不是你對別人的不滿，而是將來你在別人面前對他的不滿**。換句話說，保持一種無論多近、多遠，內心忠誠、中肯的姿態，其實是一個人走向成熟很重要的標誌。

為什麼我要提到這一段呢？根本原因是，越來越多人對人際關係中的分寸感不知道該如何把握。一言以蔽之，在親密時保持尊重，在疏遠時也保持尊重，這就是中道——一種真正基於成熟的旁觀者對自己提醒之後的禪悟。

我曾跟一位分寸感把握得非常好的朋友探討過這個問題，我說：「為什麼當你跟別人很熟時，仍然能對對方保持尊重？當你跟對方已經很疏遠時，仍然能跟他們很親密呢？」

這位朋友告訴我：「實際上，**遠和近都是一種錯覺。你尊重一個人，是因為你尊重自己；你和一個人關係親密，也是因為你相信時間和空間不會對你們造成影響。**」

我聽得有點兒茫然，覺得他講得太過玄妙。這位朋友頓了頓，看著我說：「其實世界外面沒有別人，我尊重你，是因為我尊重我倆曾經有過的這樣一種美好的狀態。當我跟另外一個人由於物理上、時空上的原因有了隔閡之後，我仍然想念他，也是因為我尊重曾經和他親密的狀態。」

我瞬間明白了，這就叫自在。有子在討論人與人之間的關係時，其實問的是，你是不是一個對自己的角色和分寸感有清醒覺知的人？如果你是，就可以隨時讓自己進入夢鄉。

14 始亂必會終棄！因為開始時沒有認真選擇

原典

有子曰：「信近於義，言可復也；恭近於禮，遠恥辱也；因不失其親，亦可宗也。」

如果我們每天讀一些《論語》的篇章，就此來對照自己的言行和起心動念，會發現《論語》的確是孔聖人以及他的弟子對中國人性深度洞察的結果；其中許多解決方案，到今天仍然具有歷久彌新的價值。

究其根本，儒家學問是在討論我們如何藉由修正人與人之間的關係，來達成我們與自己、與宇宙萬物的和諧狀態。

一個人怎樣才能越活越值得信賴，越活越有安全感，越活越不慌亂呢？有的朋友到了中年以後，開始有了所謂的中年危機。據我觀察，都是基於一個原因——年輕時，沒有做出一些嚴格的選擇。

有子曰：「信近於義，言可復也；恭近於禮，遠恥辱也；因不失其親，亦可宗也。」有子認為，如果你的約定或者承諾是符合社會契約的，那麼你說出來的話能兌現的可能性就比較大；如果你對別人的恭敬是合乎禮的（「禮」是有分寸），那麼你對別人的恭敬就不會慢慢的變成一種自取其辱的體驗。

「因不失其親，亦可宗也」中的「因」大致可以解釋為依靠。這句話是說，如果你今天依靠的人是值得信賴的，是可以親近的，那麼你們的依靠是可以長久的，就像同宗同門一樣，可以長長久久。

簡單來說，這三句話說的是，當你在承諾一件事時，如果這件事本身可靠，那麼你實踐成功的機率就大；當你和別人親近時，自身還保持著節制，就不會有太多的挫敗感；當你選擇朋友時，謹慎的選擇，而不是濫交，不是隨意、不加選擇的交朋友，那麼你們彼此的關係就可以像一家人一樣長長久久。

這三句話的前提都是「慎始」——在開始做一件事時，就非常謹慎。比如我以前做創意時思維比較跳躍，一件事沒有認真想清楚就開始做，結果往往做到一半就發現收不住了，於是就要砍掉一些項目。

還有的人開始時很容易與人交朋友，時間長了之後，朋友越交越多；後來由於朋友太多而照顧不來，於是就會冷落一些朋友，反而讓那些朋友覺得，這個人過河拆橋。還有的人剛開始喜歡一個人時，毫無節制的吹捧和讚揚他，結果過了幾天忙起來又消失了，人家就覺得之前這人對他的種種褒揚，透露著某種不可靠和虛偽……。

始亂必會終棄：後來的一地雞毛，往往都是開始時沒有認真選擇的結果。

在現實生活中還有一些非常典型的例子，比如有的人想養貓，或者因為某種巧合就把牠抱回來了，結果沒有想到這是一隻母貓。過了半年之後，這隻母貓的肚子突然變大了，之後家裡出現了好幾隻小貓。這時你是把這些小貓送人呢，還是一口氣全都養著呢，或是全都扔掉呢？

我還認識一些朋友，因為想養孩子，但又不知道應不應該養，就先養隻狗。養了一段時間之後，想送給父母，又怕給父母添亂；想扔到街上，又覺得自己造了天大的罪孽……但是養著又對不起狗，因為自己平時很忙，於是就非常被動。

沒有認真想好之前，就不要隨便開始，因為每一次的隨便，都會造成各種不方便。所以儒家有句話叫「慎終追遠」——一件事開始時很謹慎，反而會走得比較遠，也不會受到種種困擾。

如果你覺得現在有好幾件事情都給自己帶來困擾，想想看，是不是因為最開始時你起心動念太過匆忙、草率？

不必把太多人請進生命裡

年過四十以後，我開始發現一件事——**不要隨便交朋友，因為我們的心就這麼大，裝不了太多人；每來一個新朋友，就要擠出一個舊朋友**。

以前我在《梁冬說莊子》裡講過一個話題，為什麼一定要盡可能的喝最好的酒呢？因為這樣，你才不會亂喝酒，會對每一次喝酒都認真對待。我也會很介意那些隨便吃火鍋的朋友——一定要去吃最好的火鍋，起碼要吃過一、兩次；這樣的話，你就不會隨便亂吃，遭遇痛風。

交友也是一樣。有一年的情人節，我的一位朋友很痛苦，因為他的三個女朋友都出現了，他還要我跟其中一個喝茶，然後跑到隔壁跟另外一個聊天，再抓緊時間和第三個女朋友溝通交流……。

我沒有這份能力，這是很累的。我當時就很同情他，他說他也很同情自己。每當到了情人節、七夕節、雙十一、春節、生日……我的天哪，整個人焦頭爛額。後來這位朋友經過若干年種種「斬立決」、「斷捨離」，終於活成了只有一個女朋友的人。

我覺得有過這種經歷的人，也許應該重新讀一讀我之前分享的那句話。開始時不嚴加選擇，不提高品味，就會隨便，而且對能量的損耗是隨著時間的延續而呈指數級增長的。

後來搞不定了，就註定會「崩盤」。

所以我認為，對孩子的教育有一個很重要的原則，一定要提高他的品味。以前我不懂什麼叫美學教育，也不懂為什麼要讓小孩子見識最好的東西，後來發現其本質是讓他在這輩子不會輕諾，這樣就不至於寡信。

一個人沒有太多朋友並不是壞事；而有了很多朋友卻照顧不來，最終導致眾叛親離才可怕。這年頭，人怎麼會沒有朋友呢？你有很多辦法去認識很多人，遠較古人有更多的機會認識各個領域的朋友。

一個人想做點事，也不會沒有事可做，因為各種機會也多了起來。所以對現代人而言，在最開始做時就有所節制——**把自己的要求提得很高，反而是後來把事情做得簡單順利一個很重要的基礎**。

我現在每天讀《論語》，越覺得我們好可憐，小時候沒有讀過，也沒有人告訴我們**開始做事時就要把選擇的標準提得高一點；寧可沒有，也不要隨便**，這對於長遠的發展來說是很重要的。在交友、承諾、做事，甚至生活的各個方面，都是這樣。

讀得懂《論語》時，人已經老了。也許我今天把這些話拿去跟我兒子講，他也聽不進去，他現在最關心的是蠟筆小新。但我還是會努力跟他講，因為我知道，如果我小時候就讀過《論語》，這輩子會活得輕鬆很多，**九九%後來註定不可能做下去的事，剛開始就不**

要做。就像巴菲特說的，如果一檔股票你不準備拿十年，就不應該買。

我常常對一些出來創業的小朋友說：「如果這件事五年之後你不準備再做，現在就不應該開始做。」不要騎驢找馬，做一件事就做那件事，哪怕慢一點兒，這才是最省力的一條路。

晚上睡覺之前，好好梳理一下被自己始亂終棄的種種吧，減少承諾、減少選擇、減少愛、減少種種結緣……我開始明白佛家講的「了緣」是什麼了，其實我們到世間來，是來了緣的——了結以前不小心在無明中結的種種緣；了了就乾淨了，乾淨了就清明了，清明了就自在了。

在開始時就保持警惕，因為你知道最開始的那點兒克制，將會為你未來不造成那麼多的浪費打下最重要的基礎。

睡覺之前，深深的吸一口氣，然後呼出來，告訴自己：「從現在開始，我終於明白我所有的問題，都是在開始時不嚴肅、不認真、沒品味導致的，終其原因，是因為沒有學過《論語》。不過所幸的是，現在學還來得及。」

15 任何事一旦讓你感到太舒服，就會形成一種綁架

原典

子曰：「君子食無求飽，居無求安，敏於事而慎於言，就有道而正焉，可謂好學也已。」

本篇，我要跟大家討論的話題是關於做學問。

子曰：「君子食無求飽，居無求安，敏於事而慎於言，就有道而正焉，可謂好學也已。」我在讀《論語》時，發現一件事，除了曾子和有子講的部分外，孔子講的內容常常都沒有提到太高的道德標準，反而會關心你活得怎麼樣，學得怎麼樣——這是一位活得很溫潤的老先生。

好學來自四個維度的觀察——「食無求飽，居無求安，敏於事而慎於言，就有道而正焉。」我們先從「食無求飽」開始分析。

如果一個人吃得太飽，會有種從身體內部生發出來的厭離感。吃到很撐很撐時，你有沒有除了幸福感之外，還有種什麼都不想做、什麼也不關心的感覺？

我發現，吃飯吃到剛剛好時，是你和食物之間發生關係的高潮。如果吃得太多，食物已經讓你難受，其實這種體驗並不那麼愉快。

比如你跟特別的好朋友一起喝酒，喝得特別開心，但喝多了還是會暈，還是會吐。哪怕是喝茅台，或是和正妹一起很愉快的喝酒，喝多了還是會難受。所以「君子食無求飽」，講究過午不食（「午」有很多種解釋，有人說是午間的「午」，有人說是下午五點的「五」，還有人說是五成的意思——一半，吃到五成，剛好不餓就可以了）。

有一次我碰到一位好友，跟我說他在臺灣遇見一位一百多歲的修行長老，他去求教。長老問他：「你每天吃多少飯？」他說：「我每天吃三頓，每頓大概吃二、三兩（按：一兩約三十七．八公克），不是很多。」長老說：「再減半。」因為當你吃了一點東西，但又不是很飽時，神經的敏感度是最高的；求學讀書，也是最有吸收力的。放到睡覺這件事上來說，也是最具「睡力」的。

我發現很多人晚上吃得很飽以後，其實睡得很不好，這就是「胃不和則臥不安」。晚餐吃得太飽，既不利於求學，也不利於睡覺。

第二點叫「居無求安」（「安」指的是安逸，甚至是過度安逸）。我們常常說睡覺一定要睡一張很舒服的床，但你有沒有想過，如果把自己家裡的睡眠環境做到極致，這可能是一件非常危險的事，因為你不可能把這套東西背著全世界到處跑。比如有的朋友自從帶了呼吸機以後，每次出差都得拎著呼吸機。

現在連我都覺得家裡的床睡著太舒服了，出去睡哪兒都不舒服。當然你可以說，這是一個減少外出的很重要的理由，但任何事都是具有雙面性的。

任何事一旦讓你感到太舒服，遠遠超過平均閾值時，就會形成一種綁架。就像一個人每天都吃很好吃的東西，偶爾帶他去一家普通的餐廳吃飯，他會覺得特別難受。

第三點叫「敏於事而慎於言」。「敏於事」的意思是，想起來一件事該做，就立馬做，擼起袖子加油幹，幹才是本質。

「慎於言」就是少說話。你說的一切，也許將來都會令你後悔。我在《冬吳相對論》、《冬吳同學會》、《國學堂》、《梁冬私房筆記：莊子的心靈自由之路》以及《睡睡平安之梁注論語》等節目裡，說了太多話。我常常為此感到隱隱的擔心，可是我好像除了聊天外，也沒什麼能力，人生的悲劇莫過於此，還是應該少說話。

第四點叫「就有道而正焉」（「就」指的是靠近，就近）——靠近有道的朋友，不斷的匡正自己的言行。

當我們能做到以上四點時，也許就能成為一個好學的人了。其實這段話和「學而時習之」是一脈相承的。

人生就是不斷的更新自己

關於這段話，我還有另外的體會——為什麼孔子會把一個好學之人（這個「好學」包括了學和習）看得那麼重要？我們都知道儒家有句話叫「苟日新，日日新，又日新」，這句話是說，每天都要不斷的刷新自己以擁抱變革。

其實，當我們開始意識到要不斷的突破自己的舒適區，迎接新的邊界和拓展時，雖然這是一件令人痛苦的事，但超越了自己之後，才能成為一個「新人」（對自己來說，你是一個全新的自己）。如果你不能每天擴展自己的邊界，也許就會對那個一成不變的自我充滿厭倦。

之前我在《冬吳同學會》節目裡和老吳講到我曾經碰到楊立新先生（著名的話劇表演藝術家），他告訴我自己一輩子的主要工作就是演了一部話劇——《雷雨》，從公子演到了老爹。

我說：「楊老師你怎麼沒變？二十年前我在廣播學院見到你時，你就是這樣，現在怎麼還是這樣？」他說：「因為我每天都在演一部話劇呀。」我當時想，每天都在演一部話劇，難道不厭倦嗎？難道不覺得沒有「苟日新，日日新，又日新」嗎？

他接著說：「也許對一個外人來說，沒有看見我在革新、變化，但每場演下來之後，我們幾個仍然在切磋，比如今天這句話語調的變化體現了怎樣的情緒……食不厭精，膾不厭細，一輩子把一件事的很多細節琢磨透了，每天在看不見的地方隱祕的獲得它的快感，隱祕的獲得它的內生性成長，是刷新自我的另外一個境界。所以，不是要變得不一樣，而是促使內在得到不斷的打磨和突破。」

初級刷新，是每天讓別人看見自己不一樣；高級刷新，是自己知道自己又不一樣了。很多年前我採訪著名的表演藝術家傅彪老師（傅老師已經故去了），他跟我說：「一位偉大的藝術家，哪怕在報菜名時，也能把你報到痛哭流涕。」因為差別不在內容上，而在非常微小的情緒、語氣、節奏裡。

同樣一個段子，為什麼我講就不好笑，相聲演員郭德綱老師講就那麼好笑呢？「你壓力大嗎」和「你ㄚ力大嗎」中間的差別很大。短短的幾個字，傳遞出來的韻味，全在功夫了。

話說回來，我們從這四句話裡讀到的不僅僅是求學，更重要的是讀到對內生性自我成長的洞察，和不斷刷新內在自我版本的意識。

我們每天都在用手機，不知不覺中，微信已經推出了很多個版本，好像你並沒有意識到，每天依舊熟練的使用著微信，但是微信的功能卻變得越來越強大，你也越來越習慣且舒服的與它「長」在一起。它是如何做到的？一言以蔽之，是因為它不斷的、快速的迭代，不斷在你沒有意識到的過程中得到內生性的成長，「長」成與你越來越「和」的模樣。

君子以和為貴，一切修行都是以和為貴，包括之前講的「禮之用，和為貴」。

我們所有自我刷新的結果，是為了能更好的與自己相合，與內在的祖先相合，與親密的愛人相合，與所在的環境相合，甚至與未來的自己相合。

16 人生就是不斷的塑形和打磨

原典

子貢曰：「貧而無諂，富而無驕，何如？」子曰：「可也。未若貧而樂，富而好禮者也。」子貢曰：「《詩》云：『如切如磋，如琢如磨。』其斯之謂與？」子曰：「賜也，始可與言《詩》已矣！告諸往而知來者。」

本篇的話題和我們在世間常常產生的一個焦慮——錢有關。

以我四十多年的人生經歷而言，從來沒有見過大家的價值觀像現在這樣一致，都以有沒有錢來衡量一個人是否有價值。我相信在未來，一定不是這樣，或者一定不應該是這樣。我們應該如何正確看待財富呢？

子貢曰：「貧而無諂，富而無驕，何如？」子曰：「可也。未若貧而樂，富而好禮者也。」子貢是孔子一個比較有錢的學生，他是一個大商人，用今天的話來說，是屬於財富自由階層，當然他也窮過。所以他對錢就比較有自己的看法——「貧而無諂，富而無驕，何如？」

這句話的意思是，一個人雖然窮，但不諂媚，有錢了也不驕橫，這個人還不錯吧？（「何如？」——怎麼樣呢？其實背後說的是，這樣還不錯吧？也許子貢對自己的要求就是這樣）孔子回答：「這樣也可以吧，但不如那些不因為窮而喪失自己尋求快樂的能力和意願，也不因為有錢而變得無禮的人。」所以說「貧而樂，富而好禮」，更好。

確實，我們由於種種原因，不可避免的會成為在金錢上多一點兒或者少一點兒的人，這與一個人是否努力不完全相關。比如有的人工作上還挺努力，但他沒有一個逼著他買房子的老婆，所以可能創業很久賺到的錢，最後還不如他老婆當年在北京三環內買的一間套房價值高。

因此，貧窮與富有是一個非常複雜的因緣和合，是生活中你獲得的「積分」的總結果，而且不一定有錢就會過得多好，還有可能因為你有錢而為自己的未來埋下了某些禍根。

孔子說，雖然貧富很難控制，但在這種狀態下如何保持自己的精神狀態，我們是可以選擇的。對那些自己暫時不能決策的事情坦然的接受，在這樣的狀態下，有意識的主動選擇你可以選擇的應對模式，這叫自由。

貧窮時，你就不能獲得快樂了嗎？獲得快樂的方法有很多種，玩遊戲、吃烤小腰（按：羊腎）、看讓你興奮的電影……這些都是獲得快樂的方法。

貧窮時，什麼是最愉快的呢？我覺得唱歌就是一種。以前那些縴夫在很冷的河水裡拉著船逆流而上，大家在一個共同的頻率下喊號子，我覺得他們在那一秒鐘應該是很幸福的。喊完了之後用附子（按：毛茛科烏頭屬植物烏頭的子根）燉上一鍋肥腸、豬腰，喝點兒燒酒，憧憬著自己的孩子有一天能出人頭地……這也是一種很真實的快樂。

我剛上大學時沒有什麼錢，那時比較大的快樂居然是泡圖書館。圖書館裡總有一些好學的漂亮女生——一個好看的女生愛讀書，簡直讓人心旌蕩漾——當然，這樣的女生旁邊通常都坐著一個功課好、力氣又大的男生。但就這樣看著，也是種不錯的體驗。

你有過作為一個漂亮且愛讀書的女生，在圖書館裡被搭訕的經驗嗎？我在很長一段時間裡，對在圖書館跟女生搭訕充滿了罪惡感。後來，有機會和一位曾經被搭訕的女孩聊天，才發現其實人家內心的想法是，噴著香水，打理好頭髮，到圖書館看書，就是等著被搭訕，當然她有拒絕被長得醜的男生搭訕的權利，但並不代表她不渴望被搭訕。

這是多麼痛的領悟，混到四十幾歲才知道，原來人家是渴望被搭訕的，這也是一種「貧而樂」。

「富而好禮」和「富而無驕」相比，差異在哪裡呢？當一個人不僅不驕傲，而且有錢之後變得更加謙卑，更加知道自己如今獲得的一切不過是種種偶然的因緣，屬於福報的一部分，他就會非常恰如其分、自然的呈現出一種得體的尊重力。

你知道一個真正達到財務自由的人，或者已經對吃飯誰買單毫不顧慮的人，會如何面對比較窮的朋友在飯桌上買單的衝動嗎？他不會特別刻意的跟人家搶著買單。比如我有一位很有錢的朋友，有一次同學聚會吃完飯以後，有位不那麼有錢的同學非要買單，我的這位朋友很溫和的表示了感謝，並沒有讓自己的助手或者司機買單，順便把這家餐廳買下來，說：「你沒機會了，餐廳都是我的了，你不可能買單了。」

他不會這樣做的，只是很溫和的表示了感謝，然後在別的地方，以其他的方式，把這份錢迴向給那位同學，甚至更多，這就是禮。因為也許在那個時候，讓一個混得比你差的同學買單，是對他的尊重。這是一種漸漸的自在之感。

人生的前半段是塑「型」，後半段是打磨細節

子貢曰：「《詩》云：『如切如磋，如琢如磨。』其斯之謂與？」子曰：「賜也，始可與言《詩》已矣！告諸往而知來者。」子貢聽到孔子這樣說之後，很汗顏，他以為自己在成為富人這件事上已經很有心得了，沒料到在境界上仍然和老師有很大的差別，於是反

過來再次提到做學問的境界問題。

他說：「如果我們在做人、做事，乃至做學問的過程中，『如切如磋，如琢如磨。』（切磋是把稜角切掉，琢磨是打磨玉器）——一個東西已經大致打磨得有形狀了，但仍然要在非常細微的地方把它做得更精細，請問這種狀態是什麼？」

孔子說：「賜啊（賜是子貢的名字，子貢叫端木賜，老師對自己的學生叫他的名字，就像我父親叫我『冬啊』是一樣的，長輩叫晚輩可以直呼其名，晚輩不可以直接叫長輩的名字。比如我兒子就不能說『冬啊』，雖然開玩笑可以，但是這不合乎禮），我現在可以跟你討論《詩經》了，你能夠推導出我還沒有跟你說出來的那層意思，並學會舉一反三了；我告訴你去的方向，你就知道回來的路。嗯，不錯。」

做人、做事、做學問，從打磨出樣子，到提升境界之後，雖然看著差不多，其實還有一個不斷優化改良的空間。比如一款車的第一代、第二代、第三代……都已經很好看了，為什麼還要出到第七代、第八代？因為裡面有很多細緻的改良，是在銷售的過程中不斷改善的。這一點不是一個老司機是無從真正感受到的。

因此，各位中青年朋友，千萬不要因為自己到了人生的一個階段，就感到好像已經沒有進步的空間了，好像已經不可能有太大的變化了。不是這樣的。人生的前半段已經把「型」塑造出來了，後半段其實有很多的細節是可以打磨的。「如切如磋，如琢如磨」，在不斷的切磋和琢磨中，雖然看似沒什麼變化，但其實質感和顆粒度就出來了；隨之而來的，細膩的感覺也就出來了。

只有真正有品味的人才知道，有的東西雖然看起來差不多，但實際上差別究竟有多大呢？就像我看一款愛馬仕（Hermes）的包，看不出來到底是A貨還是真貨，這個版本和那個版本有什麼區別，只有那些真正用過這款包的人才知道個中差異。他們彼此在那個境界上，交換過眼神，握過手，知道其中的區別。

其實，人生的後半段，拚的主要是細節，拚的是切磋琢磨之後那種細膩的，只有同等段位的人才能體會到的差異。因此，好的京劇的角兒，一定要有足夠好的票友。那些好的票友聽他們唱了幾十年了，都知道那句「啊」之後，才有盪氣迴腸的「哇哈」……。

我以前從來不知道這些人到底為什麼要「嚎」，直到有一天自己開始體會了個中差異之後，才發現原來看似差不多的東西之間差別太大了；能不能理解那種細微的差別，才是一個高人和另外一個高人之間可以對話的基礎。

不要為自己作為六〇後和七〇後而感到羞愧，也不要作為八〇後而感覺受到了九〇後的鄙視，老自然有老的作用。

17 沉默，不是冷漠，有時是一種默契

原典

子曰：「不患人之不己知，患不知人也。」

在學習的過程中，我越來越覺得，原來《論語》真的是與自己和諧相處，與他人和諧相處的心法、總綱。

當今人們睡不好覺，核心來自「氣不順」（生理和心理）三個字，可能是鼻炎、咽炎、肺炎，乃至衰老導致夜間睡眠呼吸不暢，也有可能是心理上的氣不順。

據我觀察，很多人都是兩者兼備，甚至表現為生理上的氣不順，其實是因為心理上的氣不順。最大的不順是什麼？就是人家不了解我——「人不知而不慍，不亦君子乎」。

孔子在這裡又和我們提了這句話，看來他真的知道，原來人們的氣不順，的確跟這個東西有關。

子曰：「不患人之不己知，患不知人也。」——不用擔心人們不了解自己，最害怕的是，你不了解別人。

一個活在安全角落裡細細觀察眾生的人，自有一種安全感，也自有一種成就感。早年，我也是混派對的人。當時在廣州派對界，我常常跟一些朋友說：「拜拜，我還有下一場局。」結果轉身到了另外一場局，發現還是那幾個人。時間長了發現其實也沒有什麼好聊的，索性就不去了，或者有些時候不得不去，就開始享受在派對的角落裡待著的快樂。

何出此言？來自我對畫家陳丹青老師的一次觀察。有一次，我們在北京參加一場派對，我遠遠的看見陳丹青老師從容的拿著一杯飲料，在一個安靜的角落看著別人討論國家、討論美學……但他的臉上並沒有任何不屑。

你知道嗎，當一群段位比你低很多的人大張旗鼓的大放厥詞、謬論百出，你還能不憤怒、不糾錯，沒有藐視，也沒有暗自得意，只是安靜的看著，這是一種多麼高級的狀態。

當時陳老師在看他們，我在看陳老師。那次派對給我帶來了很長久的收穫——原來一個人可以用這樣的神態，怡然自得的觀察別人。

當時很多人並不認識陳老師，但我知道那時陳老師的畫已經很值錢了，而且陳老師的才情和能力早已超越了席間絕大部分的人。即使這樣，我卻看到了一個不擔心別人不了解自己，而是很誠懇的去了解別人的人。

由於現代社會評論方式太發達，人們都迫不及待的想要透過評論某件事突出自己的價值和存在感，我看到很多朋友在轉發一些文章時，似乎都沒有認真看過，甚至只是看了標題，就開始轉發了。還有一些朋友，在文章下面留言也是這樣。這種**匆忙的表達自我的背後**，很顯然**是從來沒有得以真正表達自我的恐懼**。

一個高級的人，應該不那麼渴望被人了解，因為他知道，被人了解其實沒有多大的好處。如果你跟一個人認識了五年之後，發現還可以從他身上學到某些東西，和你認識一個人五分鐘，就已經知道了他的前世今生相比，你會覺得誰更有意思呢？

就像某些茶，喝第一口你覺得好喝，後面卻越喝越淡；一些特別好的老茶，泡到第十泡，你仍然會覺得有回甘，還隱隱的有人參的味道。曾經有位朋友給過我一盒老白茶，我試著泡它，越泡越有味，以至於到今天只要提到那款茶的名字，我一想到它，口腔中還會有生津的感覺。

你有沒有發現，我們的很多情緒、滋味、氣味……是可以透過某種形式儲存下來的。在某些視覺、聽覺和觸覺的誘發下，那些資訊會全然的重新浮現。就像我們聽著李宗盛的歌，那個在夏天的校園裡抱著吉他，在女生宿舍樓下等待女生下來時，甜甜的味道就都湧現出來了。

當一個人有過一些經歷，了解一些事實後，就會知道，被別人馬上了解，並不會給自己帶來什麼樣的好處和快樂；而在同樣的時間裡，你如果能更深刻的洞察對方，無疑將會掌握更多的生命主動權。

君子不會迫切的讓別人知道自己到底是誰、有什麼、為什麼這麼做、從哪兒來、家裡幾畝地……因為其中全都是套路。**花時間觀察，才是一個人真正能夠成為新人的基礎。**

有時，沉默是一種尊重

美國有一位非常著名的主持人叫賴瑞・金（Larry King），是我以前學新聞採訪時的學習對象。我看過他的傳記，他說：**「一位最優秀的主持人，首先要學會傾聽，甚至有些時候學會不提問。」**

有一段時間，很多人聊訪談節目《十三邀》：「許知遠老師跟人尬聊，這好可笑。」其實可笑的是，這些人全然沒有意識到，聊天聊到中間出現空隙，是需要境界的。一個提問的人，和一個接受訪問的人，能容許聊到一半時停在那兒，其中包含著豐富的資訊（不懂其中奧妙的導演就會把這個鏡頭剪掉，讓你看不到他們尬聊，這是很容易操作的），有如書法、繪畫的留白。

有一天，音樂人曹軒賓老師來自在喜舍喝酒時講到，有一次他唱《別君嘆》，唱完前四句——「渭城朝雨浥輕塵，客舍青青柳色新。勸君更盡一杯酒，西出陽關無故人。」在他的預計裡，本來是要停頓一下的，讓整個時空都凝在那裡，因為只有在這時停下來，前面的聲音和情緒才會被拋出去，形成一種慣性——那種思想的拋物線，因人而異的刺激著彼此的神經；各自高潮，分別體會。後來他看電視節目播出時，導演在這裡加上了一段觀眾激動的鼓掌、眼神熱切交流的鏡頭，他說：「好可惜。」

我們為什麼不能允許中間有點兒留白呢？不要讓反應過早的流露出來。

其實，我越來越理解有些人，在飯桌上說著話突然沉默的那種自在之處。有的人很害怕沉默，於是匆忙的找話題去填滿話與話之間的空隙；而另外一些老朋友，會享受這種彼此都不那麼著急的表達，而是觀察、體會對方，享受那個留白處的空隙……。

如果這個世界上有一個人可以讓你放鬆的在他面前沉默，你不用擔心不說點什麼會使彼此難堪，他也不擔心你沉默是否因為有別的想法，你就可以和他長期相處了。

許多太太無法理解她先生內心對她唯一的請求——「讓我回家冷靜一下。」一個女人，如果能做到讓她的男人在她的身邊沉默不語，那得付出多麼大的智慧。妳得有多麼大的耐力與寬容，可以讓他放鬆的在妳面前沉默呀。

那時，不著急的讓別人知道自己，默默的用心體會對方，就暗合了「不患人之不己知，患不知人也」這句話的精妙之處了。

第二部

職場上不能只有本事，還要懂做人

〈為政篇〉

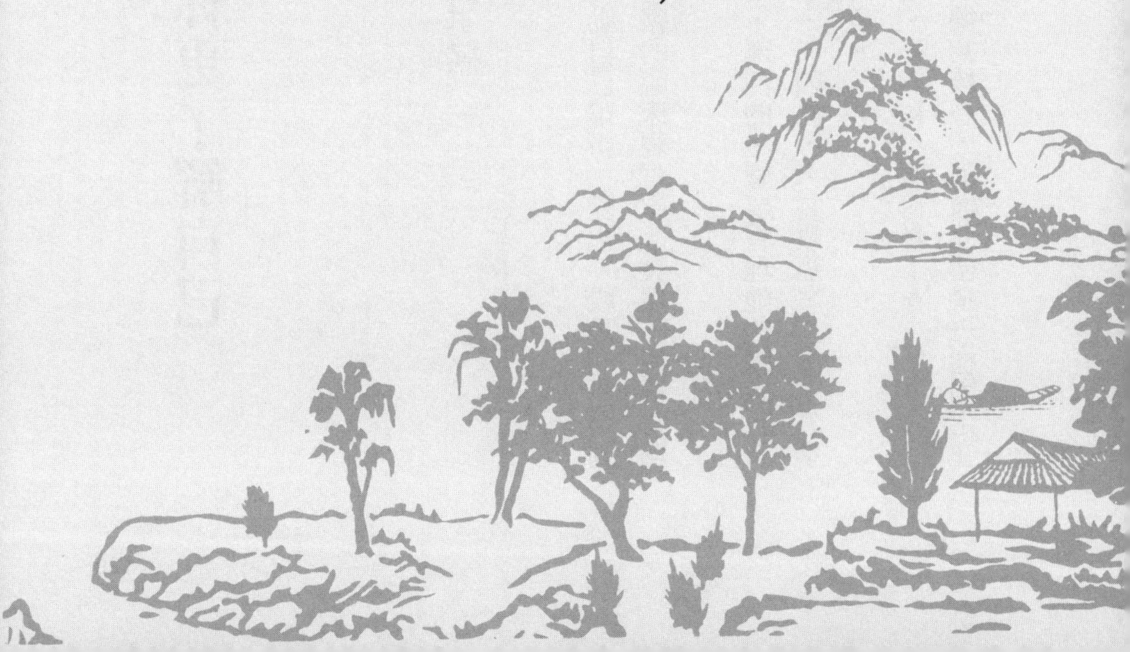

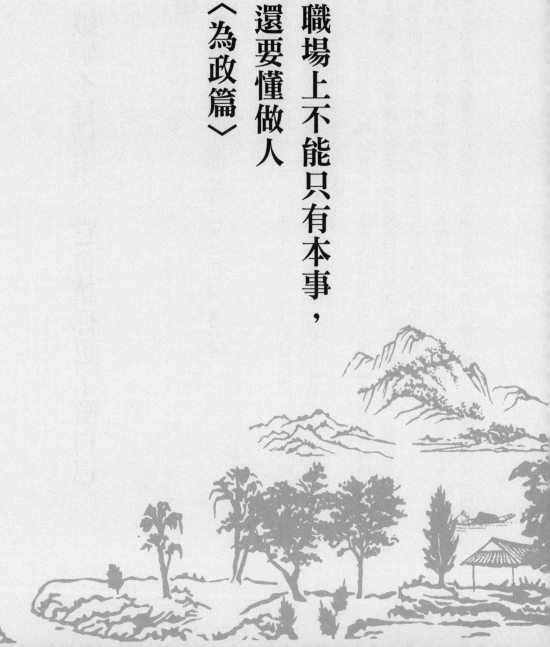

01 嫉妒不是壞事，它會讓你更了解自己

原典

子曰：「為政以德，譬如北辰，居其所而眾星共之。」

〈學而篇〉強調的是學習。學習的背後，是每日推動自己革新、變化、成長的原始動力。〈為政篇〉則是一篇關於管理的討論。我在正安中醫的臨床觀察中，發現一個很普遍的現象——很多生病的管理者焦慮感很強。

實際上，我們每個人都是管理者，媽媽要管理家庭，部門的主管要管理他的團隊，業務員要管理客戶，甚至連小孩子都要管理自己的學業……。因此，〈為政篇〉基本上分享的是一個人如何在管理中成長，並且在管理中修行的體會。

子曰：「為政以德，譬如北辰，居其所而眾星共之。」（按：共同拱。）

孔子這句話的意思是，我們管理政治等事宜，要以德為核心，就像北極星一樣固定在

那裡，讓所有的星辰都圍繞著它轉。其實，北極星也是會運動的，而且運動速度非常快，但因為它距離地球非常遠，有七百多光年，所以從北半球來看，它運動得很慢。因此人們總是以它為基準，去觀察其他星辰的變化，所以叫「眾星共之」。

關於「為政以德」有很多版本的解釋，我曾經採訪過一位老師，我問：「什麼叫德？」他說：「德者，得也。」「為政以德」，就是你的理是不是以考慮別人能得到什麼為「歸依」。那麼，如果你想要管理好自己的睡眠，你有沒有想過要讓自己的睡眠得到什麼？自己的身體想要得到什麼？你滿足它了嗎？你讓它放鬆和自在了嗎？

其實當我們花點時間討論，或者關心別人真正的需求時，就會發現管理是一件很容易的事。如果我們能真正洞察、感受自己的需求，管理自己也很容易。

你真的很想有錢嗎？你真的很需要權力嗎？你真的很喜歡大房子嗎？……當我問很多朋友這些問題時，發現答案並沒有想像的那麼統一。

很多人雖然口口聲聲說自己需要錢，其實只不過是被迫需要錢，因為他需要錢買房子，獲得尊嚴，實現財務自由。很多人甚至從來沒有想過「錢是有生命的，它想得到什麼」這個問題。

每個生命，都希望發揮更大的能量，變得光芒萬丈，比如一個二十歲的年輕人，想做到三、四十歲的老闆做到的狀態。錢也是一樣，如果你能讓一百元做兩百元的事，就會有一百萬元、一千萬元來找你，因為它們想變成兩百萬、兩千萬。對自己的身體、欲望也是一樣，我們是否真正知道自己想要什麼。

有什麼方法能幫助我們真正知道自己想要什麼呢？「為政以德」——管理一個團隊，以自己的品德考慮別人想要得到什麼，從而展開整個管理的策略。

了解自己，也是一種獲得的目的

在睡覺前，你唯一需要管理的是自己的欲望和恐懼。

有一天，我在入睡前問過自己這個問題——到底想得到什麼？如果我突然獲得了一百倍於現在的財富，還會不會做現在做的事？或者沒有錢，我還會不會做現在做的事？答案好像都是肯定的，所以我發現原來自己做的這件事跟錢沒有太大的關係，那麼我到底想得到什麼呢？

譬如我在做《睡睡平安》這檔節目時，面對麥克風說話，用自己更喜歡的聲調呈現出一個不像《冬吳相對論》脫口秀節目裡不羈少年的自己，為什麼我希望用這種方式說話呢？原來是因為我想得到一個安靜的自己，一個厚重、敦敏的自己，一個起碼在聲音上不需要用笑聲去挑動情緒的自己。

當我真實的面對自己的欲望時，看到了自己的恐懼——我害怕別人覺得我曾經在電視臺工作過，我害怕別人覺得我以前在互聯網公司管市場……這些恐懼的背後到底是什麼呢？是以前花了很多時間想要獲得別人的喜歡，但現在也許正在超越「喜歡」這個詞。

我只能以自己的經歷來做剖析的案例。後來我用類似的方法，不斷的探尋、追問那些睡不好覺的朋友。當他們慢慢閉上眼睛，眼睛在眼皮後面快速閃動，進入快速眼動睡眠期！雖然沒有睡著，但已經屬於半夢半醒狀態時，許多朋友都回答出了讓自己匪夷所思的答案。

有的人想獲得愛、有的人想獲得尊重、有的人想獲得安全感、有的人想知道自己到底想獲得什麼……其實，了解自己，也是獲得的目的之一。

「為政以德」，意思就是管理的本質是以德為本——以你的頻率和你對別人想得到的東西的深刻體悟作為根本。請你在臨睡之前，真誠的回答這個問題：你到底想得到什麼？

我們可能會騙別人，但現在不可以騙自己。一個人如果都要閉上眼睛睡覺了，還騙自己的話，難道準備在死之前才告訴自己真實答案嗎？大夢三萬天，一個人閉著眼睛睡覺，進入所謂自然日的夜晚也就三萬多次，因此每一次都值得認真對待。

你想得到什麼？這是一個很有趣的問題。當我們有了這樣一個錨定之後，一切都會順應而來。你只需要知道自己想要什麼，這比怎樣得到它更重要。

以前我常常和大家分享一個觀點——太多人花時間去想如何實現夢想，卻很少有人問：「我的夢想究竟是什麼？」太多人匆忙的走出去，想要撈點什麼回來，卻沒有意識到他真正想得到什麼，這才是問題。如果你能想清楚的話——「人能常清靜，天地悉皆歸。」祈禱之所以有用，是因為它起碼可以幫助我們真實的了解自己內在的願望。

到底如何才能知道自己真正想要得到什麼呢？有一個比較實用的方法——看一下自己為什麼東西而嫉妒。**你嫉妒的，就是你想得到的**。因此，**嫉妒並不是一件壞事，起碼它可以幫助你發現對自己而言最重要的事**。

不要輕易否定自己的負面情緒，因為這是你解開靈魂那把鎖的鑰匙。

02 思無邪，就是聽聽你內心的聲音

原典

子曰：「《詩》三百，一言以蔽之，曰『思無邪』。」

很多時候，中國人對孔子有一種誤解，認為他的說教充滿了道德、是非的評判——動輒就說這人是君子，那人是小人。其實這是一個誤會，就像我們認為莊子是一個不可靠的人，是一個不負責任的人一樣，多數都是因為沒有認真看完他們講的東西，才會有這樣的認知。

對任何一件事，我們不能輕易的做出判斷，連微信、今日頭條都給每個人身上標了七千多個分類標籤，我們怎麼可能簡單的用兩、三個標籤就對聖人進行定義呢？我們甚至都不應該用八百個以內的關鍵字定義自己。其實，孔夫子除了為人師表的一面，還有特別有趣的一面，從以下這句話就可以了解。

子曰：「《詩》三百，一言以蔽之，曰『思無邪』。」

如果我沒有記錯，在周朝，大概有兩、三百年的時間，周天子都在做一件事（現在想起來真的好偉大）——每年派采風官到民間收集民謠，從而了解人民群眾的真實想法。把這些收集回來的內容整合在一起後，就變成了整個古代中國人民共同生活的場景。

每個國家都有屬於自己的民間歌謠主基調，也有各種主要的情感表達模式，所以你常常會聽到江南小調、湘西民歌等，其大部分的內容都是詠嘆愛情、慨嘆離別、慶祝豐收……這些詩歌被收集回來之後，孔夫子和他的弟子一同進行了整理和編撰，最後成了《詩經》。《詩經》一共收集了三百一十一篇詩歌，所以「《詩》三百」只是一個大致的概念。

在看了那麼多民間的歌謠和詩歌後，孔子用一句話表達了他對所有來自最底層、最質樸、最原始、最心靈層面聲音的概括——「思無邪」。整個中國古代的生命共同體，就在「思無邪」這三個字中得以呈現。

真心真意，不掩藏自己，不虛情假意

什麼叫做「思無邪」？「愛了就愛了，不愛就拉倒」、「我恨你」、「我們分手吧」、「我開始想念我的爸爸媽媽了」、「今天天氣真好啊」、「我想幫我老公找一個更好的女人」、「哎呀，這些鳥真漂亮啊，牠們是那麼快樂，想撲誰就撲誰」……。

這是一個真實的故事：自在喜舍有一間小小的陽光玻璃房（頂棚是一塊玻璃），有一天，天氣晴朗，早上起來，我在吃手擀麵，突然看見一隻鳥飛了過來，接著另一隻鳥也跟著飛了過來——大概A鳥是女生，B鳥是男生。B鳥飛過來之後，就撲了A鳥。

由於我們是在頂棚下面，就隔著一層玻璃，看到了整個「動物世界」的過程。可能由於B鳥用力過猛，撲騰了幾下之後，一個踉蹌翻身倒地，還在滑滑的玻璃上摔倒了。

本來我在下面看得哈哈大笑，突然覺得，瞧瞧人家，這才是男歡女愛啊，這才是沒有意識形態束縛下的自由奔放的生命啊。A鳥還過去用翅膀輕輕的拍了拍腳都軟了的B鳥，然後飛走了。或許再過一段時間，在某個樹梢，有一個被樹枝圍起來的鳥窩，幾隻小鳥就破殼而出了。

這一切，都是那麼自然，你會發現，可能上古時期的人們也是這樣——春天來了姑娘就出門去看看小夥子，高大帥氣，嗯，不錯；小夥子看看那個姑娘，不戴美瞳，也不P圖，嗯，不錯。然後彼此交換了眼神，在樹叢中交換了真心，雙方的父母也沒有什麼意見，兩個人就快樂的生活在一起了。

其實，我想表達的重點不是「動物世界」，而是動物們在交會的過程中沒有羞恥感——我覺得所有人都應該以這樣的方式快樂的生活。

有一天，我看國學大師季羨林先生的日記，他說：「今天下午去看女生打籃球，嫩白美腿，真好看。」諸如此類。後來季老名滿天下，已經是一代國學宗師時，重新出版他的日記，學生們問他：「老師，這些你年輕時充滿荷爾蒙氣息的日記，要不要刪掉？」季老說：「刪它幹什麼，當時我就是這樣想的，這是事實啊。」這就叫「思無邪」。

曾經，我們院裡來了一位小姊姊，我兒子一把就撲了過去，找各種理由跟人家玩，我就覺得很快樂，我想說趁他還沒有太多道德負罪感時，可以和所有他喜歡的小女生一起玩。他不喜歡一個人就是不喜歡，不愛就拉倒，這有什麼不可以呢？

程頤說：「思無邪者，誠也。」意思就是正心誠意，真心真意，不掩藏自己，不虛情假意。

在這裡你看見了另外一個孔子，那是真實的他。孔子看到所有從民間匯聚起來的最原生態的心靈的歌聲時，身體裡一定充滿了一種勃勃的生機。

晚上睡覺前，我們來做一個小小的功課吧——閉上眼睛想一想自己最喜歡的那個人。由於世間種種的因緣，也許你一輩子都不可能和他在一起，但為什麼你不可以在睡前坦誠的請他來到你的面前，告訴他：「我真的很愛你，我愛你是因為我在你的身上看到了美好的品德。我喜歡和你一起，牽著手在三里屯逛街；我希望和你一起坐在三輪車上，穿越在北京的胡同裡；我希望和你一起去吃滷煮肥腸、九轉大腸、爆炒肥腸、溜肥腸……」。

我衡量自己真的喜歡一個人的標準就是，是否願意和他一起去吃肥腸。對一個痛風病人來說，別看他嘴上這樣講，其實他一年可以吃肥腸的次數是很有限的，所以他會非常珍惜跟最好的人、最喜歡的人用掉這次難得的機會——如果是吃肥腸牛油火鍋的話，那你想他得多愛這個人……。

你最想誰，最想和他一起做什麼？如果你此刻都不去想，那你還能獲得什麼樣的自由？不要落入太庸俗的套路喲。倒不是說我否認「愛情動作片」的意義，而是它沒有太多的風花雪月，沒有音樂，沒有緩慢的溫存……。

愛一個人，就在心裡坦誠的向他表達。一個人如果在睡夢中都不敢向自己愛的人表達的話，那麼他的靈魂一定飽受壓抑，乃至扭曲變形。想一個人，又不會懷孕，對不對？

「思無邪」的主旨，不在於做什麼，而在於做一件事時感情是不是真的。沒有任何人能評價它，只有你自己知道。

關於如何判斷什麼是自己真正想要的東西，有一個簡單的標準——**當你真正愛一個人或者說喜歡一個人時，你會希望自己變得更加優秀，更值得他去愛你，更值得他和你融洽相處**（不一定是人和人哦，你可能會喜歡一隻狗、一處風景、一種音樂……）。

03 一個人如果有愧疚感，就不會是壞人

原典

子曰：「道之以政，齊之以刑，民免而無恥；道之以德，齊之以禮，有恥且格。」

幾千年來，中國大部分的知識分子，都以儒家的《論語》作為基本心學。所以當我們開始學習《論語》時，就和這幾千年來人群中最溫厚、最善良、最好學、最值得尊敬的靈魂共振了。於是，我們以某種莫名的方式感受到了與他們同在的力量。

你不覺得嗎？當你念茲在茲——總是想著一種狀態時，其實會和這樣的狀態形成深深共鳴的，你自然而然就會成為這樣的人。因此，兩個人的溝通和交流往往不是從道理開始，也不是從行為開始，而是從情緒上的同頻開始的。

有的人會把它作為一種技巧，比如很多單位剛開始組建團隊時，都要做一些團隊建

設，一起喝場酒、一起跳支舞、一起唱首歌……這些活動看似跟工作沒什麼關係，但讓彼此之間產生了某種振動頻率——趣味上的趨同性。

如果你相信吸引力法則——彼此之間同氣相求、同頻共振，就會吸引那些跟自己差不多的人。你不斷的讓內在的頻率成為自己想成為的人，就會帶來副產品，那就是你的朋友圈、你旁邊的人、你遇見的事情等。這聽起來似乎有點兒不科學，但又有什麼壞處呢？自己念茲在茲的都是溫暖和善意，從機率上看，還是會有貴人相助的吧。

反過來看這件事，如果你旁邊有一個這樣的人，他敏而好學，不恥下問，情緒穩定，總是微笑（發自內心的微笑），看到的都是你的優點，你應該不會害他吧。**做一個純粹的壞人是很難的，你我都不是這種人。像你我這種人，大致都是差不多的「笨蛋」——不那麼依賴技巧和機心**（按：巧詐詭變的心）。

子曰：「道之以政，齊之以刑，民免而無恥；道之以德，齊之以禮，有恥且格。」

孔子說：「如果你『道之以政，齊之以刑，民免而無恥』——用政策、法規誘導人民，用刑罰整齊劃一大家的行為，去管理大家，如是，人民會為了避免受到傷害而遵循你的規則，但內心沒有羞恥感，他們只是趨利避害。但如果你『道之以德，齊之以禮』——將心比心的『調頻』，以尊重的方式請大家成為這樣的人，那麼別人就算犯了錯誤，不僅會努力改正，更重要的是，他會產生一種羞愧感。」

羞愧感是一種什麼樣的狀態？比如很久以前，我特別喜歡吃楊梅，大概一毛兩分錢一包，在我小學四、五年級時，我媽媽那時一個月的薪水大概是二十元（按：約新臺幣三百五十二元，人民幣與新臺幣的兌換比例為一比四．四元，本書若無特別說明皆泛指人民幣）。有一次我媽媽給了我兩毛錢，讓我買一包楊梅吃，但我卻把錢弄丟了，於是我的心裡很不是滋味。

還有一個真實的小故事。我小時候在攀枝花長大，直到初中三年級，才舉家回到廣州與爺爺團聚。當時廣州和攀枝花存在著巨大的差異，在攀枝花剪一次頭髮大概是五分錢（家庭理髮店），結果到了廣州，沒有理髮店了，只有街邊髮廊，裡面貼著「少年隊」的照片，剪頭髮要花多少錢我也不知道。由於第二天要上學，所以我就進去了。剪完之後，人家說六元，當時我爸爸一個月的薪水大概是三十元，我突然覺得自己好糟糕，怎麼可以為剪一個頭髮，讓我爸爸將近一週的工作變成了流水呢？一想到他還要那麼辛苦的騎自行車上班、要開很多會、寫很多文件、晚上下班回來還要加班，我就覺得特別對不起他。

那種羞愧感如此強烈，導致我號啕大哭。當然現在剪頭髮六元已經不夠了，最便宜也要六十元了——在我所住的北京郊區的髮廊，去剪一次頭髮都要六十元了，而且我還覺得很便宜。

我清晰的記得當時的羞愧感，還因此發奮：「我一定要努力工作賺錢，讓父母得以安享晚年。」你看，僅僅是這樣的一種羞愧感，對年輕人來說，產生了多麼巨大的動能。

其實，**羞愧感是一種非常正向的能量**。人為什麼會有羞愧感呢？不僅來自道德，而且來自感恩，來自覺得自己做得不夠好，或者犯了錯後錯失了愛的那種感覺。所以羞愧感是一種非常真誠的情感，如果人民因為做得不夠好，或者犯了錯，而產生羞愧感，與「我知道法律的邊界在哪裡，我不觸碰它，甚至還能透過找到好的律師鑽法律的漏洞，你懲罰不到我」，這是完全不同的兩種境界。

我們看一個家庭，父母對孩子的教育成不成功，就看能不能讓孩子發自內心的產生羞愧感——假如他學習沒有學好，會不會因此而產生羞愧感，不是在道德層面，而是發自內心的覺得「爸爸媽媽那麼愛我，我卻學得還不夠好」。有了這樣一種羞愧感，他怎麼可能學習差，怎麼可能變成壞人？不可能。羞愧感來自哪裡？來自你讓他看到你的努力、你讓他看到你所有真誠的付出、你讓他看到你的努力和付出是如此無私……。

在無意義中創造一種意義

有的宗教會把上蒼視為天父。其實那是一個巨大的慈悲的存在，我們得以降生到這個世界，體會人世間的種種快樂與悲傷，都是上天給予我們的機會。

所謂人生難得，真理難聞，不管你相信哪種真理，如果它能讓你覺得更加踏實、更加真誠、更加心無掛礙、更加無怨無悔……那麼它大致就能幫助你了。

有的宗教會讓教徒對天父的愛有種很強烈的感恩，並且對自己做得不夠好產生羞愧感。其實這種羞愧感是非常正向的。

當然，對莊子來說，也許他認為沒有這個必要，我們都從泥土中來，以偶然的方式聚合成了人形，或長或短，根據耗散的原理，終將重新分解，化歸塵土。但孔子為什麼如此強調這一段本來沒有意義的人生的意義呢？

一開始我不理解這件事，總認為這是孔子境界略低的表現。但現在我開始了解了——**在無意義中創造一種意義，本身就是一種借「假」修「真」的快樂**。

如果一切事情終將無意義，是不是早死早超生呢？其實也不是。就說我們了解的這段生命，為它賦予某種情節、為它賦予某種愛、為它賦予某種價值感，可能是幫助我們面臨不確定生命的一把鑰匙，一種解藥。

這種愧疚感的分寸很難拿捏，有時甚至會演變為恥辱感。你看，在日本或韓國社會，出現一些重大事故時，總會有一些相關責任人自殺。比如某個株式會社生產的麵條有毒，也許負責人不是故意的，只不過是他旗下的某個企業造成的事故，他可能也會跪地謝罪，甚至採用更極端的方式——自殺。

並沒有人逼他這樣做，法律也沒有判他死刑，只是他內心深深的感到羞愧，他覺得這是一個莫大的恥辱，上對不起祖宗八代，下對不起所有蒼生對他的愛和信任，中間對不起同事的支持，只能以死謝罪。

這種情況對絕大部分的中國人來說，會覺得好遙遠。但你有沒有想過一件事，有可能在漢朝，人們就是這樣的，那時的人會深深的感受到別人對他的愛，而且真誠的相信如果自己做得不夠好，就辜負了別人。

我們無法在簡單的層面對之予以評判，只是我覺得，一個有愧疚感的人，怎樣都不會太壞。而且愧疚感往往會讓我們流出真誠的眼淚，這種眼淚，其實是一種會讓人感到幸福的力量。有過體驗的人，都相信我說的這句話。

曾經有一位朋友告訴我，他在父母過世以後，才回想起在他很小的時候父母曾經對他的愛，而他在成長的過程中如此不懂事，常年漂泊在外，寧可與朋友喝酒，也不接父母的電話，他後來很後悔。那種愧疚感非常打動人。

其實，你我皆凡人，大概都能感受到這樣的愧疚感吧。

04 哪怕走得慢一點，也比走錯路好

原典

子曰：「吾十有五而志於學，三十而立，四十而不惑，五十而知天命，六十而耳順，七十而從心所欲，不逾矩。」

在我們每個人短暫的一生中，總是充滿了某種演化的過程。如果你願意，可以稱自己在進化，當然也可以說這是一種演化。很多朋友之所以在夜裡輾轉反側，難以入眠，是因為自己被某種隱隱的不安籠罩著。是什麼令你感到不安，以至於不能安然入睡？又是什麼令你晚上很容易被夢驚醒？除了呼吸道阻塞外，影響自己的心魔是什麼？

孔聖人認為，人生大致有六個關卡需要衝破，這六個關卡實際上是幫助我們通向真正自由之路的節點。

子曰：「吾十有五而志於學，三十而立，四十而不惑，五十而知天命，六十而耳順，七十而從心所欲，不逾矩。」

從當下的情況來看，十五歲大概是人們完成九年義務教育的年齡。如果在我初中畢業時，有人告訴我：「從現在開始，你要立志成為一個終生學習的人。」我想將來的自己，一定會非常感謝他。

世界充滿變化，我們可以以不變之道性，演化為學習力而應對之。莊子在講「學海無涯，回頭是岸」時，講的是要明天心、道心。孔子講十五歲立志於持續學習，講的是哪怕你明瞭道，在業務上、習性上、知識上、能力上……還是需要反覆打磨。

當我們立下「我想這輩子和自由同頻，和一切想獲得的東西同頻」的目標之前，是需要演練的。**十五歲到三十歲這個階段，就是一個不斷的學習、演練，並且立下志向的過程**。在今天看來，大概就是大學畢業、研究生畢業的幾年內，換了幾個不同的職位，找到了自己人生方向的確立點，我們稱之為錨。

有的老師解釋「三十而立」，是立下了自己學習的志願。對大部分的朋友而言，**三十歲定下自己的人生方向，在一個領域裡「深耕」**，是非常重要的。

我在三十歲時進入互聯網公司工作，如果那時我決定這輩子只做互聯網，可能是一個很好的決定，但我在三十五、三十六歲時，終於定了下來——要以傳統和經典文化的當代解讀作為自己的人生目標。換句話來說，三十五、三十六歲而立，也是一件有意義的事。

孔子在三十歲時定下了自己人生方向的錨，到四十歲時就可以不惑了。什麼叫惑？或者這樣，或者那樣，心中總是有選擇的意願時，叫惑。「四十而不惑」的意思就是，當我們在**四十歲時，知道了自己的能力邊界，知道了自己的方向，不再猶豫、不再徬徨**，這時生命的意義反而變得長久了。

其實**人生無非兩個標準——選個對的，做個老的**。在三十歲左右選定好自己一生做的事情，在某個領域一直「深耕」；到四十歲時，已經做出一些成績了，不猶豫、不放棄、不生氣、不哭泣，一直堅定的走下去，這就叫不惑。

有一次，我們在某條高速公路上由於塞車行駛緩慢，我就想，不如下去走替代道路，或許可以避免這段塞車之苦。結果下去之後，遇到一個分岔口，後來又分、又分、又分，向左、向左再向右……走著走著，發現離主路越來越遠，好不容易回到主路上，發現當時和我們一同塞著的，沒有出主路的朋友早已在我們前面幾十公里了。

我們有時哪怕在正道上前進得慢一點兒，也比因為走種種分岔路而繞不回來的好。巴菲特說，要選擇那些坡道夠長的公司，像滾雪球一樣，持續做，總能做出一些成績來。

前些年，很多傳媒行業的朋友（尤其是電視這方面的）灰心喪氣的說：「互聯網時代來了，我們這些做內容的人還有什麼用。」其實不用擔心，你看現在最好的電視人還是找到了自己的自媒體方向，或者去ＢＡＴ（按：Ｂ指百度、Ａ指阿里巴巴、Ｔ指騰訊）找到了自己的角色，依舊是做內容。因為你的堅持，你的精益求精，所以哪怕在賽道上前進得慢一點兒，最終也在持續的前行。

所謂不惑，就是**不要猶豫自己的選擇。選個對的，或者不錯的事，做個「老人」，一直做**，它的複利效應是很大的。

人生自由攻略：不抱怨、不後悔、內心自由、達觀

人到了五十歲時，大概就應該「知天命」了——知道最終的結局後，反而更加愉快的活在當下。賈伯斯就是最好的例子，他在自己生命的最後五年，已經明白賺再多錢也沒有意義的情況下，創造出了 iPhone 3G、iPhone 3GS、iPhone 4 等一系列產品。

為什麼？因為他已經知道自己不久於人世，於是已經不再考慮死後會怎麼樣了，而是當時喜歡怎麼做，就純粹的怎麼做。誰適合這份工作，就用誰；誰不適合，就放棄誰。他認為應該怎樣就怎樣，他想怎樣搭建公司組織結構就怎樣搭，他想穿透五層管理直接到最底層就穿透，他也不受什麼公司、企業、文化、組織架構的影響，也不管投資者怎麼看他……每次開發表會時，都花費很多時間講述產品如何、細節如何、用戶體驗如何……最後才說 By the way——順便說一句，我們今年賺了多少錢。

他為什麼有那樣的自由？因為已然知天命。

六十歲時就要「耳順」，人們喜不喜歡你，早已壁壘分明。你再努力，也會有不喜歡你的人；你再惡劣，也會有幾個朋友。所以已經不會被贊同或否定的聲音影響自己內在的達觀。

到**七十歲時，邊界已經很清楚了。有了有限的邊界，於是在邊界裡，自由就隨心所欲了**。這個邊界並不在外，而在內，使得一個人進退得當，知道高興有邊界，悲傷也有邊界——「喜怒哀樂之未發，謂之中；發而皆中節，謂之和。」，這種狀況叫做「從心所欲，不逾矩」（矩，就是對世界的潛規則已經了然於胸，它已經幻化成你行為的一個自由的邊界）。

你會發現，這六個節點，其實是孔子為我們描繪出來的**人生獲得自由的攻略——不抱怨，不後悔，內心自由、達觀**。所以在人生的不同階段，需要有不同的基石，而且要踩得住那塊關鍵的石頭。

我在做《睡睡平安》這檔節目時，在夜空中和一個既熟悉又陌生的朋友隔著耳機交流，似乎我們已經很熟了，但我並不知道他是十五歲、三十歲、四十歲、五十歲、六十歲還是七十歲。在不同的人生階段，大致總是要有一些不同的節點。

當我們心裡知道所有節點的最後，是通向內在對各種情緒、狀態、邊界比較了解以後，而保持在中間那了了分明、如如不動的自由境界時，才能了解原來**獲得自由的終極方法是，知道邊界之後，以不動的方式獲得全然的自在狀態**。

就像莊子在《莊子．內篇．德充符》裡和大家講的，有一個人，平時不關心你，坐在你身邊不會給你帶來壓力；甚至他來看你，如果你忙，他自己坐一坐就走了，也沒有讓你感到愧疚，他也不覺得有什麼需要解釋、說明的……這是真正的自由，而這種自由恰好是因為你定得住才獲得的，就像黑夜帶給我們的安定。

晚上，我們深深的陷在床上，當身體慢慢的放鬆，不再動時，那個自由而奔放的靈魂就會慢慢湧現出來，你只需要看著他，就可以了解真實的自己了。定在那裡獲得自由的方法，就是「從心所欲，不逾矩」的核心。

一天就是一生的一個濃縮，孔子說的「從心所欲，不逾矩」，與你晚上從心所欲而不動——不逾越床的邊界，只是自己安定的睡在那裡而獲得的自由是一樣的。

原來所謂的自由，無非就是**在年輕時，定下自己持續學習的方向；在中年時，選定了一個方向，然後以某種邊界感和確定感持續前行；在老年時，最終把這種邊界感化為自己內在的意識，甚至把你放在任何地方，都不再影響心靈的自由，你就會回來了**。

一天如此，一生亦復如此。

05 做個「行動者」，而不是「知道者」

原典 子曰：「吾與回言終日，不違如愚。退而省其私，亦足以發。回也，不愚。」

在睡前靈魂滲透率最高的十多分鐘裡，許多觀念或許可以慢慢的變成我們的潛意識。在我們的潛意識裡，自己可以成為一個什麼樣的人呢？

一位女孩，應該找一個什麼樣的男人；一位男孩，應該把自己修練成什麼樣的狀態？孔子給出了一個特別好的狀態描述。

有一天，孔子和顏回聊天：「吾與回言終日，不違如愚。退而省其私，亦足以發。回也，不愚。」（回是指顏回，是孔子最喜歡的學生，位七十二賢之首，孔廟大成殿四配之首——復聖。）

什麼意思呢？孔子與顏回聊了一天（「聊天」這個詞很高級，聊的都是天道，談論的都是各種有趣的話題），當時顏回「不違」——只是聽，一句反駁、一個提問都沒有，也沒有做出聽到高潮的表情，就是傻傻的聽——「如愚」——就像憨憨的阿甘一樣。

「退而省其私」——孔子跟顏回聊了一天之後，暗自觀察他私下的行為，發現他「亦足以發」——完全按照孔子所說的那樣做。「回也，不愚」——顏回並不傻呀，他完全聽懂孔子說的東西了，而且立刻將其變成了行動，只不過他沒有用討論、發言的方式來表明自己聽懂了。

聽懂只不過是最表層的一種境界，最高的層次是你認同了以後，立刻將其轉化為自己的行動。因此，一個人如果能修練到顏回那樣，不以理論、邏輯、對錯去進行辯論，而是默默的把一件事做完，即使最終可能也不會被大家看到。這是一種多麼美好的境界呀！

如果我有女兒，我希望把她許配給這樣的男孩子（以後這樣的男孩子可能會很少）；如果我有兒子，如果他能成為這樣的人，我一定會為他深深的感到驕傲。

為什麼顏回深得孔子喜愛？因為他雖然聽懂了老師所講的東西，卻不用語言來表達，而是用行動去踐行。

什麼叫達觀？**在應該悲觀時保持樂觀，在應該樂觀時略顯謹慎**，是為達觀。

感謝孔子為我們帶來的終極人格魅力參照物——顏回。如果你身邊有這樣的朋友，一定要牢牢的抓住他，他是人間極品。

所以，在我們的生活中，一定有種很美好的狀態——「訥於言而敏於行」。

專注的放肆

很多朋友開始練習抄經時，都想著自己會寫一手漂亮的小楷，裝備也準備得很齊全，甚至已經夢想著在朋友圈裡展示出美好小楷的樣子了。第一天、第二天……剛開始寫時發朋友圈發得很高調。但是，往後呢？慢慢的，飯局、加班、電影……打亂了你抄經的計畫。總之有無數事可以讓你沒空寫，總想著明天寫兩頁補回來……很多原因都可以構成自己今天不再寫的理由。一天、兩天、三天……慢慢的也就放棄了。

另外一些人，可能也無所謂寫得好或者不好，只是每天認真的堅持寫字（也未必寫太多字，用十來分鐘，寫一、二十個字，甚至都不夠）。有時間不多寫，沒時間也不少寫，如是這般，堅持寫二、三十天以後，就會看到差別。

這種差別不是在朋友圈裡發的第一天與最近一天的作業的差別，而是那種堅定、安靜、純然的氣象上的差別。字是騙不了人的，有什麼樣的心，就會寫出什麼樣的字。當然也有人說：「有什麼樣的筆和紙，就能寫出什麼樣的字。」我對此也認同，也鼓勵你選一支更好、更適合自己的筆，但那都是第二維的。第一維是，你是否安靜的、專注的享受一筆一畫小心翼翼放縱的過程。

我之所以會推薦你寫小楷，是因為我在抄經時，體會到了那種在非常小的筆畫裡，同時兼備控制和放達，兼備快與慢、輕與重的練習。

連續抄經九十天，無論用什麼樣的紙和筆寫，無論是早上還是晚上寫……這些都不重要。重要的是，九十天的堅持，會幫助你慢慢的在這個世界找到一種正在做某件事，而且內心知道自己正在專心的做某件事——我沒有分心，我沒有雜念，我在專注的放肆，我在放肆的專注，這是一種慣性。幾天下來，你就會看到自己內在的變化。

請相信我，當你屏氣凝神的寫完幾個字之後，一定會更愛自己的，哪怕那幾個字寫得很難看。因為你在專注寫字時，沒有去想平時讓自己感到困擾的事。

所謂幸福，不就是沒有不幸福嗎？

06 如何看人不走眼？孔子有答案

原典

子曰：「視其所以，觀其所由，察其所安。人焉廋哉？人焉廋哉？」

有一天，我邀請兒子來錄音棚，讓他肆意的講講他的人生夢想、快樂、擔憂……享受和爸爸一起錄節目的快樂。錄完後我發現，他給了我很大的啟發——他幫我看到了自己的初心。哦，原來這麼多年來，我的問題都是因為自己忘記了一些東西，而我兒子在他還沒有忘記之前告訴了我。到底是什麼呢？為什麼有時我們不能完全融入當下呢？

其實這也是孔子關心的問題。在和大家分享我兒子提醒我的人生初心之前，我們一起來學習《論語》裡的：「視其所以，觀其所由，察其所安。人焉廋哉？人焉廋哉？」以上三句話是孔子的「觀人之術」。

很多人都說，相術是一門非常精妙的藝術，你可以透過觀察一個人的眉形、眼袋、鼻頭、脣形、乳形、臀形……來觀察他的性格，判斷他的人生軌跡。這些都屬於技法層面，是第二層的。其實還有比這個更簡單、更直接觀察人的方法，孔子在不同篇章描述了他對學生人生命運的觀察。孔子觀人之術的核心要義是什麼呢？

第一點是**「視其所以」**。我們常說：「知其然知其所以然。」「視其所以」說的就是，你觀察一個人的行為，要看他為什麼要這樣做，他的動機到底是什麼？這就叫做「所以然」。

比如，一個人經常莫名其妙的跟你分享很多經濟方面的內容，也許他想賣給你理財產品；一個人常常對你發脾氣，也許是因為他非常恨你奪去了他內在美好的東西。當你了解一個人的動機以後，再來觀察他的行為，就能知道他的「來龍」，也自然可以推測出他的「去脈」了。

第二點是**「觀其所由」**（「所由」指的是路徑）。你觀察一個人，要看他做一件事會透過什麼樣的路徑。有的人做事會做一個計畫表，比如心智圖、行動計畫，然後像專案管理一樣設定關鍵時間點，按照每個時間點做安排。

還有一種人完全不這樣做，也能把事做得很好。這種人面對問題的第一個想法是「我拉著誰一起幹」。他們總能找到適合的人跟自己一起解決問題。這些人雖然不清楚步驟，結局卻也不錯。

還有一種人，既不制定計畫，也不找人，他在做事之前，反覆在腦海裡想像這件事做成以後的情景、時間、空間、人們的樣子、當時的氛圍怎樣、以什麼樣的方式表述、別人以什麼樣的方式界定等，而且特別細節化。然後他就等著這件事發生，居然也能成功。

第三點是「**察其所安**」。觀察一個人，要看他是否安然自在。他有什麼地方是不自在的？他對自己做的事接受度高嗎？還是覺得現在做的事很擰巴、很扭曲？他說話時，眼神是否放鬆？做事時，是否不疾不徐？他的言行是否一致？他眼神的閃爍和鼻翼的抽動頻率是否一致（撒謊的人眼神的閃爍和鼻子的抽動頻率是不一致的）？

很多人都不了解，其實人生的最高境界，是沒有不安。心裡沒有什麼說不出來的東西，君子之心如朗朗明月，無時不可讓人不知。孔子對人的觀察，就是這三點。

當一個人能做好這三點以後，他就無所遁形。所以孔子說：「人焉廋哉？人焉廋哉？」（「廋」的意思是隱藏）透過以上這三個維度觀察一個人，他是不可能隱藏起來的。關鍵是我們在觀察別人之前，是否用這三個方法真正的覺察過自己。

不安來自童年的夢想，沒有得以很好的成長

有時我發現自己會不安，但我總是不知道這些不安來自哪裡。為什麼我不能像自己理

想中那樣，全然的安住於此呢？

那天，小孩跟我說，他的理想就是有很多老婆。當時旁邊的大人「花容失色」的說：「你這個屁大點兒的小孩，怎麼會有這樣的想法？」但是捫心自問，絕大部分的少年其實年輕時都做過韋小寶的夢。我是不是說錯話了？絕大部分的男人都想找一個雙兒這樣的人（按：雙兒性情溫純，通曉武術，對韋小寶千依百順，與他多次共度患難，最得韋小寶的信任及愛護）陪伴自己，無限支持，永不添亂。所以，很多男人的不安，來自始終沒有找到一個像雙兒這樣的人。

再深入一層，為什麼很多男人想找一個像雙兒這樣的人？你會發現其實這是一個人不能自理，不能把持住不同關係而帶來的恐懼。因此，喜歡雙兒不是問題，沒有意識到自己一直都沒有學會在複雜關係中保持從容與鎮定，才是真正不安的源泉。這種不安擴展到更複雜的多元世界裡，不僅是對不同的兄弟姐妹的複雜關係，而是對所有人的複雜關係不能得到平衡和自在而帶來的不安。

小孩和我聊天時，讓我知道，原來我們的不安更深層次來自童年的夢想，一直沒有得以很好的成長。他讓我想起了《鹿鼎記》，我在大多數男人普遍對雙兒的喜愛和渴望中，看到了自己對複雜關係的無力感，而且我相信，這種複雜關係不是某一個男人和女人之間的關係，而是對和很多男性、女性、長輩、孩子等複雜關係協調的沒自信。

修身、齊家、治國、平天下，一定是「修」、「齊」、「治」、「平」沒有做好，所以給自己帶來了不安。

你的不安與很多緊張而複雜的人際關係中的衝突有關嗎？這個問題與他人沒有關係，其本質是你從來就沒有走過，在複雜關係當中保持從容的階段，這是一種訓練和學習。

孔子說，這個學習必須來自一個基礎——格物、致知、誠意、正心、修身。如果你之前沒有修身，把身心修到一致。沒有把自己的意練得更純、更誠，沒有把自己的心立得更正，沒有格物，沒有致知，當然做不到齊家，所以我們卡在這個環節了。每個人的不安，都是這個序列裡的某項沒有突破的期限。

我希望你知道，你的問題不在和某個人的人際關係，而在你意識到了和各種派別、各種角色的人之間關係的不協調，這才是你所有不安的源泉。

07 往回看，是為了要向前走

原典

子曰：「溫故而知新，可以為師矣。」

子曰：「溫故而知新，可以為師矣。」朱熹注解：「故者，舊所聞。新者，今所得。」現在是一個知識爆炸的年代，很多朋友的焦慮來自對新生事物的渴望——又有什麼新書、又有什麼新觀點、又有什麼新商業模式……這些是否可以成為談資？但大多時候大家都活在囫圇吞棗裡。

其實，花點時間看一些早就熟悉的老文章，你會發現，那些舊所聞往往能為自己帶來新所得。

幸好我兒子目前在讀小學，有一天我有機會看到了一篇久違的文章——一九二一年魯迅先生寫的《故鄉》（記得我小時候還背過《故鄉》中的某些段落），文中的主人公叫閏土，他會叉魚、捕獵。在魯迅的筆下，閏土的童年充滿了靈性，他甚至可以用胡叉捕猹（按：一種獾類野獸）。但中年的他成了一個什麼樣的人呢？他成了一個沉默、無趣的人，似乎什麼話都不愛說了。

小時候，我痛恨學魯迅的文章，因為關於他所寫文章的作業很多，考試時關於他的題目也很多。但現在，當我們成為中年人時，那個曾經鮮活的自己，也變成了一個新版本的閏土，心中有苦，卻不知是什麼樣的苦。如果不是「溫故」——重新看一下這篇小說，我們都忘記了自己還讀過那麼有意思的故事，而且這個故事早早就預言了幾乎我們每個人的人生。子曰：「溫故而知新，可以為師矣。」不斷的看小學課本，已經足以讓我們成為一個對生活有充分洞察的人。

你還想到了哪些舊東西呢？你記得一部叫《姿三四郎》的電視劇嗎？導演是黑澤明。這部作品講述了明治維新時期，日本傳統的柔道高手，保持著自古傳下來的種種習性，面對西洋文明衝擊時感到的痛苦。這難道不也是今天許多人的焦慮所在嗎？

曾經有位作家朋友告訴我：「一個人只要活到三十歲，基本上後半輩子就可以藉由不斷的審視、描述、反芻自己在三十歲以前經歷過的人、事、物，一輩子的小說題材都夠了。」確實，如果我們不反芻自己的童年，不溫習曾經學過的，哪怕是最基礎的東西，是不會有新知的，而且可能一輩子都活在模糊的回憶中，不能真正的突破自我。

《黃帝內經》裡有一個詞叫「發陳」（推陳出新的意思）——新的嫩枝在老的樹枝上長了出來，才有真正的生命力。我們花了很多時間面向未來，卻從來沒有意識到，**只要把過去學過的東西認真的捋清楚，已然有充分的智慧迎接未來了**。

我日常最喜歡做的事，就是看舊書。如我喜歡看錢鍾書先生的《圍城》（一切寫作文的祕訣都在這本書裡），他對人性的洞察，對那些迫不及待想要展現自己能力的知識分子的觀察，對一個男人反覆陷入類似感情糾葛的描寫，以及對比喻的運用，都精妙至極。

難道我們超越了民國時期的那些知識分子嗎？沒有。世界有什麼巨大的變化嗎？如果看《圍城》，也許會覺得沒有太大變化。人們還是在不確定中慌忙的生活著；在人與人之間的關係裡仍然一邊在裝，一邊在掩蓋，一邊在瘋狂跑路……。

安全感，並不來自你對未來的洞察。

懂得覆盤，跌倒一樣可以再起

獲取新所得有一個更簡便的方法，就是對過去深刻反省——我們走過的路、見過的人、歷經的輪迴，其實早已可以為我們帶來足夠多的新鮮體會，所以「溫故而知新」，是一個特別深刻的發現。

有的女孩子總是反覆被同一種男人騙，如果你不「溫故」，下次還會被這樣的男人騙；有的男人總是會為同樣的事而生氣、憤怒，如果你不了解上一次憤怒的真正原因，下一次仍然會被這樣的情緒所裹挾；還有一些老人，都活到七、八十歲了，仍然沒有真正了解自己這輩子到底活出些什麼……。

拜兒子所賜，我現在常常可以看一些小學生的語文課本，我覺得特別好看。其中有一篇講的是放牛娃帶著日本人進入了一個山谷，其實這是八路軍（按：國民革命軍第八路軍，簡稱八路軍，是中國人民解放軍的主要前身之一）的埋伏圈套，後來，日本人發現自己上當了，於是無情的殺害了這個放牛娃，這時八路軍來了，他們像下山的猛虎一般迅速殲滅了敵人——這個小孩就是王二小。

以前聽這個故事時，我們最多覺得這個孩子好勇敢啊，完全不以自己的生命為意。我跟我兒子講這篇課文時，問他：「你害怕失去生命嗎？你能體會到他的恐懼嗎？」哪怕他裝作很鎮定的樣子，我也能輕易的覺察到他的恐懼——當時王二小一定也很害怕。

如果你能體會到他的恐懼，那就學會了仁；如果你能體會到他把自己當作「人肉魚餌」，讓敵人進入一個容易被殲滅的狹小空間，為八路軍立下戰功，為抗日戰爭做出巨大貢獻，那就學會了義。

在仁、義兩者不能兼得時，要用義來覆蓋仁，用義超越仁。當然，在這個過程中，把敵人帶進埋伏圈也是要有智慧的。所以，在這篇文章裡我們看到了義、仁、智這三個維度的資訊傳遞。小時候讀〈王二小〉，怎麼能體會到這些呢？

我沒有權利建議你在仁和義之間，要以民族大義為重，以個人體驗為輕，每個人都有自己的選擇。不過，我們倒是可以藉由對小學生課文的學習，重新發現那些偉大的人。

也許這個故事是假的，但我相信，在抗日戰爭中，有過無數類似的真實故事，有無數不知名的大人甚至孩子，為了民族的自由，為了民族的獨立，奉獻出了自己的生命。這難道不值得當今我們每個人向他們致敬嗎？

故事可能是假的，但這類事卻是真的；課文是舊的，但對此的體悟卻是新的。所以沒有「溫故」就不會「知新」；世界會有多大的變化呢，也未必有。

一個人是不是開始學會反芻自己曾經學過的課、曾經認識的朋友，就變成老人了呢？我倒是覺得，這其實是一種很環保的做法。我們可以用更少的過去，凝練出更多對自己生命的洞察。

在上一個十年，發生過一次很大的金融風暴，到了二〇〇九年、二〇一〇年，經濟又慢慢的重新回到了上升的軌道。再往前推，一九九八年、一九九九年、二〇〇〇年時，互聯網泡沫破滅，所有人都感到很悲觀，最後世界還是在往前走，這就是「故」。如果我們對一九九八年、一九九九年，以及二〇〇七年、二〇〇八年的債務問題、資金流向問題……好好學習一下的話，大概能看到現在我們面臨的經濟狀況的走向將會怎樣。

我為什麼那麼喜歡巴菲特？巴菲特說在他的投資生涯中，經歷過「二戰」、經歷過美國出現的各種通貨膨脹、經歷過伊朗石油危機、經歷過「九一一事件」……但這個世界仍然在往前走——他是一個堅定的樂觀派，這是一種信念。

如果你看看自己的周遭，就會相信這個世界的確是這樣的。現如今連衣索比亞的人均壽命都接近六十八歲了，我們有什麼資格不樂觀呢？世界不會怎樣的。如果你再看一下中國元朝、明朝、清朝、民國時期種種時代的變局，會發現這個民族總是在歷次的震盪中保持著一種堅韌不拔往前發展、生生不息的能量，這就是「溫故而知新」。

我們對未來的信心，來自對歷史的學習。一切都會過去，一切都會變得更好，這是人類發展的大趨勢。

有一天，我和中國最頂尖的公募基金團隊吃飯，席間沒有人說假話，我們很深入的探討了宏觀經濟形勢的走勢。我發現他們能成為最賺錢的基金，一個最重要的原因就是，永遠保持樂觀。這是我在「溫故」之後得出的一個新知——**事情早就經歷過了，只是我們忘記了，或者從來沒有認真的複習過而已**。

溫故聞，得新知。你只有不斷的回頭溫習，不斷在實踐中觀照，反知於心，才能從那些熟視無睹的舊經驗裡發展出自己全新的體悟。

08 只要你成功了，怎麼說都是對的

原典

子曰：「君子不器。」
子貢問君子。子曰：「先行其言，而後從之。」
子曰：「君子周而不比，小人比而不周。」

本篇是孔子表述的關於君子——活得通達之人的三種狀態。

第一種狀態，「君子不器」。什麼叫「器」？一個器皿，總歸有一種用途——高腳杯是用來喝紅酒的，蓋碗是用來喝蓋碗茶的，碟子是用來盛菜的……「君子不器」，指的是君子不會被某種固定的作用限制住自己。

從理論上來說，一個活得通達的人，學什麼都會很快，雖然隔行如隔山，但是隔事不隔理。當你明白了萬事萬物背後的基本規律，是很容易進入不同領域的，而且也會做得相當不錯。

我的老師蔡志忠先生就是這樣，他畫畫很好，同時數學也學得很好、物理也學得很好、收藏也做得很好、音樂也創作得很好，牌也打得很好，連吹牛都吹得讓人五體投地……他是如何做到的呢？因為他從來沒有設定自己是專門幹什麼的，因此他做任何事，都能非常深入的了解其中的細節。

張居正說過：「惟是君子的人，識見高明，涵養深邃，其體既無所不具，故其用自無所不周。大之可以任經綸匡濟之業，小之可以理錢穀甲兵之事，守常達變，無往不宜。」有的專業人才只能放在一個地方發揮其價值，而另外一些人可以把不同的專業人才和自己搭配來做成各種事業。換句話說，君子是具有領導力的人——**領導不是每樣東西都會做的人，而是知道這些東西背後都有深刻的關聯，都有類似規律的人。**

第二種狀態，「先行其言，而後從之」。

子貢問孔子怎樣才能做一個君子，孔子跟他說：「先行其言，而後從之。」我們之所以不能做到言行一致，很多時候是因為話說完了，環境就變了，我們可能就忘了做，或者做著做著事情本身就變形了，產生了異化。孔子知道子貢的特點是表達得比較多，所以針對他的特點說：「你先去做，再說出來。」做就對了，說不說都不重要。如果你每次都把事情先做了，但從來沒有說出來的話，就不會讓人覺得你是一個言行不一致的人了，因為都已經做到了，因此說在其後，怎麼都行。

很多人都研究ＢＡＴ，說他們如何如何成功。其實許多公司的戰略，根本不是剛開始就定下來的，而是因應世界的變化隨時調整，先做出來，後來再找一些會寫作的文人總結出來。**只要做成功了，怎麼說都是對的；做不成功，就不要說了。**從客觀上來說，就是這樣，你不需要先說。「為而不爭」，只要你成功了就沒有什麼好討論的。

第三種狀態，「君子周而不比，小人比而不周」（周，指周到、普遍。比，指偏黨、勾結）。

君子喜不喜歡你，不會因為跟你利益相關而改變內在的想法，而是透過自己內在的價值觀驅動，所以他能做到「泛愛眾，而親仁」。你愛不愛我，我都愛你；你理不理我，我都在那兒。那首著名的，講愛情的同時講佛性的詩歌〈你見或者不見我〉，其實跟孔子說的「周而不比」是一樣的。

小人與君子待人接物有非常大的區別。小人待人接物都是基於利益交換，基於投資：我對你好，是為了換取將來你對我好；我恨你，我不喜歡你，是因為看不出來你對我有什麼好處。君子不是這樣，他不喜歡一個人，或者有時真的反對某件事，是因為他認為這件事違背了內在長久普遍的價值取向。

君子並不是沒有價值判斷，而是在大多數時候，他能做到寬厚，不以個人的短期利益決定與人交往的情緒反應模式。

我們的意識決定了自己生存的世界

讀《論語》有一個很有意思的收穫，我們總是能在裡面找到與自己相對應的鏡子。以上的三種狀態，都是我們可以對照自身的一面鏡子。如果我們真的能做到「君子不器」、「先行其言」、「周而不比」，我們就成了一個達人。什麼叫達人？達人就是通達的人，活在一種寬泛的頻率中。

有的朋友心裡一定會暗自的分別比較，認為佛經比較高級、莊子比較逍遙、孔子比較軸（按：中心的、樞要的）。會產生這種想法其實是因為沒有真正的讀進《論語》。我讀後發現，聖人總是差不多的，他們講的東西都是類似的。

於我而言，印象最深刻的一句話，就是「先行其言，而後從之」。這句話翻譯成一句廣告標語，就是 Just Do It。我為什麼特別喜歡這句標語呢？因為它強烈的反映了一種價值取向——吹牛是這個世界上最愚蠢的行為之一。因為你**說得越多**，**需要對付的就越多**；**假如你不說**，**那麼做的每件事兒都在為自己加分**，而且我們往往在說的過程中，獲得了某種虛假的成就感，就會忘記需要實現它。

讀到此處，我在旁邊寫了幾個斗大的漢字——「汗顏哪汗顏，原來我所有的問題，都是說得太多，做得太少。」

曾經有位朋友跟我討論，如何創造出優秀的廣告文案。我覺得好的廣告文案，一定能夠完美的把一款產品的功能，提升到一種普遍的具有人類共同體驗的價值主張裡去。

Just Do It 對應的是「先行其言，而後從之」，大概是相通的吧。所以創造一個好的文案，不僅需要技巧，懂定位、行銷，更重要的是要從經典裡獲得綿長而雄厚的力量。

一個把《論語》讀好的人，真的做什麼都可以春風化雨、潤物無聲。所謂「半部論語治天下」，現在看來，果然如此。每天學習一則《論語》，我們會發現自己能變成一個更加溫暖、寬厚的人，因為我們總是對這樣的人充滿了某種期待。

《吸引力法則》雖然是一本被太多人提及的書，但它的內容確實給了我們很大的啟發——你念茲在茲，每天在內心哪怕是默默的對自己有一個君子的要求，哪怕是帶著一種尋找那種通達之人的眼光與人交流，觀察世界，你就會吸引這樣的人。

我們的意識決定了自己生存的世界。如果你的身邊有類似的朋友——對每件事不僅關注細節，更關注細節之上的通識；行動比語言更快；待人接物以自己的價值觀驅動，而不是以短期的利益投資為參照。請你要珍惜他，他會成為你生命中的貴人。

09

人要努力學，但不要急著學

原典

子曰：「學而不思則罔，思而不學則殆。」

子曰：「學而不思則罔，思而不學則殆。」這是我們耳熟能詳的一句話，這句話的字面意思很容易理解——如果你常常透過讀書來吸取知識，但不進行思辨、琢磨，就會越學越迷茫、困惑；如果你不讀書，但勤於思考，就會「殆」（找不到出路，產生一種「哎呀，完蛋了，陷入死胡同了」的感覺）。

我每天刷微信，對房價、國際的油價、中美貿易戰、匯率走勢……很關心，發現有很多非常棒的微信公眾號，許多大德在上面分享他們的畢生所學。看多了之後，你就真的能體會到什麼叫做「學而不思則罔」。比如，明明九〇％的人都說房價已經到頂，只有一〇％的人，包括地產大亨任志強老師前段時間還很堅定的說：「房價還會漲。」——你到底聽誰的？

有段時間我就不看這些消息了，而是根據自己的思考來判斷——從人口、貨幣、周邊情況入手，跑去跟地產仲介聊天，自己琢磨了半天之後，發現其實早已有人講出：「房地產市場長期看人口，中期看資金，短期看政策。」這樣的道理，總結得多好。

其實，「學」和「思」的關係是愛真理者（對真相懷有好奇心的人）面臨的問題。我們在理解這句話時，一定要了解孔子所說的內在的前提——你可以學，也可以思，但其實你已然是一個有實踐和行動的人，因為他之前就說過「學而時習之」。所以，關於這句話，有一句隱藏在其他篇章裡的話一定要接在後面——學和思的前提是，你已經深入生活，並且在實踐了，再到這個層面討論學和思的關係。

有一天，我的茶室來了一位從事對沖基金方面工作的朋友，他是中國最早一批在華爾街做量化交易的人。我第一次聽到量化交易、高頻演算法，還是從他那裡聽到的。

這位朋友最近在做基於投資理念和資本的哲學思考，他讀了很多關於社會學、經濟學的書，有幾個特別有意思的觀點想與我分享。他說：「第一，我堅定的認為，婚姻是有價值的，但人們對婚姻價值的解讀產生了偏差。」我說：「願聞其詳。」

這位朋友告訴我：「婚姻是什麼？婚姻是親密關係的複利綜合產品。因為有了婚姻這樣一個所謂的風控機制，或者所謂的邊界，一個人可以把他大部分親密關係的情感投注在一段關係裡，藉由時間的累積，產生複合增長。」這就好比，兩口子只要沒有離婚，到七、八十歲時，結果都還可以，比很多中途換來換去的人好。

他接著說：「投資也是這樣，最近看來高頻交易還是不如那些長期持有的價值投資回報率高。」他所謂的長期是超過二十年到三十年一個週期裡的綜合回報，這是他研究了很多市場規律之後得出的一個結論。

見樹又見林的系統思考

有人說中國不是一個價值投資的市場，但起碼你拿著萬科企業、海天味業、貴州茅台、格力電器、美的集團……這種不管你做不做投資，都知道身邊很多人在用、將來也會用的產品的公司股票，不管它當期所謂的營收利潤表現如何，放在十年到十五年這樣一個大週期來看，回報率其實是很高的。

這位朋友停頓了一下說：「我的學習和思考，其實有一個基礎，這都是透過我在市場上真正進行了大量的買賣，把我的資金分成若干個板塊之後，並且倒推很多過往的業績才得出來的。」

我們很小的時候，就學過學和思的關係──「學而不思則罔，思而不學則殆。」今天我才突然清晰的意識到，這句話是有前提的——你已經實踐了，才能再來討論它們之間的關係，否則，學和思都沒有多大的意義。

一個人一輩子不去實踐，僅僅是思考他想到的東西，再去學習，將會如何？

因此，我們就會產生一種很篤定的判斷——讀《論語》要在碎片化的、一段一段的文字裡讀，要結合別的文字讀，否則，我們就會陷入這句話的局限中。

這個結論對當前的我們來說，非常重要。因為現在絕大部分的人已經習慣了每天透過手機獲取資訊，讀一篇篇結構很清楚的長篇大論，或者說深度閱讀的人越來越少。你看一篇稍微長點的微信文章，其實也只會看看標題，然後看看頭和尾，頂多再看一下幾條按讚比較多的評論，這恰好是我們這個時代人的通病——對語錄體、標題黨的學習。

我們在學《論語》時，很容易陷入對一句話的執著。曾有位老先生跟我說：「讀書要整體讀，雖然微言大義，其實每個字往裡琢磨都是大千世界，每句話都是博古通今。」

我們在讀書時，一定要站在作者全然的世界觀讀這句話。就像科學競技真人秀《最強大腦》裡的測試一樣，你要透過一隻大麥町犬身上的斑點，識別牠是哪隻狗。如果我們的內心沒有對整個體系最起碼的尊重，那些最精彩的標題，或者那一、兩句話，往往會將我們引入歧途。

學和思對現代人來說，已經太奢侈了，大部分的人雖然會看一些東西，也會學一些東西，但尖刻、深入的系統思考，是很匱乏的，因為我們的時間總是那麼碎片化。

當讀到《論語》中的這句話時，一定要生起一種對當下自己不學習、不思考、不實踐，只是活在瞬間的情緒、衝動中的覺察。

10 什麼樣的人是高手？永遠只領先你半步

原典

子曰：「攻乎異端，斯害也已！」

這句話是說，一個致力於長期成長的人，如果在某個專業領域一直深入下去，並以此來統御世界，是非常有害的。看到這，有的朋友可能會問：「如果這樣的話，還有『偏執狂才會成功』這種話嗎？」、「如果這樣的話，還需要單點突破嗎？」、「如果這樣的話，我們是否不再相信定位？」等。

事實上，在某些很小的領域做得很深入的應用，確實挺不錯的；某些特別標新立異的學說，聽起來也非常好。不過孔子卻提醒我們，哪怕你了解了，甚至哪怕你用了，但如果你以此為根本，以為這就是理想的世界，那就非常危險了。因為它們會對你的心智模式產生一種深重的破壞——「斯害也已」。

如果你是一位優秀的互聯網頁面互動ＵＩ（使用者介面互動設計）設計師，你可以非常深入的研究這個互動介面如何設計得更好，你可以清楚的界定你的互動語言。在這個所謂的ＵＩ領域，你很深入，這當然是一件很好的事情，不過，如果因為這樣，讓你覺得自己不可能成為一個好的經營者、好的管理者、好的空間設計師……這就是一種傷害。

當然，也許你一輩子都不會從事其他的行業，雖然隔行如隔山，但隔事不隔理。在任何一個領域，我們都可以最終深入一個點，並且擊穿它，產生一種與所有領域都能夠全然連接的能力和境界——這是單點深入之後兩種不同的結局，不是不可以「異端」，而是「異端」要走回圓環。

你向左走，一直走到最左邊，一定會發現終點就是出發點，因為世界並不是一條直線，而是一個圓形。此話怎講？你看那些在專業領域造詣非常高的人，都有一個特點——真正的大師，可以用很平凡的話把一件事講清楚。

我認識一位朋友在英國《金融時報》（*Financial Times*）工作，他說他們邀請經濟學家來寫專欄時，都有一個請求——盡可能不要用專業術語，把一個東西講到所有人都能理解。用很多專業名詞和術語進行表達，產生的結果往往不能真正把你的道理傳達給別人，不能讓別人感同身受並從你這裡獲益，它只能帶來一種結果，就是讓人家覺得你好厲害。

對那些想要找一個厲害的人來崇拜的人來說，也許你那種尖銳的、不接地氣的、異化的表達，會滿足他的需求。但真正有菩薩心腸的人，他更想把自己的觀點、研究結果加以分享並幫助到更多的朋友，這其實是一條與前一種人相反的道路。

衡量一個人最終會不會超越他的專業標準，就看他能否變成一個說人話的人。每個人都有自己的專業，有的人是做投資的、有的人是做管理的、有的人是做空間設計的、有的人是做家庭主婦的（我之前認為家庭主婦不算一個專業，後來發現它的確是一件非常專業的事，只不過「家庭主婦」這四個字不能表達，應該說「改造或者影響整個家庭氛圍的女性角色」）……這是一種專業定位。

不管你做什麼，最終能否用一種別人不覺得特別厲害的方式呈現在你的表面很重要。人們越與你接觸，越發現原來你真的有很深入的思考、原來你真的表達得很清楚、原來你真的對這件事有極其深入的研究……。

最怕的是，人們剛開始聽取你的觀點時，覺得所有的觀點都很高深，但再進一步接觸卻發現，這些觀點除了高深沒有別的。

高手永遠會讓你覺得，你與他只有半步之遙

還有一種人是，你剛開始接觸他時，覺得好像跟自己差不多，只比自己好一點；十年

之後你發現跟他相比還是差一點。就像金庸的武俠小說裡寫的，真正的輕功高手並非一下就從你眼前消失，而是你**看起來只跟他差半步，卻永遠追不到他，他能控制到僅僅距離你半步之遙**。這是不是一種很厲害的境界呢？

我常常在想，這個世界上大部分有境界的事，的確早已被金庸和古龍兩位大師描述完了。我有時會碰到一些真正特別懂得賺錢的企業家，公司價值很高，也不上市，你在他身上看不到任何EMBA（按：Executive Master of Business Administration，高階管理碩士）、MBA（按：Master of Business Administration，工商管理碩士）的影子。

當然也有一部分的人很不幸，去讀了EMBA之後讀壞了，回來之後連話都不會說了，跟公司那幫高階管理兄弟都沒什麼聊了，挺可惜的。我接觸過一些廣東和浙江的隱形富豪，他們好像永遠說不出任何深刻的商業名詞，從來不融資，但就是有錢，但他們好像也不炫耀自己有錢。

有一次，我跟一位在廣東做餐飲的老大吃飯，他也開發了很多其他領域的市場，比如皮革市場、布匹市場等。整晚他都是很快樂的聽我講：現在的互聯網發展怎麼樣啊，P2P、C2C、B2B……他的助手一直在旁邊跟我們一起吃飯。過程中，端上來三碗魚翅，這時他助手的兒子來找他拿鑰匙，這位大老闆不動聲色的把自己面前的那碗魚翅放在了小朋友的面前，說：「來來來，小朋友，今天還沒吃飯吧，一起吃。」他的助手嚇壞了，說：「老闆，可不能這樣啊，你怎麼能把魚翅給小朋友吃呢？這不行不行。」

你知道這位老闆怎麼回答的嗎？他說：「哎呀，我正在犯愁呢，這兩天身體有點兒不舒服，溼氣有點兒重，如果我只點兩份，梁先生一份，你一份，你倆肯定會很難過，所以我點了三份。這時小菩薩就來了，也就是你兒子，正好來幫我吃掉。」

我親眼目睹了一位廣東老闆如何用一碗魚翅「收買人心」的全過程，而且他完全不是基於機心，是自然而然的。我當時不懂，只是覺得這個人好厲害，如今想來，才知道人家從來不搞異端邪說，做生意就是讓兄弟覺得跟著你幹有前途，願意一起幹，沒別的想法。然後這位老闆瞬間岔開話題，聊別的去了。

那天吃飯時正好在過年期間，廣東人有個習慣，過年時要發紅包給服務員。這位老闆起來之後，給進來的服務員一人發了一個紅包，關鍵是人家是用兩隻手平穩的遞過去，我看得好生慚愧。君子「行不言之教」，這位老闆沒有講任何關於商業的邏輯、賺錢的哲學，而是全在一、兩個細節裡傳遞出來了。

後來，我向周遭的朋友打聽這位老闆，大家都齊聲稱讚，都說：「這哥們兒很神，你都不知道他到底賺了多少錢，而且所有人都想幫他，他說話之前永遠先笑，不笑不說話，而且那種笑不是奸笑，是眼睛先笑嘴後笑。」

其實，這就叫真正的商業正道。他不需要提出那麼多概念，他沒有「異端」，你在他身邊感受不到任何特別，他是這樣做的，是這樣傳遞的，也是讓我們這樣感受到的。

幸好社會中還有這麼多潛藏的商人，以一種沒有存在感的方式，支撐著整個國家商業的基礎。我認識幾位這樣的朋友，而且越發相信，他們所代表的才是商業的正道、王道，而且他們要比現在那些檯面上比他們有錢的人安全得多。

儘管這樣講，我有時仍然會不自覺的表達出某種對新奇概念、學術名詞的興奮，這也許是沒有錢的人的一種悲哀吧。

11 真的不知道，就大方承認

原典

子曰：「由！誨女知之乎？知之為知之，不知為不知，是知也。」

由是孔子的弟子，姓仲，字子路。子路好勇、好強，喜歡霸王硬上弓，搞不定的也要上。從某種程度上來說，子路很有創業精神，但也註定了他人生結局的悲劇性。因此，孔子針對子路的性格，特地跟他說：「我平常告訴你的東西，你知道了嗎？知道就是知道，如果你不知道，就要勇於承認自己不知道，並且知道自己並不知道。這就是智慧。」

知道自己知道是一個境界；知道自己不知道，是另外一個境界。**了解自己的認知邊界，覺察自己心智模式的局限性，是你能成為更好的自己的一個前提條件**。

《未來簡史》（*Une brève histoire de l'avenir*）是我很喜歡的一本書，書中講到，在過去兩、三百年的時間裡，就人類整體而言，人們終於開始相信一樣東西——我們終於知道原來有很多東西是自己不知道的。以往很多人相信這個世界有全知、全能、全然的知識，我們之所以不了解，只是因為我們不知道，或者沒有親近它，但它肯定是知道的（這個「它」是一個很廣義的概念）。

在過去的兩百年裡，人類發現，只要你承認自己不知道，並且知道這個邊界可以藉由自己的努力去突破、去擴展，就可以做到很多以前只有透過祈禱才能做到的事。比如《西遊記》裡的金角大王，有呼風喚雨的本事……。

其實，每個民族都有類似的傳說，或者認為祭司、巫師能做這件事。但是現在，你不需要自己去做，只要用根據空氣動力學研究製成的機器，向天空發一炮，就能下雨了。以前，人們需要透過祈求等方法才能夠獲得淡水，現在以色列人已經可以用科學的方式把海水變成淡水，甚至直接從空氣中獲得水。

有一天，我在鳳凰衛視的一檔節目裡看到一款設備，只需要把它的電源插上，就能自動提純萃取空氣中的水，然後滴出來。在這樣的房子裡，沒有水管，只要有電線，你就有水喝。甚至還可以接一個充電器，當你在沙漠裡開著車，它就能滴出水來。

如果你不是透過對科技的鑽研，不是突破了自己的認知邊界——知道自己曾經不知道這件事，但是知道了自己不知道之後，願意去嘗試、去實驗，最後得出結論——你是永遠不會得到這麼簡便的方法的。

我不知道的遠遠多於我知道的

智人在向神人轉換的過程中，一個很重要的區別就在於人類開始集體的意識到，很多東西自己不知道，而且也無須祈求一個他者來給他，他可以透過自己的學習、實驗、試錯、假設、推翻、再連接……就可以創造出新的東西。

對我來說，這種觀念是一個很重要的轉變。我曾經非常堅定的認為，這個世界的真理早就被人說清楚了，我們只要讓那個知道的人用某種方式去經營就可以了。

現在我逐漸調整或者說改變了自己的立場。我認為，也許我們首先應該承認有很多東西沒有人知道——我不知道，別人也不知道，但我卻可以透過學習，透過意識到沒有人知道這一前提，再去創造新知。

也許這個觀點會引起很多朋友的不適，請先不要急著反駁，不要生氣、憎恨，先想一想，過去大部分的時間裡，我們獲得的這些生活方面的科技進步，是不是藉由創造，而不是藉由祈禱得來的？

我也常常會有這樣的觀點，心生一絲猶豫和懷疑，真的是這樣嗎？起碼我現在願意嘗試思考這樣的問題。除了宏觀層面，在微觀層面，我們也應該發現一個人得時時提醒自己，「我對很多東西不知道」是多麼重要的一個心智模式啊。

只有時時告訴自己，「我不知道」，才會放下一顆「我慢」的心。在太安私塾裡有來自不同領域的同學，有的同學讀完北京大學ＥＭＢＡ，再讀完中歐國際工商學院，才來我們這裡上課；有的同學可能來自一家三線城市的小企業，當然，這家企業做得也不錯。也許他們在別的學校絕對不會成為同學，因為別的學校會用一種很奇怪的方式同質化學生，導致同學都差不多，而我卻刻意的想讓這些背景完全不同的同學，一起進入一個「生命共同體」——太安私塾。

其原因是，我希望藉由那些不可能坐在一張飯桌上吃飯、也不會一起交流的人，在這樣一個場所交流。在這個過程中，讓大家覺察你的傲慢心是如何升起的，然後透過一系列方法鼓勵大家，從不同的人身上看到自己可以學習的東西。

「三人行，必有我師焉」、「敏而好學，不恥下問」……這些觀點散落在《論語》的各個篇章。我們藉由對這句話的學習，其實可以發現很有意思的內在背景——我不知道的遠遠多於我知道的，所以我要保持對顯而易見的事情的謙卑感。

我的外公是會計學教授，他曾經跟我說過一句話，使我受益終生。他說：「處處留心皆學問。」（這句話當然不是我外公的原創，他只是轉述）在我四十幾年的生活歷練中，發現這句話對我的影響太大了。

我兒子喜歡吃披薩、薯條，喝可樂，擁有一切當代小朋友的種種欲望和快樂，說不上高級，也說不上低級，既然他愛，我就要尊重他。我帶他去披薩店、速食店、炸薯條店吃東西、喝可樂，然後我跟他說：「爸爸有個條件，你進來之後，要觀察為什麼這家店的雞翅比那家店的雞翅好吃，為什麼這家店的生意比那家店的生意好？」他剛開始時會跟我說：「嗯，因為這家店的雞翅脆，那家店的雞翅不那麼脆；這家店的服務生長得漂亮，那家店的服務生長得不好看……。」

我用同樣的問題反覆問他，他就慢慢的跟我講：「這裡的人比較多，這家店本來就處在一個人流量比較大的地方，那家店人流量比較小；這家店餐飲的選擇很少，所以你在選時就會選最好吃那一個，那家店可供選擇的太多了，都看不過來了；這家店音樂的聲音很大，所以你可以在聊天時不用擔心影響別人，那家店沒有音樂，所以我一大聲說話，可能就會影響別人……。」

我說：「真希望你把這個練習保持終身，如果你到七十歲時還有興趣走進一家熟悉的披薩店、薯條店，也能發現這家店更好吃的新的原因，那就太好了。因為你知道自己永遠還有很多東西不知道，所以你才會保持謙卑，保持敏而好學的心態。」

關鍵是在這樣的背景下，發現了我還有更多可以在熟悉的地方，看到自己以前不曾看到的東西的可能性時，你才會對自己內在的豐富性提出永無止境的要求，我慢就去除了；而且當你發現有很多方法可以解決同一個問題時，我執也就去除了（我執，就是對自己以前做事情的路徑和方法的依賴，當你發現原來世界上有那麼多種方法可以同時達到這個目的，就不會那麼深深的我執了）。

如果我們能時時提醒自己「我不知道，我還有很多不了解的情況」，最起碼你會覺得自己旁邊的這些人都是很可愛的。

學《論語》真是一件讓人心生愧疚的事，因為每一天的學習對照自己的行為，說出來都覺得不好意思。

12 如何升職加薪？孔子說做到這兩點就夠了

原典

子張學干祿。子曰：「多聞闕疑，慎言其餘，則寡尤；多見闕殆，慎行其餘，則寡悔。言寡尤，行寡悔，祿在其中矣。」

本篇我和大家分享一段孔子講的升官之道。

子張學干祿。子曰：「多聞闕疑，慎言其餘，則寡尤；多見闕殆，慎行其餘，則寡悔。言寡尤，行寡悔，祿在其中矣。」

「子張學干祿。」（子張是孔子的弟子，「干」是求，「祿」是俸祿）——有一天，子張向孔子討教如何求得一張長期而穩定的官場「飯票」——如何升官，獲得更高的俸祿。孔子告訴他：「多聞闕疑，慎言其餘，則寡尤。」

在官場上，你要多聽少說，對別人所講而讓你產生疑問的部分，要放在一旁加以保留、存疑；如果自己覺得對的其餘部分，要謹慎的說。這樣，所說的話就比較恰當，人家也不會厭惡你，很少有人覺得你有罪過——「則寡尤」（尤，罪過）。

「多見闕殆，慎行其餘，則寡悔。」——多看別人怎麼做事，如果你覺得他這樣做不可靠，就不要跟著做；做的時候也謹慎的做，不要放肆、懈怠。這麼做事，就會比較恰當，也不會有更多後悔的事發生。

「言寡尤，行寡悔，祿在其中矣。」——說話沒有得罪人，做事很少後悔，那麼俸祿自然就在其中了。

我覺得這是一個更適合在穩定的官僚體系裡的做法。在這個成型的體系裡，孔子的建議是有深刻的人性洞察的，只要不犯錯，得罪的人少，時間到了就慢慢往上走，時間長了也就升到一定位置了。

不過，這套體系可能更適合官場，如果你在創業，就不是這樣，因為創業期間如果做每件事都很謹慎，不嘗試它的邊界，不突破它的話，你的產品就不會有價值，你的公司就不會有動力。所以做官與經商，以及做學問，是不同的場景。就這點而言，我想也是孔子特別需要強調的。

張居正對此句是這樣講解的：你不要老是想著謀職獲祿，如果你能即時修養自己的言行，人家自然會喜歡你，何必成天惦記著能不能升官發財呢？把這個話題放得更開一點兒，我認為，不管是當主管、經商還是做學問，如果一個人能多多少少的以安全為邊界，以風控體系為目標，穩健上升的話，有很大的機率，他會獲得一個不錯的結局。

在判斷對錯上，慢半拍

我們可能需要做一系列小的、對的事，累積成一個結果。但對做錯的事情，內心要有所警覺。當然，我們在學習《論語》時，內心時常要多一個問號——孔子所講的話，在今天是不是放諸四海而皆準呢？可能它有普遍性，但也有可能由於歷史和階級原因而產生局限性，這叫存疑。

我在讀《莊子》、《佛經》、《論語》，以及微信公眾號裡大家的觀點時，常常會有存疑的地方，有時也並不完全認同某些觀點。這不是問題，問題是我們對待自己疑惑的情緒態度。我覺得我們起碼可以在孔子身上學到一樣東西——你不是不可以懷疑、不是不可以有自己的觀點、不是不可以創新努力，而是你的動作要優雅，言行要溫和。

舉一個可能不是特別恰當的例子，偉大的企業家賈伯斯，憑藉一己之力，改變了世界的互聯網模式，乃至人們的生活方式。但即便他是這麼偉大，我心裡也覺得，大部分的時候，他沒有必要用那麼暴躁的脾氣，甚至用傷害人的話去表達他的觀點。

有一天，我和兒子討論《三國》裡的各色人物時，特別提到了一件事——張飛是好人嗎？很顯然，張飛忠義兩全，勇猛無比，算是一個正派人物。但他的結局卻因為情緒管理失當，被手下一刀辦了，死於非命，得不償失。換句話說，對錯是一件事，誰對誰錯，這件事很難判定。因為你有不同的時空境遇，不同的參照物，不同的機制體系。我們在判斷對錯這件事上，完全可以參照孔子的建議——慢半拍。**對於不認同的事，先放一放，觀察一下，也許過一段時間，真相自然就會顯現了**。

民間教育家王鳳儀先生曾經說過，很多人身體鍛鍊得很好，價值判斷也合乎君子之道，但就是身體不好，命運多舛，究其原因，還是性格和情緒管理有所欠缺。這三者是三個不同維度——性，性格情緒；心，價值判斷；身，身體物件。它們的比重是不一樣的。

一個壞人，作奸犯科，如果他性格溫和，被抓到監獄，可能也比別的犯人要活得稍微好一點兒；一個好人，遵紀守法，疾惡如仇，但是性格暴烈，哪怕能升官發財，也容易遭到小人陷害。

我常常在機場看見一些人欺負機場的工作人員，比如飛機誤點，這些人就對著機場的工作人員大吼大叫，因為他知道這些工作人員不可能對自己怎樣。後來我聽一位從事航空業的朋友說：「其實空服人員想要弄你太簡單了，『稍微不小心』就把你的行李寄到非洲去，整死你。」

我還有一位朋友在餐廳做後廚，他跟我說：「有的客人說菜不好吃，罵罵咧咧，又要退款又要什麼的。前臺的服務人員很辛苦，好言相勸——現在都是服務至上，店家都怕客戶在公眾平臺上給負評——我還是可以很溫和的對你，重新給你炒盤新的行了吧，炒的時候吐口黏痰進去，炒出來一點也不影響味道，頂多多放半勺老乾媽（按：中國油辣椒品牌），你吃得還挺香……。」

性格不好，哪怕一件事做得再對，有人想搞你，那也是隨時有可能的事。因此，很多人都活在鬱鬱的憤怒中，總覺得自己被小人所害——我都為公司鞠躬盡瘁，死而後已，全然為公司著想了，就是這幫小人搞我。很多人不知道，**小人也是人，你對人性不理解、不尊重，小人就會用他的方式來「報答」你。**

我有一位愛算命的朋友，他看見那些性格暴躁，一坐下來就說這不對那不對的人，只要說：「你最近命犯小人。」這些人立馬掏錢，說：「準哪！神哪，你太厲害了。」他說：「當我判斷他是這樣的性格，說出他命犯小人時，再用八字、六壬、梅花易數解釋一下，搞得學術一點兒，就可以了。」

其實這是常識，不要因為你對，就覺得自己可以裝模作樣擺闊——「能人背後有人弄」。如果你晚上輾轉不得安眠，總覺得旁邊有人對你很不爽的話，可以花一分鐘問自己這個問題：「你是正確的，就可以裝模作樣擺闊嗎？」這是兩回事。

13 孔子為何不斷強調「角色感」？

原典

哀公問曰：「何為則民服？」孔子對曰：「舉直錯諸枉，則民服；舉枉錯諸直，則民不服。」

哀公（魯哀公）問孔子：「如何讓人民群眾對你真正心服口服呢？」孔子回答：「把正直的人放在主要位置，把小人放在旁邊，人民就服你；反過來，如果你讓那些只會溜須拍馬的人坐在主要位置，而讓認真、勤懇工作的人不能發揮作用，老百姓就會不服氣。」

（舉，推舉，使用。錯，放在一邊）

〈出師表〉對仁君（老闆、老大）的教誨總結是六個字——「親賢臣，遠小人」。關於「仁君」的討論對我們人民群眾來說，有什麼意義呢？對我來說，看到這句話，第一個想到的是，其實我們的內在，也有不同的自我。有一個追求正義、追求意義、克勤克儉的

「我」，這是受到教育的「我」；還有一個貪生怕死、好逸惡勞、哄自己開心的「我」。這兩個人，其實都是自己的一部分，我們該怎麼面對截然不同的「自我」呢？

用孔子的話來說，做人應該讓內在那個正直、有擔當的人呈現出來。這樣的話，你內在的眾生，乃至外在的民眾、旁邊的朋友，都會覺得你是一個值得尊敬的人。而過度放縱自己的欲望，到哪兒都「葛優躺」（按：指坐沒坐相的姿勢），只讓自己特別舒服的人，也許大家覺得你挺可愛，但未必會真正尊敬你，尤其當你做事還涉及其他人的時候。這一點，其實對在人世間打拚的人來說，是很有意義的。

我花了四十多年的時間，問自己：「我到底要成為一個有價值、有用、受人尊敬的人，還是成為一個沒什麼用，但求自己舒服，對人無害的人？」在很長一段時間裡，我發現自己選擇了後者。

有一天，我認真的思考，如果以我在過去二十年所遇到的種種善緣，也許本來可以成就一番更大的事業，成為一個更加尊重自己的人，為什麼後來變成了一個最多是對自己還有點兒喜愛，但算不上特別尊重的人呢？可能個中原因，是對自己內在的小人太親近，對自己內在的君子太疏遠。

在一些家庭裡，爸爸好逸惡勞，媽媽剛正不阿，長此以往，你會發現一個很奇怪的現象——兒子平常也許會對爸爸很親熱，跟爸爸玩得很高興，但在關鍵時刻，他還是站在媽媽那邊。為什麼？因為他覺得媽媽鎮得住場，真有什麼事還是得靠媽媽解決。

也許有時我們在家裡的地位排在兒子和狗，還有其他人之後，在本質上來說，這是因為沒有「直」的力量。做個「直」男爸爸，是不容易的。回到家，都只能呈現出所謂慈父的一面。

東方國家許多家庭都有類似的情況，這對本來想婉約點兒的媽媽是不公平的；對本來想獲得尊重的爸爸，也是難以實現的；對想在爸爸那裡尋找堅韌、正直的力量，在媽媽那裡學會藝術品味和愛的溫存的孩子來說，也會有種錯位感。

因此，如果一個男人想在家裡擁有真正的受尊重感，恐怕還需要擁有更加正直而勇敢的擔當。比如，在對待孩子的教育問題上，該強硬時還是要強硬，該雷厲風行時還是要雷厲風行。如是，媽媽才能去填補溫存的位置。

有些爸爸在工作上早已了然於胸，所以回到家之後，迅速霸占了「慈父」的位置，逼著媽媽成為河東獅吼的「嚴母」。我發現這種情況在東方國家的家庭裡特別普遍，這不可謂不是一個悲劇。

如果我們能從這句話裡看到男性應該更加具有剛毅、勇猛的氣概，帶著小朋友出去參與各種體育運動，而不是在家一起看電視，也許媽媽會覺得更加愉快，爸爸也會覺得受到了應有的尊重。

正直，要放在親愛之上。對一個家庭來說（尤其是有兒子的家庭來說），這件事極其重要，否則兒子只能向媽媽學習如何做爸爸，向爸爸學習如何做媽媽。

認清自己的角色，才是自在最開始的步驟

在這樣角色錯位的家庭裡，如果生了一個女兒，那也很可怕。女兒小小年紀，就看見原來媽媽這麼厲害，是可以獲得尊重的，原來男人是可以拿來欺負的。於是，她到學校就會變成女漢子，追著班裡的男生打。

你到學校裡看一下，通常是二至四年級的女生比較勇猛、頑強、雷厲風行，男生比較親和、溫順、無所作為。這種現象的背後，都是由於家庭模式錯位導致的，一輩一輩沿襲這樣的傳統，就傳遞了下來。

長期的錯位，最終會導致小朋友的角色混亂——女孩子會用她的潑辣、大嗓門兒，以及男性化的表達，來包裝自己的無奈；男孩子則有可能會用愛與溫和來包裝他的懦弱。

在很多家庭裡，媽媽都發現自己被迫承擔起了爸爸的角色，於是心生憤怒。我有一個小小的建議——做媽媽的，學會把聲音放慢，妳可以表達妳的態度，但要學會穩定情緒；做爸爸的，學會帶著兒子出去看看男人世界的宏大，比如說帶他去看足球比賽、去跑步、

去攀岩，讓他了解力量對一個男孩子來說，不僅意味著他在未來可能找到一個溫柔的女朋友，更重要的是，在體能訓練中，諸如面對長跑等事情上的困倦和痛苦時，培養「必須堅持下來」的逆商，對孩子將來成為一個領導者是一件非常重要的事。

也許，我談論的是一個家庭角色錯位的事，但認真想一想，這難道不是東方家庭非常普遍的情形嗎？意識到這一點是非常重要的。在睡覺前，深吸一口氣，告訴自己：「回到應有的角色上。」

我們讀《論語》，其實要讀到三個字（這三個字是孔子不斷強調的）——角色感。不在這個角色的位置上，我們就很容易出現角色的錯亂，從關係的錯位扭曲到身體的錯位，乃至扭曲到內心的錯位，這種錯位已經傷害了太多人。

每一個人認清自己的角色，才是自在最開始的步驟。

14 老覺得自己懷才不遇？那是因為你在騙自己

原典

子曰：「人而無信，不知其可也。大車無輗，小車無軏，其何以行之哉？」

莊子和孔子有什麼不同呢？莊子較強調人與自然、人與自己的關係，而孔子則建議我們要調整自己與他人的關係。如果我們能藉由與他人的和諧關係修練自己，也許可以在世間獲得更加真實的幸福感。

哈佛大學有一位教授，做了很多年研究，發現**在當今社會，人的幸福感、安全感大都來自人與他人之間的關係**。因為我們活在一個強社交網路時代，每個人內在的安全感、幸福感、入睡力，其實是與他人之間的和諧關係緊密相連的。所以你會在《論語》裡看到孔子闡述許多如何與他人更加友好相處的祕密。

本篇我們一起來學習這一段——子曰：「人而無信，不知其可也。大車無輗，小車無軏，其何以行之哉？」這段話是說，人如果沒有誠信，我不知道他還能做什麼。譬如大車或者小車沒有輪子上的軸承，怎麼可能走得了呢（「大車」是指牛拉的，可以承載重物的車，「小車」是指馬拉的，坐人的車）？

這是一個巧妙的比喻，我們在世間行走，其實都是坐著車一步一步的前進，跟隨時代的洪流，跟隨大家一起往前走。因此，如果一個人不能跟隨整個時代的洪流，不能跟隨眾人的方向，大致來說，他是走不遠的。

如何才能與大家相處的很好呢？祕密就在一個詞上——「誠信」。孔子用了一個字來形容——「信」。什麼是信？「言必信，行必果。」想的和說的一致，是為信；內在有一個穩定而確信的價值標準，是為信。因此，信是一種極其重要的社交品格。

有的朋友會說：「我還是喜歡聽你講的《莊子》，因為學《莊子》沒有那麼累；一學《論語》，總覺得自己好辛苦，今天發現這兒不對，明天那兒不對，總之哪兒、哪兒全都不對。」

是的，我們之所以在人群中常常覺得自己會受傷，究其本質，還是《論語》學得不夠好。除非我們可以離群索居，只和幾個最親密的、最了解自己的、最包容自己的朋友在一起，否則始終會面臨如何與眾人和諧相處的問題。和諧的重點，就在於你是否有信。這個信還包含了現代意義上個人的信用。我們的信用從哪裡來？

之前，我們公司做一份管理層的盡職調查，涉及個人徵信體系，我才發現原來每個人早就被社會做了標籤化的積分。你貸過多少次款、你有沒有按時還款、你有沒有信用卡違約的紀錄、你有沒有電話欠費的紀錄……全部算成了我們在這個社會上行走的積分。

我甚至認為，在不久的將來，每個人真正的財富就是他的信用評級。你的信用評級高就會有人貸款給你，就可以用更低的價格買到更好的東西，就可能會有一份更好的工作……而信用評級低，則會在社會上舉步維艱。

現在西方發達國家已經是這樣了。我們常常會聽到有人抱怨：「中國的司機橫衝直撞，你看外國的司機，素質多麼高。」

其實人都是一樣的，只不過國外是把開車的信用紀錄也統計入個人徵信體系。闖紅燈的代價是非常大的，不只是簡單的扣分問題，它甚至可能會影響到某一天你創業融資時，投資者對你的看法；也會影響到你結婚時，丈母娘對你的評價。

在信用評級才是一個人真正的貨幣價值的時代，人們將會發現，誠信不僅僅是道德問題，同時更是經濟問題。

為什麼我們現在要重新學習《論語》？因為《論語》的本質，是要透過個人的修為，建立更和諧的社會良好關係網路。所謂修、齊、治、平，尤其在現在這樣一個互聯網高度發達、攝影機高度發達、徵信體系高度發達的時代，其實《論語》的精神能非常充分的體現網路時代人的價值。

在未來，我相信整個網路時代的規則制定者，會越來越多人參考《論語》裡的標準，所以每個人對自己的**信用等級**應該非常珍視，它**是我們獲得社交貨幣的主要源泉**。

對小孩的教育，我認為也應該以此為綱。記得自己小時候為數不多的幾次被媽媽打，都和我撒謊有關。比如，在需要家長簽字的地方，模仿老爸和老媽的筆跡簽字；在學校偷偷的學其他小孩抽菸，被發現後，其他小孩都招了，我還編各種故事和理由，不承認自己抽菸；還有悄悄的從爸媽的口袋裡「借」五毛錢，去買冰棍，其實早已被發現了（爸媽也真夠閒的，在口袋裡放一些錢，然後故意在換下來的衣服裡露出一個角，暗中觀察你有沒有拿走，看你拿走了就衝出來抓現行犯，人性真是經不起檢測）……。

總之，小時候因為這類撒謊而被暴打的經歷，給我留下了深刻的印象，原來一個人無信——沒有信用體系，是一件多麼可悲且不划算的事。

覺得自己懷才不遇？事實是在騙自己

很多人最大的悲劇，來自他不僅對別人撒謊，還對自己撒謊。有的人由於受到別人的監督（網路時代的作用力與反作用力），一般情況下對別人都很誠實，但他經常騙自己。最典型的騙自己的話：「其實我是一個愛自由的人」、「其實我是一個善良的人」……。

如果你真的非常愛自由，為什麼仍然被種種關係綁架？如果你真的那麼善良，為什麼你在打蚊子時，有種隱隱的快感？我們常常會被自己欺騙，覺得對方可能對自己還有一絲依戀，認為自己還活在愛情裡；覺得自己還算努力，只不過暫時懷才不遇等。如果我們充滿覺察的話，就會發現，其實我們在大部分的時候都在對自己撒謊，都不那麼誠實。

為什麼我們要即時覺察和警惕這種不誠實呢？因為許多人的工作之所以給他帶來傷害，不是因為體力上的勞累，而是因為內心不接受這件事而帶來的勞累；許多人在感情中之所以苦，並不是因為兩個人都窮，而是因為其實內心已經不愛了，但又被迫必須保持這種狀態……。

本篇我從對外保持信用、保持誠信，引申到一個蠻重要的話題——除了對外保持真誠，我們能否做到對自己誠實？

我們也是眾生的一分子，理論上，我們應該和普通人一樣，被平等的對待，只不過人們普遍對自己不誠實，以至於常常忽略了這一點。

有一天，一位老師說：「你們這個『自在睡覺』的名字應該改為『自在睡覺』（按：音同「絕」，睡醒），除了睡以外，還要覺察，覺察自己內心升起的愛恨情愁，貪嗔嫉妒，只要覺察到了，看到了，你就會有一種坦然的心態。」

如果一個人能把自己的身體視為一部車，那麼他對自己的誠實就更加符合孔子所說的這句話了——「人而無信，不知其可也。大車無輗，小車無軏，其何以行之哉？」

從對他人的信——他信，發展為對自己的信——自信，是我們每個人都需要更加審慎而認真對待的事。

晚上睡覺前，可以悄悄的問自己一個問題：「自己在哪件事上對自己不誠實了？」如果你敢對自己承認，也是一種勇敢的行為。

15 十年後，你能站在哪裡，早已註定

原典

子張問：「十世可知也？」子曰：「殷因於夏禮，所損益，可知也；周因於殷禮，所損益，可知也；其或繼周者，雖百世可知也。」

子張問孔子：「我們現在能知道十世以後的事情嗎？」所謂一世，就是一個朝代，比如夏商周，就是三個朝代；唐宋元明清，就是五個朝代。中國已經歷經了二十幾個朝代，其中還有三足鼎立、五胡亂華、軍閥混戰等若干個政權沒有統一的分裂時代。

孔子說：「如果能一直繼承『禮』，那麼不論歷經多少世，變化其實大致都差不多，無非是有所增加、減少而已。」

這個「禮」是什麼呢？它其實包含很多層含義：民間的生活方式、知識分子宣導的價值觀、上層階級的政治制度設計，諸如此類。

在某種程度上來說，中國的政治結構、價值主張和民間生活方式，並不是某個人拍腦門拍出來的，而是基於這樣的地理環境，這麼多民族融合後，自然而然形成的。所以大致也不會有太多改變。

《舌尖上的中國》節目第一季剛播出時，我就非常感慨，因為我相信，如果這樣的節目放在民國，放在清朝，大抵也會是受歡迎的內容吧。因為中國人藉由美食傳遞對生活的愛、對家庭的愛、對自然的愛，乃至對天地的尊敬，全然沒有太大的改變。

有時你到中國那些小一點兒的城市，比如徐州、宜興、開封，乃至成都的郊區，會看到很多小小的廣場，大家在廣場上擼串（按：吃燒烤）、跳廣場舞、納涼……你會感覺到國泰民安，人民過著平和的生活。

只要人還保持著對祖先的尊敬、還保持著對生活的熱愛、還保持著相信除了鬼神以外，也要靠自己的努力，尤其靠自己後天的學習來改變命運的信念的話，這個國家就不會有太大的變化。

在某種程度上來說，民間的許多價值主張，仍然沒有跳出《論語》提倡的好學。到今天，亞洲人好學仍然是儒家文化圈最重要的特徵，韓國、日本、中國、新加坡等國家，有各種補習學校，所有的家長為了孩子以後能夠出人頭地，都敦促他們努力的學習——每個階層的人都是這樣。所以這個民族還活在「學而時習之」的狀態。

每次出現孝感動天——一個孝子如何對他的父母好時，沒有一種文化會對他進行批評，除非他是作秀。在價值觀如此多元化的當下，人們對孝的一致認同，仍然是非常強烈的。因此，孔子說：「對這樣的社會價值主張、美學和生活態度，乃至因此發展出的政治架構，大致能做到保持，同時根據每個朝代的具體情況做增減，這個國家就可以一直延續下去。」

這是一種宏大的視野，如《人類大歷史》（*Sapiens：A brief history of humankind*）的作者哈拉瑞（Yuval Noah Harari）提倡的，所謂人類，就是由共同的價值主張、共同的夢想和共同的故事，所貫穿起來的那一個種族和群落發展起來的。人類之所以區別於其他物種，是因為他們能夠藉由語言、思想、故事，把大家共同的價值觀凝聚在一起，形成一種和合的力量。

我們在學習這句話的時候，結合自身的情況可以看到什麼呢？對絕大部分的人來說，不會思考十個朝代後將會怎樣。花點時間想想自己十年後將會怎麼樣，可能更有意義。

如果你現在抱持著某種夢想和價值觀，十年後大致就可以看得見你的未來。如果你從現在開始，決定成為一個更愛自己的人、更會生活的人，也許經過不斷改良、增減，你就可以成為這樣的一個人。

有一天，我遇見香港四大才子之一的蔡瀾先生（蔡先生與我忘年之交多年，隔幾年，我們就會把酒言歡），他跟我說他又創業了，在香港開了一家越南牛肉河粉店。

我說：「你都這麼大年紀了，為什麼還要開店？」他說：「因為我愛吃啊，湯熬好後我覺得味道不對，就倒掉再熬，足足倒了六鍋湯，才熬出那個味道。然後又經過不斷改良，才做出我認為最美味的越南牛肉河粉，鍾楚紅吃了後讚不絕口。下次你到香港，我一定拉著你去吃，湯底之清甜，河粉之爽滑，真是回味悠長。」我說：「你先別說了，等我到香港找你時再說吧。」

蔡先生都將近八十歲了，還念念不忘的創新出自己最想吃的那口河粉，這就是一直延續著做自己想做的事。在我沒有認識他之前，他就喜歡這口。蔡先生告訴我，他童年時家裡的阿姨炒的那口豬油炒飯很好吃——抗戰之後，香港百業凋零，大家都很窮，他媽媽把山上沒人要的、很青澀的、很難吃的野芒果摘下來，洗乾淨剖開、醃好，再加點兒蜂蜜、薑，做成果脯（按：用糖蜜浸漬成之食品的總稱）拿去賣，可以賣很多錢。

在大家都吃不飽飯的極其困難時，他媽媽還可以把一捆一捆的錢拿回家。他說：「做知識分子的爸爸就不行。」我說：「你媽媽是做什麼的？」他說：「我媽媽是學校的校長，也是知識分子。」

中國女人身上有種創新和堅韌的能力——她們總能在最困難的時候，用最低的成本追求最好的生活，絕不會讓自己和孩子活得太慘。我是相信這一點的。

如果你想在十年後活得更好，請從現在開始努力

我為什麼要講這一段來回應本篇的「十世」之後呢？我的意思是，你想在十年後成為一個什麼樣的人，請從現在開始架構你的生活美學主張、架構你的人生態度……架構你成為那樣一個人的種種能力。

在這十年裡，隨著變化，你的能力會不斷的有所增減，只要維繫著心態，十年後，因緣際會成熟，你將會在不知不覺中成為自己想成為的人，而且會延續很長時間。

如果你是一位女性，可以把這份能量傳遞給孫子。大部分的男人，都不知道要找什麼樣的老婆，其實要找那種孜孜不倦的，想讓自己的生活變得更好——沒錢可以樂觀的活得很好，有錢也會花得很精彩的女人。

蔡先生跟我說，這些年他看到國家正在崛起，很多人變得很有錢，但他很同情他們，因為這些人除了買一些奢侈品外，都不知道該怎麼花錢。

我說：「蔡先生，如果倒退很多年，你要給這些有錢的朋友什麼建議？」他說：「除了要提高自己對飲食和美女的品味外，最重要的是，買一張舒服的床——一張可以升起來，讓你在床上吃早餐的床；一張可以把腳抬起來，讓你覺得很放鬆的床；一張一直側著睡也不會覺得肩膀疼，壓得自己不舒服的床。」

其實，**一個人要想對自己好，是要花心思的，但很多人都活在一種隱隱的覺得自己不配的心智模式裡**。

曾經有一個很好的女孩子，來找我哭訴，說有一位ＩＴ公司的高階主管追求她，但最後這位男生臨陣脫逃，她問我這是什麼原因。根據我對雙方的了解，我跟這位女孩子說：「其實是因為男生覺得自己配不上妳，才臨陣脫逃的。」這位女孩子說：「怎麼可能？」我說：「是的。」

中國有非常多的男性，骨子裡都覺得自己配不上一位優雅的女人，所以他們在現實生活中總是娶了一個醜女、一個凶悍的女人，因為他們覺得這樣的女人不會跟別人跑。這是多麼大的悲哀呀！

所以，如果妳是一個好女人，妳一定要告訴自己的男朋友，讓他知道他值得擁有。如果你是一個看起來還不錯的男人，你一定要問自己：「是不是內心總覺得自己不配擁有一個更好的女人？」

為什麼你的內心會被埋下這樣的種子？如果你想在十年後活得更好，請從今天開始調整你的心態，改變你的生活模型。

16 想要見義勇為，也要有相應的智慧

原典

子曰：「非其鬼而祭之，諂也。見義不為，無勇也。」

許多人對孔子和《論語》是有偏見的，覺得《莊子》比較高級。我重新看了《梁冬說莊子》系列，我發現莊子在內七篇裡，大部分的時候對孔子其實是高度讚揚的。他對孔子坐忘、齋心，以及觀察別人因安靜而呈現出的魅力——「知止而後有定，定而後能靜，靜而後能安，安而後能慮，慮而後能得」這樣的一種態度，其實是非常認同的。

如果我們在年輕時沒有系統化的一句一句的讀一讀《論語》，現在無論如何都應該補補課。不過我充其量只是一位梁同學，我與您分享的讀《論語》的感受未必全然正確，可能對某些文字的注解也不全然合乎本義，但我覺得只要把握一個點——仁，廣泛的同情，就不會錯得太離譜。我們用同情心、共感力去學習《論語》，就不會偏差得太多。當然，

如果我們以此來拓展自己的人生態度，大致也不會錯得太離譜。

如果你想成為優秀的產品經理，就要對人們的痛點、癢點敏感。哪怕你是銷售員、在微信公眾號上寫文章的人……這種最基礎的同情心，都應該是通往成功的終極法門。

本篇我和大家分享《論語》中的這句話，是關於人和鬼神的——子曰：「非其鬼而祭之，諂也。見義不為，無勇也。」

這句話的意思是，對著不是自己應該祭祀的對象，而盲目的祭祀，這其實是一種諂媚。我很難說自己是一個唯物主義者，也很難說自己是一個唯心主義者，我和絕大部分的人一樣，是一個既不太唯物，又不太唯心，介乎中間狀態的人。

這裡講到「非其鬼而祭之」。什麼叫「非其鬼」？就是你拜自己根本不了解的祭祀對象，其實包含著某種諂媚。比如說你走進某個名山大川，看見了一座大雄寶殿，甭管裡面供著的是哪位菩薩，你一進去就跪在那兒，直截了當的叩了幾個響頭後，豪氣萬千的掏出手機掃了二維碼，捐了一大筆錢，覺得這樣也算是一種布施。

這樣好嗎？你內心的動機是什麼？如果你是一種行賄的心態，說：「老大，您看我都沒問您是誰，我先拜為敬，錢也交了，您就看著辦吧。我最近正在給兒子找一所好的大學；我最近想弄筆錢，想買房子；我最近正好要去打牌……您能不能幫個忙？」當你活在這樣的心態時，其實就是一種「諂」。

如果你見到的是佛陀的金身，下跪是基於對他提出的價值主張而心生感動，你在拜時，不是為了獲取什麼，而是一種對他所提倡的價值觀的認同，這種狀態就不叫「諂」。

有的中國人到了國外的殿堂，二話不說就開始拜，反正禮多人不怪，都是祈求保佑，但這種心態多多少少會讓人覺得有點兒哭笑不得。做一下換位思考，假如你有機會坐在被拜的位置，有人來拜訪你，而且拿了很多禮品，滔滔不絕的跟你講他遇到的許多困難，希望你給予幫助。也許你很慈悲，願意幫助他。

如果來的另外一位朋友，他告訴你：「我以前讀過你的書，你在這本書裡的觀點，和我生活中的體驗相互印證，我經過這件事後，越發覺得你在書中提到的觀點之精妙。我今天來什麼都不求，就是想告訴你，我太喜歡你的觀點了。這個喜歡，不需要任何回報，僅僅是感謝，僅僅是因為隔著時空，我們能有這種共鳴，讓我覺得太美好了。」

你坐在那裡，接受不同來訪者的拜訪，你會比較喜歡誰？很顯然，你會覺得後者不錯。這時你可能會想，讓我打開他的後臺，看看他有什麼需要幫忙的。因此，說不定他還沒有提出自己的需求，你就已經幫他解決了。當然我這樣解讀有點兒形而下，還有點兒功利主義的色彩。其實這只是個方便法門，以便大家理解這句話。我也更喜歡那些與自己相知的朋友，而不是對我很好卻有所求的朋友。人跟人都是一樣的，對吧？

佛是我們更好的內心的投射。所以，子曰：「非其鬼而祭之，諂也。」我們將這句話說得白話點，你就知道如何與上級相處了——與上級相處，並不一定要每天都送禮，他未必敢收，也未必看得起。真正更良好的互動，是對上級精神的學習與貫徹，並與之遙相呼應，發自內心的在他的精神世界尋找你能與之共鳴的地方。

假如有一天你做了主管，你也希望自己的部屬是真正的看你喜歡看的書，真正的領會你的思想，並且在你可能犯錯誤時，悄悄的根據你的初心，在暗中將這件事變得更好。雖然當下你的指令不見得是對的，但你的初心如果不錯的話，他能夠藉由對你初心的共鳴與共振，把這件事辦漂亮。你肯定恨不得馬上把他提到更高的職位，這不叫「諂」，也不是「鑽營」，而是一種真正意義上心與心的交流與共振。

見義勇為，也要有相應的智慧

接著我們來學習後面這句話——「見義不為，無勇也。」義是什麼？義是社會公德。比如有人在紅綠燈邊碰瓷（按：藉由製造假意外的方式詐取錢財），車都停下來了，突然用自己的屁股悄悄的擦了一下車頭，然後把手裡的水果往天上一扔，假裝被撞倒在地上。這時你正好站在街邊，親眼目睹了這一切，你會怎麼辦？你會不會勇敢的站出來說：「我看見了，這個人就是碰瓷，我堅決不能允許碰瓷的思想在社會上氾濫。」這就叫見義勇為。

當然可以有更宏觀點、更偉大點的見義勇為，但起碼這一點你是可以做到的吧？義是什麼？義就是社會公共契約，你能對社會公共契約保持一種默默的遵守，那就是對社會公義的默契。如果對義的要求再高點兒，你能否做到呢？

有一天晚上，已經很晚了，我錄完節目在回家的路上，看見一輛車的車門被甩到了左邊的馬路邊上，車裡坐著一個人，流了很多血，安全氣囊已經打開了。我當時就想，我應該上去救他呢，還是走掉呢？現在社會風氣這麼混亂，萬一被人訛了怎麼辦……。

當時我的內心產生了一點兒小小的波瀾，但畢竟正在學習《論語》，於是我把車停了下來，打算走過去看一下，發現那哥們坐起來在打電話，我想目前看來他是安全的，雖然流了點血，但看他拿手機的動作還是蠻靈活的。

於是我把車停到一邊，就在遠處看著他，等著他打完電話。我看見他的車撞到了一輛停在路邊的貨櫃車的屁股下面，心想，也許他是酒駕，不想報警呢？但如果他快死了，我是不是應該救他呢？這時最重要的是觀察、等待，如果他真的快死了，哪怕有被訛的可能性，我也要衝上去救他；如果他沒有生命危險，那就不要給人家添亂。

我打電話給另外一位同事要他過來，他正好跟我相隔不到兩百公尺，我們把車停在附近，確信這位哥們是喝醉了，正在打電話要朋友來接他，而且確信他短時間內不會死，因為他已經不再流血了。我倆把車開到更遠的地方停下來觀察，過了一會兒看見有輛車過來，一看就不是警車，下來幾個人，把出車禍的人從車上拖了出來，我們才悄悄的離開。

這雖然不算是非常高尚的見義勇為，但我覺得起碼在那一剎那也大致對得起自己正在學習的《論語》了。想見義勇為，還怕被人敲詐——想要智勇雙全、仁義兼備，真是太不容易了。

本篇我們學習了兩句話：「非其鬼而祭之，諂也。」——你真的要拜，得拜他提倡的主張，你要與他共鳴、共振，而不是簡單的利益交換；「見義不為，無勇也」——你想要見義勇為，也要有相應的智慧。

第三部

如果你對現狀不滿，請認清這幾件事

〈八佾篇〉

01 把現在的事情做好，其他好事自然來

原典

孔子謂季氏：「八佾舞於庭，是可忍也，孰不可忍也？」

上一篇我們學習了「非其鬼而祭之，諂也。見義不為，無勇也」。大概孔子是想告訴我們，該做的事要做，不該做的事不要做。

本篇，我為大家講的是一種不該做的事。孔子謂季氏：「八佾舞於庭，是可忍也，孰不可忍也？」這就是傳說中的「是可忍，孰不可忍」。什麼叫「是可忍，孰不可忍」呢？

季氏是魯國大夫季孫氏，魯國三家權臣之一。三家分別是孟孫氏、叔孫氏、季孫氏，都是魯桓公的後人，所以稱為「三桓」。

「八佾舞於庭。」——有一次，在家廟的祭祀中，季孫氏用了八佾的舞蹈（八佾，通常用來祭天，佾是排的佇列，每佾有八個人，通常天子用八佾，也就是六十四個人的大

型舞蹈。諸侯只能用六佾，即四十八個人；大夫用四佾，即三十二個人；普通人只能用兩佾，即十六個人）。

魯國是周公的封國，當時周成王認為周公有大功勞，地位非常特殊，因此特許魯國用天子祭天的禮樂來祭祀周公之廟。魯國的後世群工（眾樂工）都因循僭用，已經是失禮。到了季孫氏時，他連諸侯都不是，充其量是一個大夫，確切的說，他用八佾之禮，其實暗示自已享有天子的地位。

在孔子眼中，這種情況是不能忍受的，他說：「如果這都能忍受，還有什麼是不能容忍的？」——「是可忍也，孰不可忍也？」很多朋友對此不理解，覺得這有什麼了不起的，不就是找了六十四個人來跳舞祭天嗎？其實這種想法的背後隱藏著一顆僭越之心。

生活中，很多人總是會做出一些不符合自已社會地位以及角色與身分的事，其實這都是一些很不適宜的情況，因為會引發「德不配位」。孔子說：「如果魯國王公兒子的地位連諸侯都不算，卻老想用天子的角色感做事，也許有一天，這個微小的心智模式，就會引發僭越，然後發生內亂。」果不其然，後來魯國因為君臣的角色感混亂，出現了內亂。

這件事引發了我的思考。現在許多家庭，爸爸沒有爸爸的樣子，兒子沒有兒子的樣子。兒子發起脾氣來都敢指責爸爸，而爸爸覺得大家都是平等的，等孩子發完脾氣再說。也許這在孩子的童年沒有什麼，對小朋友來說，事情過去就過去了。不過，做爸爸的一定要意識到，當兒子再大一點兒時，你就會發現自己說的話孩子是完全不理會的，繼而就會做出一些不尊重長輩的事。

在家裡，也許爸爸基於愛就忍了，但有一天兒子這樣的行為延伸到工作上，就會跟他的主管拍桌子，指著他主管的鼻子說：「你有什麼資格做這件事，你這個笨蛋！」終將引來種種災難。

很多朋友對孔子太過強調尊卑次第、序位而不理解，其實問題不在當下，而在於這顆種子播下後，會逐漸長大，它會對未來產生影響。

孔子總是從微端的事情（發乎於萌芽之前的狀態），就已經看到這個態勢將來的走向，這才是可怕的。如果大家有興趣，我真的很推薦去了解一下海寧格家庭系統排列（對海寧格有許多爭議，我也能理解，但了解一下總沒有錯，他特別強調序位）。

如果一個人沒有做他這個位置上應該做的事，也許將來引發的混亂就很可怕了。有一件很有意思的事，十多年前，北京的房價還沒有像現在這樣暴漲，我曾經有機會在故宮旁買一座四合院（如果加上貸款，也許是可以買下來的）。但我當時花了好長時間問自己：「我應不應該擁有這座院子？」

我知道這座院子的附近都住著什麼樣的人（按：目前好的四合院大都是官員在居住），不管人們怎麼評價他們，總之人家能達到那個位置，有那樣的影響力，也許是種種因緣所致吧。如果我住在他們中間，現在想想其實也是一件很可怕的事。如果我住進去，我覺得很大機率上自己早已經被完全摸過底了，可能我的每一分每一秒的行為，說的每一句話都早已被某種方式記錄了下來。所以我想來想去，還是沒有買那座院子——儘管現在看來有點兒後悔（當時買院子的錢，現在只夠在北京的五環外買一套公寓，而那是一座完整的，可以看見故宮的標準的四合院）。

我常常也會以可惜、後悔的口吻和朋友們分享這件事，但捫心自問，我覺得當時沒有買是正確的選擇。

不屬於自己的東西，緊握在手裡，只會弄痛自己

歌手陳昇曾經在某個訪談裡講到，他有個學生叫金城武，很年輕時就紅了，買了很好的房子住。陳昇就跟他說：「你現在就住那麼大的房子，要是再紅一點怎麼辦？」那些社會地位，包括心智模式，包括整個社會地位都比你高得多的人都沒有住這樣的房子，而你卻住進去了，你難道不擔心引發爭議嗎？後來金城武選擇住在一個小一點的房子裡。

住大一點的房子和住小一點的房子本身可能沒有那麼重要，重要的是，你會不會因為環境的改變，令自己喪失了一種謙卑的心態。現在很多小女生，由於種種原因，可以在網

路上過著那種好像擁有過億財富的生活，在各種飛機、遊艇、名牌包包和鑽石旁邊擺拍，炫耀她的財富。但她也許會為此付出一些自己想像不到的代價。

我小時候讀過一篇課文叫〈項鍊〉，講的是一位貧窮的家庭主婦，為了參加一場宴會借了一串項鍊，後來不小心弄丟了。這完全不是她的財富所能企及的，為此她付出了超過十年的努力，才賺到錢還了這串項鍊。後來在一次偶然的情況下，她知道了當年借到的項鍊其實是假的。

小時候我們把它當作一個奇怪而有趣的故事來學習，直到現在才知道，這也是一種僭越。她由於沒有與自己的欲望相匹配的經濟實力，也沒有與這個經濟實力所對應的心智模式和社會角色，所以當她擁有不屬於自己的東西時，最後帶來的反作用力是很可怕的。

現在，許多家長過早的讓自己的小孩子體會奢侈的生活，這其實真的是一件很危險的事。比如讓小朋友坐頭等艙，也許他以後還沒有賺到錢，就已經無法從這樣的記憶中拔除出來了。

我帶著兒子出差或者回家時，大多數情況下都坐經濟艙。他問：「爸爸，為什麼我們不坐在前面呢？」我說：「我希望有一天你可以用自己賺來的錢坐頭等艙，那是你的能力。而現在，能坐飛機已經很好了。」

有一次，我看到小米創辦人雷軍的企業都快上市了，他還在坐經濟艙，心裡就想，這是一種什麼樣的謙卑和心理狀態。也許人家連飛機都可以買下來，但他還是選擇了坐經濟艙。一想到這裡，我就覺得好生慚愧——由儉入奢易，由奢返儉難。

過早的把自己放在一個本來還沒有達到的狀態裡，那種不協調、那種可能引發妒忌、那種因為角色的錯位而滋生出來的傲慢，最後都會成為種種衝突。

孔子對一個人現在的心智模式、行為模式導致後來會長出什麼樣的結果很敏感，他對人世間的種種情況極其練達，對人性的妒忌、傲慢都充滿了深刻的了解。當我們讀到這句話時，要常常問問自己：「我守住自己現在的位置了嗎？我是誰？」

整體上來說，我更希望自己是一個鄉村的民辦教師（按：中國大陸地區教師中不在國家編制、不領國家薪水而任職的教師），我覺得如果終其一生，自己能成為一個還不錯的民辦鄉村教師，應該是一件很幸福的事。

有一天，一位朋友給我做深度的心理分析，同時也講到了我們企業的發展。他說：「老梁，到今天正安才做到了這個規模——區區十幾個店，二十幾個分部，其實以你的能量和所處的時代，應該遠大於這個規模，現在的結果是什麼原因造成的呢？」

我說：「的確，就目前這個規模，我們還需要夯實來做才行。」醫療和教育事業，就像一棵松樹，長得很久、很慢。正安已經走得太快了，還有很多前輩們曾經犯過的錯誤，正安還沒來得及去犯呢。如果它小一點兒，也許就不會犯太大的錯誤。儘管這樣說，但社會的浮躁之氣，仍然推動著正安在不斷的膨脹，也推動著我們個人的欲望在膨脹。

讀《論語》可以時時刻刻的幫助我們提醒自己，我們是不是做了非「禮」之事——不在其位而謀其政。

當年我剛剛進入鳳凰衛視時，寫了一篇很長的關於衛星電視媒體發展定位與策略的研究報告，寫完後揚揚得意，雖然忘了後來到底有沒有交給主管，但現在看來，自己真是有夠笨的。

有一個很有意思的段子，一個年輕人剛剛進華為幾個月，就寫了一篇關於華為的戰略思想彙報，任正非先生說：「趕緊看一下這個人到底是誰，如果他有精神病，趕緊送去就醫。」年輕人很容易因為擁有書本上的知識，而帶來一種覺得自己了解世界的心理假象。活到今天，我們才大概知道，這種傲慢真的會影響我們腳踏實地去做現在這個位置上應該做的事。

把現在的事情做好，其他事情自然會來。我的師父蔡志忠老師說：「**不要好高騖遠，把交給你的每件事情做到最好，其他事情就會變得更好。**」

02 做事中正，做人柔軟

原典

子曰：「人而不仁，如禮何？人而不仁，如樂何？」

子曰：「人而不仁，如禮何？人而不仁，如樂何？」這句話是說，一個人如果內心沒有了同情、寬容、共感，哪怕他在形式上很尊重你，哪怕他的禮儀、音樂等種種形式感的東西都做得很好，又能如何？

這句話還可以擴展到另外一些事。孔子認為禮與樂是非常重要的，但如此重要的東西如果沒有同情心和共感力作基礎，也是空洞的。對人來說，如果沒有同情心，有錢又如何？如果沒有同情心，公司上市又能怎麼樣？

孔子提倡仁——一切都以廣泛的同情心為行事的基礎。仁者，仁也。

每個人的內心最深處總是會有種隱隱的同情心，這種同情心導致的美德有兩種：一種美德是己所欲，施於人（具備這種美德之人的想法是，我喜歡錢，我也把錢給別人）；另一種美德是己所不欲，勿施於人。

在我看來，它是兩種不同的價值主張。有的人總是覺得自己宣導的政治制度、經濟制度、價值主張是好的，所以非要以此來改變別人。而另一種世界觀認為，為什麼你要改變我？我都不想改變你，我只是盡量做到不把自己不需要的、不想要的東西給你就可以了。其實這兩者之間有很大的差別。

基於同情的心法，可以應用得非常廣泛

我看過一段中國某位外交官在美國的演講，他說，在美國有很多人對中美關係，尤其是對中國有一個誤判——他們認為改革開放幾十年，都沒把中國改成他們想像的樣子，因此有點失望，甚至有點絕望，所以現在決定不再改變中國，對中國有禮貌了。

這位中國的外交官說，這其實是對中國的誤解，中國會成為什麼樣子，不是誰想怎麼改變就怎麼改變的，畢竟這是一個有著上下五千年文明的國家。廣東人吃著白切雞，北京人吃著烤鴨，四川人吃著火鍋……因為有了這樣的菌群，再加上他們玩著鬥地主、打著麻將，這一切看似非常市井的生活，卻構成了中層的價值主張和頂層的政治設計。

九九・九九％的東方人都相信，子女孝敬父母是天經地義的事。這是錢穆先生在《國史大綱》裡一個很重要的觀念，他認為，民國時期的一些歷史學家喜歡照搬西方的史觀，認為中國沒有在民國以前發展出君主立憲制。

其實中國一直以來都有非常強大的皇權和官僚體系之間的制衡關系，你會無數次看見一些士大夫和皇帝作對，堅持自己認為的禮教道統，而皇帝未必能把他拉出去砍了（只有在電視劇裡你才會看到這樣的情節，在真實的歷史記載中，大部分的皇帝都不會那樣做。事實上，稍有歷史常識的人都知道，在大部分的情況下，皇帝扮演的是一個沉默的傾聽者，是不輕易表態，讓事情自然發生的人）。

我曾經聽過一種說法，皇帝上朝時，會在耳朵裡塞點兒黃絹，用帽子前面珠簾的一部分遮擋表情，他不需要對某位大臣的動議迅速表達愛或不愛。作為老大，輕易表態是非常危險的事，很容易被下面的人用來揣度好惡。

但凡你的頭一動、心一動，前面的珠簾就會跟著晃動，它會提醒你保持中正之氣：「皇上，中正啊。」因此，大部分的時候，皇帝端坐著，用一種不說、不判斷，讓事情自然發生的心態看著大臣們辯論，一個人提出了動議，另外的人提出反駁意見……最後，事情的真相會在討論中慢慢湧現出來。

我為什麼要舉這個例子？錢穆先生在《國史大綱》裡特別提到了一件事——中國古代

社會並不是西方想像的完全的專制主義，即使沒有發展出君主立憲制，但大部分的帝王非常尊重從底層晉升上來的官員，這些人都來自民間，並不是世襲制的官員。

科舉制度的建立，幫助中國人把民間的精英、聰明勤奮的孩子一步一步的推到權力核心。在科舉制度之前，選官制度是舉孝廉——根據一個人在眾人中的信用評級來推薦。

這一切都說明，中國的政治制度、文化制度和生活方式，是經過漫長的歷史演變的產物，並不需要被改變。而整個中國民生和政治制度核心的關鍵字，其實是同情——仁。

比如有個人，聽說他的鄉黨家裡發生了一些變故，他雖然未必能對他的家鄉很了解，但可以瞬間感受到一個小孩因突然父母雙亡帶來的種種情況——也許他是基於同情，而不是為了名聲去做某種資助。你會發現，這種基於同情的心法，可以應用得非常廣泛。

再比如兩個喝茶的人，當一方把茶倒出來的那一刻，可能對方還沒有喝到，但其實雙方就已經「喝」過這個茶了。對真正的飲茶人或者熟悉的朋友來說，他們會在默默無語中契合出一種對茶之味的無法用語言形容的體悟，這是兩個有超強調頻能力的人調出的頻率。於是兩人相視一笑，這是仁，也是同情共感。

孔子說：「人而不仁，如禮何？人而不仁，如樂何？」這句話可以擴展為，同情心和共感力構成了一切美好事物的基礎，喝茶、站樁、扎針、開方、做產品、治理國家……全都是這樣，連睡覺也是。

03 每個人都要按照自己的本分行事

原典

子曰：「夷狄之有君，不如諸夏之亡也。」

學習《論語》，可以幫助我們在更底層了解自己，從而讓自己的內在更和諧。在某種程度上，一切病都是心病。因此，如果你睡不好覺，大抵也可能是因為內心卡住了，頓在那裡了。《論語》秉承中華文明兩千年來的溫潤寬厚之氣，所以我一直有一個建議——如果你睡不著，不如起來讀書。

之前，我在河南開封與蔡瀾先生吃飯，我問他：「睡不著覺怎麼辦？」蔡先生說：「那就起來讀書呀，這個世界上有那麼多好看的書、好玩的事，總會有一樣讓你累到想睡為止。」雖然蔡先生未必需要每天都工作，但他其實是很忙的。以他快八十年的生活經驗而言，我願意相信他說的，治病還是要治心。

如果你連心都調不好，那就調一下肚子吧——吃頓好吃的，也是一種快樂。這就解釋了經常在晚上吃宵夜的人活得也不錯的原因，因為他們的快樂會給自己帶來一種「多巴胺」的釋放（這裡的「多巴胺」只是一個指代的詞——你在那一剎那對自己很滿意）。

開始讀《論語》時，會讓你對自己很不滿意，因為裡面講的都是應該怎麼樣，不應該怎麼樣的判斷。但你讀著讀著，就會讀到長輩透過說話給你的一些愛。

舉例來說，我兒子用《小學生優秀作文選》的封面包著《哆啦A夢》，佯裝很嚴肅的看書，被他媽發現後很不開心，我在旁邊想，不如拿出來看。我沒有生氣，而是告訴他：「你應該先把作業做完，再去看《哆啦A夢》。如果你真的非常想現在看，那就光明正大的拿出來看。」

其實孔子跟我們說話時也是這樣，他告訴你：「可以這樣做，我就是這樣走過來的，這一路吃了那麼多虧，終於明白了這點兒小小的道理，我想分享給你，告訴你應該怎麼做。」你在孔子的分享裡，看不見怨恨，看不見憤怒，沒有任何情緒……。

所以，我們在讀《論語》時，其實不僅僅要看到對錯，更要看到孔子在與你討論這些對錯時，溫和的情緒，這與你做的是否符合他的標準無關。

本篇我與大家分享的是，子曰：「夷狄之有君，不如諸夏之亡也。」

關於這句話，歷朝歷代的聖人有很多站在自己出發點解釋。有種解釋說，夷狄是楚國、吳國、越國這些地方，屬於比較偏遠的國家。在這些國家，也有君長，而在華夏正統之地，比如魯國，卻是無君無父，真可悲呀。

「諸夏之亡也」（諸夏就是華夏，亡，同「無」）說的是，連那些窮鄉僻壤，沒有開化的地方都有君、臣、尊、卑之別，做老大的有做老大的樣子，做群眾的有被統治階級的樣子——當我說到「被統治階級」，可能會引發很多人的憤怒，請不要這麼匆忙的表達你的憤怒。我們要把這句話放到那個時代去看，那時尊卑有序的次第，對社會的進步是最重要的。

錢穆先生在《國史大綱》裡反覆講，中國的進步全在和平時期的溫和演變，而不在驚濤駭浪的大變革時代。一些西方國家，比如法國、英國的大變革，往往會出現一些巨大的像波浪一樣的次第性變化。而中國不是這樣，中國在混亂的時期往往只能是生靈塗炭，反倒是在無波瀾處，在飲食有節、生活有常的狀況下，社會自然而然的進化。

因此，在一個有序列的空間裡，每個人都知道自己的角色，彼此相處比較和平，沒有那麼多衝突，對整個社會的福祉而言，是有幫助的。

舉個最簡單的例子，在家裡，爸爸就做好爸爸的角色，媽媽就做好媽媽的角色，兒子就做好兒子的角色，如是，每個人都很愉快，該幹嘛幹嘛。如果角色錯亂了，兒子做了爸爸的角色，爸爸做了媽媽的角色，媽媽做了阿姨的角色（或者媽媽做了奶奶的角色，或者更可怕的是媽媽做了爺爺的角色），角色一亂，就會出現種種紛擾。

所以，從這個角度來看，子曰「夷狄之有君」是好的，而諸夏之無君也是很可怕的。這是歷史上存在的一種解釋。

沒有共同的信仰和目標，其實是一件很可怕的事

另外一種解釋認為，就算這些偏遠地區的國家有國君，也不如華夏這樣的地方沒有國君。這是什麼意思呢？《人類大歷史》中說道，一個有穩固的社會制度、明確的邊境、清晰的政權的國家，和一群有信念、有夢想，但沒有國家的人相比，可能後者更有力量。

譬如猶太人，他們沒有辦法擁有土地，但他們擁有共同的故事和信仰，於是他們終將擁有「國家」。而在另外一些地方，雖然有國土，有政治架構，但人民已經沒有了共同的信仰，這其實是一件很可怕的事。

在更多的對這句話解釋的版本中，我傾向於這兩者的後一種解釋。一個地方有著無數的條條框框，主次很分明，看似一切都圍繞著某個角色在轉；而另外一個地方看似渾渾噩噩，但每個人心中都有一個共同的願景和共同的趣味。後者反而生存得更加長久。

莊子曾經說過，心肝脾肺腎，誰才是老大？其實，每個角色都按照自己的本分行事，

然後彼此基於一種共同的頻率相互協調、相互咬合，進而中心化，如是，也能發展出一套非常有價值的體系。

如果沒有理解錯，可能這種沒有中心，憑著共同價值觀和合而成的狀態，更接近中觀。中觀不是只有中間，而是大家達到某種均衡的狀態。譬如在古時候，真正聰明能幹的員外，無不以讓諸房妻妾自己平衡、自生樂趣為終極法門，絕對不會讓自己成為很多女人的中心，否則，會累死的。他會讓自己消失於無形，讓大房、二房、三房、四房打麻將，他在旁邊看著，這才是真正的「修齊治平」之道，要是插上一腳去協調她們的關係，必生禍亂（我這裡指的是萬惡的舊時代，現在的社會不允許這樣了）。

只要大家都相信，你不守禮、不尊重他人、不想著別人……就很容易被整個生態拋棄，那麼每個人都會默默的發揮自己的秉性，恪守自己的角色，於是在一種動態中獲得了某種隱隱的平衡。

「至人無己，神人無功，聖人無名。」全在於你是否能夠將自己置於局外，讓這個系統自身進行咬合，它們彼此之間的平衡態才是可持續發展的源泉。

如果我們理解這一點，再看「夷狄之有君，不如諸夏之亡也」。那些文明程度比較低的地方，有一個所謂的核心——**藉由彼此的默契，遵守共同的價值主張、共同的信仰，而達到的一種動態平衡**。

錢穆先生在《國史大綱》裡提到，秦朝很強，但短短十五年就滅亡了；周朝很弱，經常有諸侯僭越之事發生，但搖搖晃晃存活了七、八百年，何故？以弱中心為上。

關於這個觀點，我們只能把它當作一個學術思想來探討，因為在中國的歷史上，有時如果沒有一個強人出現，內部不容易凝聚而抵禦外敵；有時可能一個過強的人，反而令整個生態的活力變弱，這全在乎時間、地點、狀態，不可一以論之。

有朋友曾經問過我：「你怎麼看待這個狀況？」你知道我是什麼態度嗎？我認為，當今各個地方已經過度依賴當地的地產收稅，也就是因為賣地而帶來的收入。這就形成了一種以地方利益為割據的訴求，如果沒有一個高於地方利益的總體的宏觀態度，每個地方政府都傾向於賣更多的土地，把錢收上來，提高自己當下的政績，管它五年、十年後誰來接這一攤子事……。

因此，有一個高於地方利益訴求的中央的態度，基於對長期宏觀政治經濟的平衡而帶來的決策是有意義的。在這個維度上，我們再來解讀當今很多房地產的風向指標和政策，你就明白了。地方瘋狂賣地，希望土地財政補貼債務危機，中央已經看到這是一個不可持續的道路，所以在當下的國家，應該有一個高於地方的中央權力。這只是我的一己之見，未必盡然，你完全可以不認同我，但我覺得和大家探討一下也未嘗不可。

同樣的道理，當你發現自己身體的某個部分的訴求過於強烈時，也許一個獨立而堅定的主張、一個拎得起來的世界觀，對你當下的決策是非常重要的。

我們讀《論語》，要帶著一顆慎思明辨的心，哪怕最後的結論不一定正確，但在讀書的過程中，享受自己思辨的快樂，卻是真實的。

04 致很努力但仍然失敗的你

原典

子夏問曰：「『巧笑倩兮，美目盼兮，素以為絢兮。』何謂也？」子曰：「繪事後素。」曰：「禮後乎？」子曰：「起予者商也！始可與言《詩》已矣。」

睡覺有一個很重要的功能——讓你變美，讓皮膚變得白裡透紅。何出此言？《論語》裡有一句話非常精妙，特別適合女孩子。子夏問曰：「『巧笑倩兮，美目盼兮，素以為絢兮。』何謂也？」子曰：「繪事後素。」曰：「禮後乎？」子曰：「起予者商也！始可與言《詩》已矣。」

有一天，子夏問孔子：「『巧笑倩兮，美目盼兮，素以為絢兮。』這句話是什麼意思呢？」朱熹注解說這是「逸詩」。先秦文獻中引用了《詩經》中的一些詩句，有些詩句在現今版本的《詩經》裡是沒有的，所以被稱為「逸詩」。子夏問的這三句，前兩句在《詩經．衛風．碩人》篇裡有，第三句話是沒有的。

「巧笑倩兮」——笑起來時，牙齒白白的。你可以想像那個樣子嗎？想像任何一個十八歲的女孩子，皮膚白裡透紅，牙齒潔白，就是這麼美呀。

子夏問孔子：「為什麼要這樣寫？」子曰：「繪事後素。」這是什麼意思呢？就是說你畫畫時，先要有一個白色底子，才能畫得漂亮，如果底板本身就是髒髒的，當然你也可以用油畫蓋在上面，但始終沒有透透的感覺。漂亮的女孩，不是像現在「抖音」裡那些靠化妝神功化出來的那樣——長得再醜，也能把自己化成一個網紅的樣子，讓人看著始終有點兒假。

這種美是睡好以後皮膚吹彈可破、牙齒潔白、眼睛明亮（不是用滴眼液滴出來的），顧盼生輝的看著你，有點兒羞澀的樣子，甚至突然間還有點兒臉色潮紅……現在想起來，也就是在很小的時候，在攀枝花見過部門裡剛剛到職的女孩，陽光撒在她的臉上，笑容滴在我的心裡，一個三、五歲的小男孩，充分感受到了那種在陽光下樹葉中的像蘋果、木瓜一樣飽滿的美好狀態（攀枝花的木瓜向來非常出名）。這種美不是化妝化出來的，而是從身體裡彈出來的，噴湧而出的。在這樣的基礎上，稍加一、兩筆彩妝，就非常漂亮了。

因此，孔子說：「首先你得底子好，在上面畫畫才畫得好。」子夏問孔子：「是不是禮樂的產生在仁義之後呢？」因為他後面有一句話，「禮後乎？」孔子很高興的說：「子夏啊，你真是能啟發我的人！現在可以跟你討論真正的《詩經》了。」

因為在禮之前，必須有敬。有如要想妝面漂亮，必須有吹彈可破的皮膚。好的底子就是敬，先敬後禮。如果內心沒有尊敬，你表現出來的所有禮貌，都是「易顏術」，都是PS的。

做好任何一件事，都需要一個好的心法

這是我最喜歡的《論語》中的一段。沒有敬，何來禮？沒有素（白色的生絹），何來絢？有了好底子，才能在上面畫出美好的江山。同樣的道理，在孔子非常強調的禮這件事上，要有敬，這是心法。

諸位喜歡看金庸、古龍小說的朋友（尤其是金庸的小說），會發現書中開始的第一章一定都是天地玄黃，宇宙洪荒，天人感應，正心誠意，都是欲練神功，必先如何……其實，這是在講一個心法。

以前我認為這很可笑，後來翻看一些古籍，比如專門講農作物的書、醫書《黃帝內經》、兵書《孫子兵法》……幾乎所有的中國文化、各門各派、各種科學，前兩百字都在

講差不多的東西——與天地感應，以誠敬待之，對「天地君親師」，要心懷誠意，哪怕你沏一杯茶也是這樣。

後來我才發現，原來每件有序列的、有操作流程的、可在後天操作的事，都必須有自內而外的好底子，這是做好一件事的基礎。孔子和子夏用極其美好的少女（這種美好必須來自良好的睡眠帶來的美好的肌膚，引發出「巧笑倩兮，美目盼兮」）提及了一件事——原來討論一切中國文化，都必須藉由某種基本的心法，禮的心法就是敬。

如果你覺得自己已經很努力了，但一件事仍然沒有做好，可能只有一個原因——你在操作之前，沒有做心理建設。這個心理建設，是後來你所有操作能夠出神入化的基礎。還有很多朋友在練習寫字、抄經、茶道、插花、廚藝……每種技術活，都是有心法的。

我在學習《黃帝內經》時，師父總是要我先念〈大醫精誠〉（按：孫思邈著作《備急千金要方》的第一卷，為論述醫德的一篇重要文獻）。我有一位好朋友，以前沒有學過醫，他跟我說，他上一次來我們這裡學習《黃帝內經》，念〈大醫精誠〉時，念到痛哭流涕，對他後來學醫有很大的幫助。

所以我常常在想，《睡睡平安》的心法是什麼？《睡睡平安》的心法不是我最初所設想的，在哪兒睡，為什麼睡，怎麼睡，和誰睡，眼耳鼻舌身意怎麼調整……這些雖然同樣重要，但都不是基礎，基礎只有一個——與自己和解，全然的接受自己。沒有這個基礎，一切治療只不過是後面的化妝術。做每件事時都問問自己：「心法、初心對不對？」

我小時候特別不愛聽老人家說這些，但現在也會這樣說了，也知道年輕人肯定不愛聽。歷史就是這樣，總有那些講得不好聽的、沒什麼意思的東西構成了世界的真相。

之前，我碰見一個特別有意思的人。這個人跟我說，他研究過很多企業家，發現這些人之所以能成為偉大的企業家，能賺很多錢，公司做得非常大，是因為他們的心法跟普通的企業家不一樣。

我說：「是什麼？」他說：「比如伊隆・馬斯克（Elon Musk）、馬克・祖克柏（Mark Elliot Zuckerberg）這種人，不想怎麼解決自己的財務問題、不想怎麼在股市上套現的問題、不想兒女教育要花費多少錢、不想要不要買學區房的問題（他要是真的考慮學區房的問題，那就買所學校，或者直接自己辦所學校）……。」

那些偉大的有終極推動力的企業家，在想同一件事——如何藉由他們所創立的事業，讓人類變得更好點，起碼讓一部分人類變得更好點，這就是企業家的心法。每件事都是有心法可言的。

有一天，我在某個廣場上看見一個男生在拉小提琴，前面放了一個收錢的小箱子，還有幾個收款的二維條碼（沒有零錢，可以掃條碼給他）。我兒子說：「為什麼那麼多人給這個哥哥錢？」我說：「你看見這個哥哥臉上的表情了嗎？他陶醉在自己的音樂裡，哪怕現在他在『化緣』，但他在拉琴時，是在享受音樂，在找知音。那些給他錢的人，不是同情他，也不是尊敬他，而是因為稀罕他，和他找到了某種同頻共振，所以這個哥哥『化』到的『緣』跟別人的都不一樣。」

我兒子說：「哇，爸爸，我可不可以把一百元拿回來？」我看著他哈哈大笑，說：「這個哥哥琴拉得那麼好，我可不敢去拿。」

連一個小孩，都知道當一個人沉浸在自己的音樂中時，哪怕他站在一個商業廣場上「化緣」，也是充滿光芒的。這就是禮之前的敬，是「巧笑倩兮」之於化妝的美妙之處。

05 不知道要成為什麼樣的人時，問問童年的自己

原典

子曰：「夏禮，吾能言之，杞不足徵也；殷禮，吾能言之，宋不足徵也。文獻不足故也，足則吾能徵之矣。」

孔子說：「夏朝的生活方式，乃至政治體制，我能說出來，不過它的後代杞國不足以作證；殷商時期的社會遊戲規則，從國家管理、政治架構到民風習俗，我也能大致聊一聊，不過它的後代宋國卻找不到適合的人們去證明它。這是他們沒有足夠的典籍和賢者的緣故。」（「文」，文件，典籍；「獻」，通「賢」，指賢人。）所以如果我有足夠的文和獻，就能證明給大家看當時這樣做是怎麼回事。

在這裡，我想跟大家分享的是成語「杞人憂天」的杞國，商湯擊敗夏桀，滅了夏朝

後，將夏朝的王公貴族沒有殺乾淨的人，全部流放到杞國，所以杞國成了殷商時期人們嘲笑的對象，因為他們是被打敗的。殷商被周滅掉後的那些子民，都成為宋國人，因此就有了「宋人買履」、「守株待兔」……諸如此類，很多黑宋國人的段子，因為他們相較於周而言，是失敗者的後裔。

理論上來說，杞國和宋國有一個很重要的文化功能——延續他們祖先夏人和商人的生活方式。孔子對這一點很慨嘆：「我只能從文字上了解到他們是怎麼做的，後來在杞國和宋國人們的生活裡卻看不到這樣的人了，所以我也不知道那些文獻裡記載的是不是真的。」孔子為什麼會發出這樣的感慨？恰巧之前我和老吳在《冬吳同學會》節目裡談到一個話題——第一性原理。馬斯克經常說：「我們要回到一件事最開始的動力和原則，來看這件事應該怎麼做。」

舉個例子，馬斯克想做電動車，他最開始時為了環保，要發展出一套以電動為動能輸出的汽車體系。結果他後來發現，做電池是很貴的，當時絕大部分的電池都是松下（Panasonic）生產的，成本太高，不足以轉換成具備競爭力的電動汽車。然後他就去拆解一個做電池的流程，發現並不需要花那麼多錢。於是，馬斯克首先開了一家電池工廠，把整個電池的成本降下來，然後才做了特斯拉。本質上來說，特斯拉是在巨大的而且比較便宜的電池上，裝了一個 iPad 和幾個輪子組合而成的一輛車。

後來，馬斯克用第一性原理思考了一個問題——火箭發射。我們都知道，他把火箭發射的成本降得很低，因為他考察了火箭發射有一個很高的成本，在他之前，基本上發射的火箭都是一次性的，所以成本就很高。如果一架飛機從北京飛往某個城市，只能飛一次，我估計大家都坐不起飛機。正因為飛機可以經常來回、起落，所以許多人才有足夠的能力購買機票，才有了航空業的發展。

因此，馬斯克說：「我們要回到一件事，你要拆解它所有的成本，回到最開始做這件事的種種起點，然後你會發現，許多事在做著做著的過程中有可能會變形，變形之後你就忘記了做這件事的初衷，這時你該做什麼、該變化什麼，其實自己是不了解的。」

就像在很長的一段時間裡，大家都認為手機不就是要有鍵盤發送簡訊，所以每部手機都長得差不多，不管是諾基亞、摩托羅拉，還是索尼。直到有一天蘋果出現，賈伯斯說，為什麼手機一定要有鍵盤呢？我們最開始就是為了做一款能夠盡可能的讓螢幕更大，可以實現交流更多的音樂、圖像、文字資訊的這樣一款媒介。於是他們開始研發觸碰螢幕技術，就這樣發展出了新的智慧手機。

我們做每件事做到後面，往往會忘記初心。很多企業做到後面，都在關心競爭對手做得怎麼樣。其實這時關注的焦點已經錯了，你應該回到開始時，自己想滿足消費者什麼樣的願望？這家企業是以什麼樣的動力開始的初心？

我常常提醒自己，正安不是一家用來打敗同行的中醫連鎖機構，正安的誕生，只不過是因為我覺得去醫院看病是一件很恐怖的事，我要提供一個大家去看病不難受，而是覺得很舒服、很有趣的地方，僅此而已。如果做著做著，由於資本的介入、由於同行的競爭、由於工作人員跳來跳去，再加上一些事務交給其他同事管理，也許他們就會以競爭對手、同行業的人，包括行規怎麼做，來思考接下來的做法，而忘記我們的初心——為了營造一個讓人們快樂的獲得健康的所在，這就是正安的「第一性原理」。

你還記得自己想成為什麼樣的人嗎？

對孔子來說，他也在反覆思考，一個政治家，最重要的是建構自己的理想國，對此應該有什麼樣的架構設計，如何進行他的制度管理，推行什麼樣的國家文化等。本質上來說，這些都稱之為「禮」。

如果忘記了所有禮的源頭，你就會隨著時間的流逝，被這些細枝末節影響，不知道應該堅持什麼，也不知道什麼東西是可以改變的。每當我們做一件事做到一定程度時，都一定要問問自己：「我是怎麼開始的？為什麼要做這件事？當時遵循的原則是什麼？最初的動機是什麼⋯⋯」這就是第一性原理。

孔子概嘆，我們設計了那麼多人類的遊戲規則，動機在哪裡？《人類大歷史》的作者哈拉瑞說：「人和其他動物最大的不同，就是他們相信一個共同的使命和願景，相信一些共同的故事線，於是人們可以藉由這種共同的相信，達成某種協作，從而超越普通的動物。這就是人和禽獸的區別。」

孔子反覆追問，什麼東西能團結所有人的心性、什麼東西能調整我們的頻率、什麼東西能令我們更好的互相協作、什麼東西能讓我們變成一個「超越動物」——高級一點兒的人類……如果我們忘記了這些初心，而沉浸在今天吃什麼，應該怎麼祭拜，權力的劃分應該怎麼樣……就會陷入錯誤中。所以，研究歷史，不僅僅是用來預測未來，更是為了幫助我們明白當下許多事情應不應該做。

我有一個武林中的朋友，每次他踢出本門功夫的一腿之前，都會抖兩下左腳。他的師兄弟都認為，這是師父傳下來的本門功夫中最祕密的東西，只有這樣抖兩下腳，才能啟動內力。後來追根溯源，才知道師父當年是因為腿不舒服才會有這樣的動作，他說：「我不抖兩下，沒法踢。」

人啊，總有種把自己後來所有的發展行為細節合理化、哲學化、美化的衝動，而這些衝動往往阻礙了自己做這件事的初心。

世間事，如何做選擇，其實沒有那麼複雜，回到你最開始做這件事的初心。就像今天你在工作上遇到煩惱，今天你打算展開一段新的戀情……可以花點時間想想小時候的你想成為一個什麼樣的人。你曾經想過，以這樣的方式展開你的生活，成為這樣一個人嗎？如果是，你現在做的事跟當年自己的想像一致嗎？**很多人走著走著，就忘了自己想成為什麼樣的人**了，每天都陷在當天的瑣事裡不能自拔。

有一天，兒子問我：「爸爸，你小時候最想成為一個什麼樣的人？」我突然發現，原來我已經成為自己想成為的那個人——一個鄉村的民辦教師。但我忘記了，所以也忘記了為自己慶賀。一想到這裡，我就覺得自己這麼幸運，已經能做自己想做的事了，但仍然不夠開心，這是一個多大的遺憾吶。

你呢？是否還繼續做著自己小時候的夢，又或者其實已經成為那樣的人了，而你卻不自知，偏要活在當下的煩惱中。

06 成功的捷徑：先成為自己想成為的人

原典

祭如在，祭神如神在。子曰：「吾不與祭，如不祭。」

之前，我們曾經討論過孔子「念茲在茲」如何回到禮的源頭——夏朝時期，人們如何透過政治制度、遊戲規則，建構人們的共同信仰；殷商時期，如何架構人們信仰的共同故事線。

我比較認同哈拉瑞先生在「人類三部曲」——《人類大歷史》、《人類大命運》（*Homo Deus The Brief History of Tomorrow*）、《二十一世紀的二十一堂課》（*21 Lessons for the 21st Century*）裡提到的一個觀點，人類和禽獸最大的不同在於，一群人因為有共同的信仰、共同的遊戲規則、共同的故事主題，從而形成了一種生命共同體。正是這樣一種彼此相信的東西，使得我們能連接在一起。

哈拉瑞說，比如兩位律師在法庭上打官司，雖然爭得面紅耳赤，但他們有一個共同的確信——法律本身是大家必須遵守的。擁有一套人類共同相信的價值觀、規則和體系是非常重要的，所以孔子說，我們要回到被稱之為「禮」的源頭去看看，看看生活在華夏大地上的人們，他們最開始是秉承著一個什麼樣的一．〇版本故事的。

現在看來，這個民族的若干個共同信仰中有一樣根深柢固的東西——祖先崇拜。祖先就像神一樣，雖然祂們在實體層面上和我們陰陽兩隔，但祂們會在某片遙遠的星空，或者在你的夢裡突然出現，給你深深的祝福與指引。我曾經看過一部動畫片，叫《花木蘭》。花木蘭的家廟裡就有歷代祖先的牌位，片中，這些歷代祖先就像活生生的人一樣，討論如何幫助花木蘭、怎麼避免她遇到危險等。還有一部很有意思的動畫片叫《可可夜總會》（*Coco*），十二歲男孩米高，住在一個熱鬧、嘈雜的墨西哥村莊，自小就有音樂夢，這部動畫片也講述了類似的共同信仰——在很多方面，墨西哥人跟中國人真是挺像的。

當我們知道，民族的共同價值觀裡有一樣東西，那就是對祖先的崇拜已經根深柢固，並且我們已經把祖先視為神，就能理解什麼東西能夠凝聚整個民族了——我們共同的祖先。所以孔子接下來講，祭如在，祭神如神在。子曰：「吾不與祭，如不祭。」

第一個「祭」特指祭祀自家的祖先。祭神，是指祭祀不是自己祖先的神。最開始，人們覺得萬物皆靈。比如泰山有泰山的神，黃河有黃河的神等。「祭如在，祭神如神在」的意思是，祭祀自己的祖先，有如祖先在現場那般；祭祀各位神仙，有如神仙在現場一樣。

這句話很高級，到底孔子是一個有神論者，還是無神論者呢？

孔子沒有說他相信這世界上有神，有超過普通人的、高能量的資訊版本存在。孔子說：「我不知道有還是沒有。」如果你相信有，那就叫有神論者；如果你認為沒有，那就是無神論者。**孔子說的是「如在」——就像在那裡一樣**。他沒有說有或者沒有，所以他不是有神論者，也不是無神論者。華杉先生認為，對有神無神，還有第三種觀念，把它稱為「如有神論」——就像有那樣。

精妙啊！厲害啊！他用了一個「就像有那樣」的觀點，點出了有和沒有中間的一種狀態，既被兩者包含，又包含兩者，同時又好像不屬於兩者中的任何一方。這種若有若無的中間態，是一種創造性的思考。

你想成為一個有魅力的人，有兩種捷徑

孔子說：「如果我們祭祀祖先時，就像祂在上面坐著，只要你心裡想的，也按照祂們坐在那裡的方式體會、感覺，祂在不在不重要，你覺不覺得祂在比較重要。」後來我發現，其實這句話把焦點拉回了你內在的判斷。

現在，到底妳的老公愛妳還是不愛妳呢？當妳討論到他愛或者不愛時，妳就進入了二元對立。聰明的女人會怎麼做呢？她們的做法是「如愛我」——他愛不愛我是他的事，我對他就好像他愛我那樣，做出我愛他的反應。他以前愛妳時，妳對他愛搭不理，不管現在他愛不愛妳，妳還是可以有如他很愛妳那樣對他愛搭不理；他以前沒有那麼愛妳，但妳倒貼著追他，現在他愛不愛妳，妳仍然有如當年對他那樣的狀態保持著妳的愛。

為什麼我建議大家用「如在」的狀態呢？因為這種狀態已經不那麼在乎你在不在了，你愛也好，不愛也好，當你愛我時我該怎麼樣，這已經與他人無關了。於是就沒有了推諉、沒有了對策的討論、沒有了應不應該……這是你內在世界的投射。

後來，我發現「如在」是一種非常精妙的狀態。比如，你現在躺在床上，到底是睡著了，還是沒有睡著？如果你擔心自己沒有睡著，而第二天早上又必須早起，因此幻化出一系列恐懼——沒有、臉色變差了、明天開會時狀態不好了、影響到腎經和肝經了……。

如果一件事還沒有發生，你已經對可能發生的事產生了焦慮，你的身體就會按照這個方向做出反應。還沒有到明天呢，今天就已經崩潰了。你為什麼不可以有如已然的睡著呢？這是你的選擇，雖然你還沒有睡著，如你已睡著。就像你睡著一樣，你會幹什麼？你會浮想聯翩，讓大腦想的事情不受自己控制——就像做夢一樣。你會全身放鬆，就像熟睡了一樣，偶爾翻個身，甚至也可以打一打呼嚕。

我的一位朋友告訴我一個祕密，他知道自己有睡眠呼吸中止症，睡覺時會打呼嚕，但當他很想睡覺卻還沒有睡著時，就做一件事——如睡著般打呼嚕，結果打著打著就真的睡著了。這種「如在」的狀態真是太好了，就像已經睡著一樣，是一種先行驗證。

其實這類心智模式，可以擴展到很多領域。曾經有人跟我說：「你知道有些好萊塢明星，為什麼能成為超級巨星嗎？」我說：「為什麼？」他說：「因為這些人在紅之前，已經像超級巨星那樣思考問題了，只不過自己還沒有意識到而已。」同樣，很多人沒有什麼錢，但他已經像一個很有錢的人那樣去思考應怎麼做事，慢慢的他也成為那樣了。

據說，黃崢在剛開始做「拼多多」（按：中國社交電商）時，就已經知道自己必然會成功了。對投資者，他只是說：「這個人曾經幫助過我，我拿他一點兒錢，讓他給我們投一點兒。」他在創業初期，就有如已經成功了一樣，去思考一系列問題。

如果你想成為一個有魅力的人，有兩種做法：一種做法是經過日積月累的練習，終於成了自己想成為的那個人，但也許走著走著就走偏了、異化了；另一種做法更直接，你先在內在有如已經成為那個有魅力的人，用那樣一種角色感去想事情、做事情，待人接物，從而呈現出自己的魅力狀態（如果你真的能做到這一點，你會發現成為一個有魅力的人的速度要快得多）。**你想成為一個什麼樣的人，請想想成為他以後你會做些什麼吧。想明白了，先成為自己想成為的人，你就出師了。**

07

朝自己想要的目標前進，就會產生出乎意料的結果

原典

子曰：「吾不與祭，如不祭。」

上一篇我們講道，「祭如在，祭神如神在」。這句話是說，當我們祭祀祖先，或者祭祀其他神靈時，不管祭祀的對象在不在，都要當祂在那裡。當我們用一種不管祂在不在，都覺得祂在的心態對自己的內在有要求時，其實有和沒有都不重要，因為你在內在已經按照有的狀態發展出相應的行為和思維模式了。

接下來的內容是，子曰：「吾不與祭，如不祭。」這句話的意思是，如果我沒有在現場參與祭祀，就像沒有祭祀一樣。

很多朋友清明節沒空掃墓，就交代老家的親戚朋友說：「你幫我燒點兒紙錢、燒部

『手機』、燒棟『房子』，再燒幾張『信用卡』給我的爺爺奶奶。記得喲，一定要跟祂們說：『這是在外面打工回不來的孫子給你寄的。』」

孔子說：「如果你自己不去，僅僅找人代替你祭祀，就跟沒有祭祀是一樣的。」我們在讀這句話時，會想到什麼？只會想到一樣東西——誠意。孔子認為，在他那個年代，對一個有禮的人而言，應該親自去做自己分內的事。重點是，你應該這樣做。有一天我想，如果真的有一個愛我的祖先在天上看著我，祂會怎麼看我？祂會為我現在做的事感到高興，還是同情，又或者是隱隱的不滿？其實祖先有沒有在上面看著自己，我們是不知道的。

有的人希望透過催眠，來跟自己的前世對話，跟自己的祖先連接，其實，你怎麼知道跟祖先的連接不是一種幻象呢？（這句話不是我說的，我採訪過一位道行很高的老先生，他說：「你在打坐時，在入定的，不斷精進的過程中，你會看到各種現象，但你要記住，這些都是幻象。」我比較相信他的觀點）但即使這樣，我仍然覺得，有沒有祖先用確定的眼神看著我，和我內心是否覺得祂在看著我，還是不太一樣的。

所以，如果我們要對祖先做一些祈禱，就應該安安心心的做出祈禱的樣子。人為什麼要祭祀，又為什麼要祈禱？我覺得，這可能是一種比較深層次的自我約束和支持。所謂約束就是「舉頭三尺有神明」，無論神明是否存在，無論以什麼方式存在，當我們的內心懷著敬畏，做事有底線，哪怕做的事不是真的，但最起碼我們有所敬畏，有一定的邊界，這個狀態是真的。

任何人都會有絕望的時刻，你又憑什麼能堅持下來

當我們認真的向祖先或者神明祈禱時，其實本身就會給我們帶來一種哪怕是安慰劑效應的信心，幫助我們在困惑時堅持走下去。

湯姆・克魯斯（Tom Cruise）主演了一個系列的電影，中文譯名是《不可能的任務》（*Mission：Impossible*）。電影講述了特務總是在最困難時仍然堅持，最終獲得成功。他如何做到在最困難時，在最後一秒鐘仍然堅持呢？我想只有一種東西可以支撐他——信念。

在所有人都會絕望的時刻，你又憑什麼能堅持下來？

如果你相信有祖先或者神明在幫助你、支持你，在最絕望的時刻，仍然堅持做自己想做的事，最後絕處逢生，達成了目標——如果你有過類似的經驗，就會相信「借假修真」這個詞。也許這些是假的，但它對你產生的效果卻是真的。因為堅持、因為不放棄、因為相信。

現在很多人都面臨著生活中的種種困苦，無論是創業、工作、親密關係的衝突、育

兒，甚至病痛的折磨等。如果你相信這個世界上總有一種方法能解決這些事，就會不斷的尋找。

如果你相信尋找比不尋找強，堅持比放棄最終獲得勝利的機率大一點兒（哪怕只是大一點點），你還是堅持的話，或許世界就會慢慢的呈現出你所堅持的結果。對自己的信念的誠意，是內在的。

我們常常會花時間討論到底值不值得堅持，到底有沒有必要堅守自己的初心。後來我發現，只要你認真的做自己堅持的事，就會「山重水複疑無路，柳暗花明又一村。」事情總是在你絕望的最後一秒，出現某種轉機，這就是相信有股力量在幫助你，沒有放棄你的狀態。

你看過《刺激一九九五》（*The Shawshank Redemption*）嗎？這部電影告訴我們，一個人即使在最低潮時，仍然不生氣、不憤怒、不放棄、不哭泣，按照既定節奏，一點一點、一寸一寸的前進，終將克服一切困難。

我在創業的時候，每當遇到困難，會向那些經歷過「九死一生」的企業家們請教，他們總會給我一個答案——**堅持住，你會發現總是有機會的，只要你堅持**。聽了他們種種「九死一生」的故事後，你會發現自己面臨的困難，其實還遠遠沒有達到他們痛苦的程度，也許你就會覺得，嗯，我應該再堅持一下。這種堅持不是苦哈哈的堅持，而是放下情緒，砥礪前行。

我採訪過很多老年夫妻，大部分的人都說，這輩子無數次想要殺死對方、想要離婚，結果其中的一方一直不放棄，居然最後也能執子之手，與子偕老。這樣的結局好像也還可以。事情就是這樣，如果你願意，就不疾不徐的做吧，最怕的是興高采烈的開了頭，碰見困難就覺得可能上蒼不讓我幹這件事，我還是換一條新的跑道吧……。

有一年的高考（按：相當於臺灣的大學聯考）語文作文題，講的就是有個人挖井，挖了一口井，沒挖到水，又換一個地方繼續挖，又沒挖到水……其實水就在更深的地下。也許他把挖八口井的所用力氣放在一口井上，早就可以挖到水了，始終沒有挖到水，就是因為他不斷的更換「跑道」。

孔子講：「吾不與祭，如不祭。」——如果我不認真的祭祀，沒有堅持做自己應該做的事，就跟沒有做是一樣的。

回到我們討論的話題也是一樣，如果你不開始就不要開始，如果你開始了，就要堅持下去。

常常有同學留言：「你講的正是我最近面臨的問題呀。」是的，因為每天我們都在感受共同的頻率，我感覺在這一秒，有更多的朋友需要有種聲音和大家共勉，請堅持下去。

有福之人，就如水邊的一片樹葉，不蔓不枝，不疾不徐，按自己的節奏發芽、開花、結果。我曾經在很長的時間裡把一段話作為手機螢幕保護：「認真的以深度參與的方式，不憤怒、不急切、也不悲觀的做著每一天該做的事，朝著既定目標前進，就會產生自己想都不敢想的結果。」

孔子在講「吾不與祭，如不祭」的背後，是真誠的堅持做應該做的事的心態。至於有沒有神，不重要，重要的是你相信祂在支持你，你就會幻化出一種有大哥罩著的安全感，在這種安全感裡，用緩慢而既定的步伐前進，就會成為你想成為的那個人。

08 人格要獨立、姿態要謙和、專業要夠硬

原典

王孫賈問曰：「與其媚於奧，寧媚於灶，何謂也？」子曰：「不然，獲罪於天，無所禱也。」

在現實生活中，我們常常會為自己應不應該有靠山而煩惱。如果有，這個靠山是誰？如果靠山倒了，我們應該怎麼辦？《論語》中有一篇講道，王孫賈問曰：「與其媚於奧，寧媚於灶，何謂也？」這句話說的是，有一天，王孫賈跟孔子說：「與其拜『奧』（屋子的西南角，通常指神居住的地方），不如親近『灶』（灶王爺）。」這句話是說，與其拜大王，不如拜灶王。

子曰：「不然，獲罪於天，無所禱也。」孔子說：「我誰都不拜。如果自己做錯了事，在天上的『積分』少了，拜誰也沒用。」這句話的背後有一個故事，之前，孔子在衛

國時，當時衛國的老大叫衛靈公（「靈」這個字很有意思，指「不勤成名」——衛靈公自己不怎麼幹活，但國家治理得不錯）。很奇怪的情況是，為什麼衛靈公不用很努力的工作，但國家治理得還可以呢？

因為當時衛靈公手下有三個大臣，其中一個大臣叫王孫賈。王孫賈問孔子：「你與其天天跟最大的老闆溝通，不如跟我聊聊，咱倆成為一派，這不是更好嗎？」、「縣官不如現管」，你跟董事長的關係再好也沒用，得跟總監的關係好；你搞定局長沒用，得搞定處長，甚至要搞定科長……。

孔子說：「如果我獲罪於天，拜誰也沒用。」其實這是一個非常有意思的價值觀。君子有獨立的人格，並不依附誰。雖然他講「君君，臣臣，父父，子子」，但那是在做事的次第上、在意見的統一上，在人格上並不是這樣的。

我服從你，並不是因為我在人格上服從你，而是因為我服從天道。在這個次第上，當你是我老闆時，我盡量按照你的標準做事。有如你去看病，醫生盡可能讓你活得健康——你是患者，他是醫生，他會尊重你作為一個病人的所有權利，不搞資訊不對稱，不賣假藥給你，不依賴自己的知識壓迫你，甚至對你的態度非常和藹。但他是獨立於你的，有自己的人格，這就是孔子講的士大夫精神。當然這很難做到，一不小心，這兩者之間的界限就會模糊。

自我的強大，是最好的靠山

在現實生活中，父子、夫妻、工作夥伴之間的關係，我認為可能也是這樣。彼此都保持著獨立的人格，都可以有自己的人生使命和追求，也有自己的專業和能力，但在工作、倫理上還是要保持著次第和綱常，守住自己的位置。這兩者之間有一個非常重要的區別——我可以尊重你，但我有自己的核心競爭力，也有自己的核心價值。

在我們合作的每一秒裡，我都可以充分尊重你的意見，在溝通層面表現得非常和藹，但這並不意味著我不可以離開你，我永遠都有獨立的自我人格。

如果我做對了，做得好，那是專業使然；如果我做得不對，做得不夠好，我也不會隨便拜碼頭、走後門，以此尋求解脫，妄想高舉輕打、不受懲罰。一個專業人士，一個君子，是外柔內剛的。這種精神就是儒家精神——人格上獨立，姿態上謙和，專業上過硬（按：禁得起嚴格的考驗）。三者缺一不可。

從這個故事來看每個人的角色，當今世上，我們相處於不同的社交關係網絡中，有時我們是部屬，有時我們是上級，有時我們是丈夫，有時我們是妻子，有時我們是父親，有時我們是兒子……因應不同的社會關係，我們有不同的角色感，但面對獨立的自己，在這一分鐘裡對應有的專業能力，要有充分的自信。

以前很流行一個詞，叫做職業經理人——對管理有充分的專業性，會充分尊重公司的董事會和管理組織結構，以或善巧、或堅定、或決絕的方式，推進他的管理職能，最終為績效負責的人。中國一直都沒有發展出非常好的職業經理人制度，很多人都說這是因為中國沒有發展優秀的職業經理人的土壤，其實不然只是中途斷了而已。

有一次，我去平遙參觀了當時山西的大錢莊，錢莊有大老闆，同時也有負責打理日常業務的掌櫃，通常老闆和掌櫃之間會形成某種相敬如賓的默契。掌櫃在管理日常大部分的事務時，老闆要懂得退開，不要干預。如果這位「職業經理人」——掌櫃做得不好，到了來年，可能在飯桌上，老闆會以某種形式，比如魚頭朝向，有默契的暗示：「爺，您幹完今年就差不多了。」然後老闆會付給掌櫃比平常多一點兒的銀子，掌櫃知道今年的業績並不高，自己管理得並不好，報酬卻比平常多，便心知肚明，以一種非常優雅的方式主動辭去這個職務，主賓之間並不傷和氣。在此之前，掌櫃做的事都是職業經理人該有的態度，這是士大夫精神在中國商業社會裡的一種體現。

我想，也許所謂的武士精神，也是這樣一種精神吧。以前的騎士也有類似的精神，只不過文士與武士各用自己的專業能力，文士用筆、墨、思想；武士用拳、劍、刀。他們都有各自的專業性。因為專業人士的存在，他們按照事情的客觀規律、正常的流程和方法做事，他們有方法論，有對這件事深刻的洞察，有把分內的事做好，替產權所有人管理這一切的能力和心智模式，所以才發展出了所謂的獨立人格。

知識分子相較國家而言，或許也應該扮演某種獨立人格，當然在現實生活中，這也許是一種理想狀態。一個人既要專業，又要獨立；既要謙卑，又要自信；既要溫和，又要堅定……中間的尺度拿捏，很難用一種標準來說明。

孔子在衛國努力的想做一個獨立的職業經理人，他並不想擁有這個國家的產權，只想用自己的理想和對於教化方面的經驗，去推動一系列真正的改革。不過在現實生活中，孔子這一點也沒有做得很好，這不禁讓我們感到絲絲遺憾。

在現實生活中，這樣的人存在嗎？也許真正的君子把事情做了，只拿自己做這件事分內的報酬，做事時按照事情本身的規律去思考，而不是完全按照老闆的意志去執行。但更高明的人可以把老闆的意志與客觀規律結合在一起，甚至可以透過自己的專業度，反向影響老闆。這中間有太多的技術、道理、情緒管理，乃至人格魅力的因素存在，想要達到這樣的目標非常困難，所以它只是一種理想狀態。

在我看來，大部分的職業經理人，最終要不然就是尋找靠山，要不然就是受眾人排擠，在這兩者之間保持中間狀態，實在是偉大而深刻的藝術。

我們不能因為這種現象少有，就不知道它的存在，也不知道它其實是一種偉大的藝術。因此，了解一件事存在本身，可能就是我們向這件事致敬的開始。

09 時間可以把平凡變偉大，也可以把偉大變平凡

原典

子曰：「周監於二代，郁郁乎文哉！吾從周。」

孔子說：「周朝的整個頂層結構設計、管理體系、底層的風俗習慣等，很多東西都是向夏、商兩朝借鑑的，但並不是沒有變化，而是根據一個總原則略加刪減、增補。我覺得整體而言，夏、商兩朝，乃至周朝的前大半段，文化都是鬱鬱蔥蔥，非常興盛的。所以我決定還是要向周朝的禮儀制度學習。」

如今，我們聽這段話似乎感覺非常遙遠，夏朝到底有一群什麼樣的人，在以什麼樣的方式進行國家管理？商朝又是如何管理的？到了周朝的前半段，它又是什麼樣子的？太遙遠了，我們似乎無法做出真正的判斷。

我想，為什麼孔子那麼強調要向生命序列裡的規則，尤其是看不見的規則、體系學習？錢穆先生在《國史大綱》裡有一個觀點，從夏、商、周開始，到民國的五千多年裡，整個中國經歷了很多朝代，但有一樣東西卻很有意思，就是中國的發展往往是在漸變的、和平的、相對穩定的狀態上，政治、經濟、文化得以躍遷式的發展。而那種大變革時代，比如農民運動、外族入侵……導致朝代的更替所帶來的影響，往往比較負面。

錢穆先生把中國文化的這種體系，與西方變化做了一個對比，似乎西方國家，尤以歐美為主，總是在王朝變革的過程中出現了一些躍遷式突飛猛進的進化，而東方國家卻正好相反。在這種變化的過程中，往往是倒退，人民生活混亂。恰恰在不主動變革時，一個體系會自下而上的發展、改良，最後成長出一種更好的社會民風。

我讀到這一段時，也不禁搖頭表示讚嘆（有意思的事就是這樣，你真正表示讚嘆時一定是搖頭）。在過去的六十年裡，我們也看到，不折騰老百姓時，讓老百姓自己學習、進步，這樣做的結果是人民非常勤勞，而且務實。

他們對所謂意識形態的躍遷，沒有那麼大興趣，大部分的中國人，喜歡在一個平和、穩定的時期提升自我的內在價值，比如一個人做了官、有了錢，告老還鄉時，資助創建一所書院，幫助鄉黨、家族的孩子獲得學習機會，然後步步進取……他的整個次第的變化，是在漸變中完成的。

在宋朝，宋神宗與王安石變法，結局非常狼狽。據說王安石幾乎沒有什麼錢，穿得破破爛爛的，變法失敗以後，在告老還鄉的途中，看見人民群眾活得不好，還有很多人在罵：「王安石折騰啥！」他的心裡相當鬱悶。

任何一件事做得久了，就像生命一樣，會慢慢進化

不要折騰老百姓，這是孔子的一種態度，也是錢穆先生的一種史觀。我只是轉述，並不代表認同，我哪有資格表示認同或者否定，通常只有知識淵博、心懷天下的人才會有這種宏大的討論，像我這樣的人，只能由此推導出一些自己應該關注的狀況。

比如對我們的人生來說，真正的變化是在轉換跑道——跳槽的過程中，還是把一件自己早已習慣做的事，不管風口怎麼吹，時代怎麼變，慢慢的精心打磨，越做越細，越做越出神入化帶來的變化大呢？

我算是比較著名的跳槽者了——從電視臺跳到網站，從網站跳到自己創業做中醫診所，做所謂中國文化傳播，目前在正安的平臺上做「自在睡覺」。但認真想來，在電視臺工作時是開會、訪談、接受訪問、表達觀點；在互聯網公司工作時，本質是攛掇大家一起開會，然後分別聽取各個部門以及消費者和客戶對我們的訴求，然後分析、歸納、回應這

些訴求，偶爾也接受訪談，向外界表達公司的立場；後來自己創業，還是做訪問、訪談，接受訪問、接受訪談，還是在思考、表達……。

我想如果自己不換那麼多位置，一開始哪怕是做個電子布告欄系統（Bulletin Board System，簡稱BBS），就在某個領域進行表達，比如讀書，然後把中國話翻譯成「普通話」（不是通常意義上的以北京語音為標準音、以北方話為基礎方言、以典型的現代白話文著作為語法規範的話，而是普通人說的話）。如果我從一九九七年大學畢業開始做現在做的事，可能中間就不會經歷那麼多起起伏伏，到今天會不會做得更好呢？得出的結論讓我很詫異，可能這樣就很好了。

在廣州，我家樓下有一個做燒鵝的店家。我上高中時，這位老闆剛開始創業，經常早上看見他們一家人在自家的手工作坊裡做燒鵝。有一天，我赫然發現一個朋友的微信公眾號裡描述的廣州必吃的三家燒鵝店家就有這一家，真沒想到這家燒鵝居然變成了一個著名的傳統品牌。這種感覺有如燒鵝裡的「全聚德」，短短二十年居然變成了一個老品牌。

由此想來，就像巴菲特所說的，許多事就像滾雪球一樣，把一件事重複做、重複做、重複做……管它什麼風口，互聯網也好，P2P金融也罷，那些東西都會來，也並沒有那麼熱。

你還想得起二〇一六年時，最熱門的一款叫做可穿戴裝置的產品嗎？當時很多公司在做，請問現在還有哪家公司號稱自己在做可穿戴裝置？還有各種所謂的創新。雖然我認為創新很重要，但創新有一個前提——對本體、本業的堅守，活兒本身就好的情況下，創新才有意義。如果特斯拉本身做得很難看，駕駛盤都要飛出來，輪胎隨時會爆胎，電池不可靠……作為一輛車，如果它本身做得不好，哪怕概念再好，也不會長久發展。

所以，我從孔子的這段話裡看到的僅僅是對過去已經比較穩定的、習慣的好東西，不要輕易的說不要。對一件熟悉的事，以不性感的方式長期做，做的時間很久很久以後，它就會產生一種時間複利的可怕價值。而且你要相信，任何一件事做得久了，就像生命一樣，會慢慢進化，變成金的。

在香港，有一個姓杜的人，一次偶然的機會，他發現了自己家裡的族譜，如果族譜是真的，香港九龍被占領前就是他家的封地。後來由於種種原因，這些土地被大清政府租給英國，後來又以種種方式折騰，就跟他們家沒關係了。結果這位姓杜的人，不斷的用一種很奇怪的書法，在香港所有能寫字的地方寫他的家史，並且形成一種很獨特的文風。

一開始時，員警認為他在毀壞文物，而且影響市容。結果他堅持寫，誰都不管，被擦了他就再寫，寫了很多年，幾乎寫遍了香港人能看得見的所有地方。後來這些文字成了香港著名的文化標誌，很多電影人、藝術家都把這些視為取景的案例，甚至很多後現代藝術家，把他寫的這些文字當作題材，進行藝術加工創作。還有時裝設計師，把他寫字的照片印在衣服上，賣得還挺貴。

任何一件事，只要能留存很久，自然有它的道理。時間再長點兒，它就變成了藝術。時間是宇宙最偉大的魔法師，它可以把一切平凡的事變得偉大，當然也可以把一切偉大的事變得平凡，愛情是這樣、事業是這樣、藝術是這樣、投資也是這樣。

孔子是我們知道的不多的幾位有比較宏大而深遠的歷史視角的人，起碼他比你我更了解夏、商、周這些朝代。這三個朝代加在一起也有一、兩千年的歷史了，這是什麼概念？我們現在到孔子所處的時代也才兩千多年而已。

把一件已經堅持並且改良過很多次的事反覆打磨，最後做得非常好，產生不可估量的價值，這件事本身，可能更符合整個中國文化底層的漸變的邏輯。

有一天，我看蔡志忠老師畫畫，覺得跟一九九一年、一九九二年第一次看見《莊子說》時沒有什麼區別。但蔡老師說：「區別在於，我已經畫了很多年，很熟練的知道它應該怎麼畫。」這一點並不會影響蔡老師在藝術界的地位。你難道不覺得這給我們很大的啟發嗎？

堅持、堅持，再堅持，**把今天的事做好，明天就會更好**。

10 好的歌，無須努力煽情，而是情感自然流露

原典

子曰：「射不主皮，為力不同科，古之道也。」

我們在讀《論語》時，往往會有一種深刻的連接感。有一位溫和、堅定、智慧，而且不裝的老人，跟我們分享日常生活中點點滴滴的智慧。在我們本篇要學習的這一段裡，孔子也是這樣，跟大家分享自己的一種態度——為什麼一個人可以把自己放低卻不失尊嚴。

你的厲害、了不起，可以用一種不動聲色的方式表達，沒必要傷害他人。在尊重對手的情況下，可以讓別人由衷的尊重你，不僅因為你做得好，更因為你做得漂亮。什麼叫做好，什麼叫做漂亮？孔子舉了一個例子。

子曰：「射不主皮，為力不同科，古之道也。」射箭是古代一種高級的社交方式，遊

戲是這樣的，在每個人面前都有各自的靶子，箭靶是一張布，上面畫著五彩的野獸，靶心貼著一張皮，可能是熊皮、虎皮、豹皮，通稱為鵠。「射不主皮」的意思是，你只要射中那張皮就行了，不在乎能不能把皮射穿，顯得很猛的樣子。

「為力不同科」，「科」是等級，說的是大家不需要跨等級比賽，你是女生，力氣小點兒，射中了就行；他是男生，體重一百多公斤，非要射穿靶上的皮——其實沒有這個必要。大家都是玩兒，能射中就行，不是比賽誰更勇猛，如果是比賽誰的力氣大，人的那種傲慢、「我比你強」的攀比心就出來了。

兩個人面對面，高手一交手，就知有沒有。我遞一個麵包給你，你接麵包時，兩個人的眼神、手勁兒、腳勁兒一對，麵包都沒有碎，高下立判。

孔子說：「大家都是好朋友，喝酒時比賽射箭，我射我的靶心，你射你的靶心。我力氣小點兒沒射穿皮，你力氣大點兒把皮射穿了，我也不顯得比你差。」

為什麼孔子要以這個例子來探究生活中合乎於禮的比較呢？在玩遊戲的過程中，還是要有勝負之分的，否則怎麼玩遊戲呢？但如果因為這是遊戲，因為比較而心生傲慢、憎恨、嫉妒，乃至種種貪婪，你會發現自己離遊戲精神遠了。

兩個都可以稱為君子的人，可以比賽，但要以不激起自己和對方的傲慢心和憎恨心為原則，因為大家都是修行之人，面子上都要過得去，關鍵是彼此內在都有一種深深的因對方給自己留了面子之後生出的尊敬。

當一個人在某方面強調自己時，其實是一種隱隱的不自信的表現

在生活中，其實真正的有錢人是不會把自己的銀行存摺打成單子晒給你看的，也不會把他的飛機和你搭乘的飛機做比較。

曾經有一位中國富豪，開著飛機去美國收購公司，結果遲到了，就說：「對不起，我的飛機中途加了一下油，所以遲到了。」只見美國談判方淡淡一笑，說：「我那幾架飛機都在，如果這架沒有油，另外一架可以馬上接上。」

人家穿的看似是普通的衣服（起碼是你看不出牌子的衣服），說的是「我那幾架飛機」，也沒有刻意的講自己有多少架飛機，而且人家先到，更準時。

當一個人需要在某方面強調他的特點時，其實是一種隱隱的沒自信的表現。我認識的最好的服裝設計師，大部分的時間都穿白色或灰色的T恤、白襯衣、灰色外套。難道他們沒有能力穿得花俏嗎？不是的，因為他們知道白襯衣和白襯衣是有差別的，這種差別是非常微小的，只要彼此暗暗知道便可。如果你看不出這一點，他也不會特別跟你強調：「你看我的這件白襯衣是由多少根線織的，密度是多少，有什麼樣的彈力……」。

在影視行業，我觀察過最厲害的化妝師，自己都不怎麼化妝；最好的演員，在演戲之外大部分的時間，是沉默的；最好的主持人，在飯桌上並不是話最多的那個人……以此為對照，我覺得自己離這種境界差得好遠。那些老公對自己很好的女人，決不會在微信上秀恩愛，有句話叫「秀恩愛，死得快」，如果你需要在朋友圈裡強調老公對自己好，這件事本身就已經說明了你很需要確認這件事。一個口袋裡有一萬元的人，需要確認西瓜是一毛三還是一毛二一斤嗎？

孔子用朋友間隱祕的交流過程——射箭，傳遞出一些有趣的章法，就是彼此「龕肩鬥酒」應該是一個含蓄而有度的狀態。高手可以在一抬眼、一舉手之間知道對方的段位。兩個高手互相清楚了孰高孰低時，段位更高的會為稍差一點兒的朋友留有足夠的餘地；而段位稍差一點兒的高手，也會充分領情，含笑表示感謝。他可以在射箭、有沒有錢、兒子優不優秀、老公愛不愛你、是否足夠聰明自信、對自己的未來是不是足夠淡定等很多領域彰顯出來。

你之所以喜歡某些人，是因為你大概知道他很有料，但他居然從來沒有顯現出來，甚至很害羞的要隱藏自己的優點。其實，這不是一種策略，而是一種修養。這種修養，不是基於利害關係、不是基於利益、不是基於得失，而是基於美。

你可以欣賞一下弘一法師的字，年輕時寫得非常有氣勢，寫著寫著，越寫越古樸，越寫越沒有讓你看到「筋皮骨肉」，力量、野心、智慧全都沒有，就是簡簡單單的清涼、善巧、歡喜。只有當一個人老到一定程度時，才會真正懂得欣賞弘一法師的字。

最好的歌詞也沒有那麼多讓你覺得無法理解的拗口絢麗──「總是平白無故的難過起來，然而大夥兒都在，笑話正是精彩，怎麼好意思一個人走開……」年輕時的李宗盛，就已經成熟到可以用一種近乎白描的方式，勾勒出在人群中那個獨特而悲觀的靦腆之人的狀態，關鍵是，絕大部分的人都曾有過這種狀態，所以都會被這句話擊中。

相較於很多填詞人，我最喜歡李宗盛的原因是，他總是用一個中學生都能看得懂的字來表達自己的情感，幾乎每個字你都了解，連在一起，就能如此深刻的洞察現代人的一些心思。在他的〈新寫的舊歌〉裡有一句歌詞，聊到父子關係：「兩個男人，極有可能終其一生只是長得像而已，有幸運的，成為知己；有不幸的，只能是甲乙。」

好的歌，是不會努力的煽情的，而是自然而然的情感流露，只給那些聽得懂的人聽便好，偉大的人和偉大的歌，總能激起每個普通人內心深處真實的情感。

孔子在這一段關於射箭的論述裡，表面上在講不要炫耀你的力氣很大，不要刻意追求最好的效果，其實他在講，**含蓄是一種美，懂得的人，自然就懂了**。

11

能力不差卻不得志？那是因為你不懂回話的藝術

原典

子曰：「事君盡禮，人以為諂也。」

定公問：「君使臣，臣事君，如之何？」孔子對曰：「君使臣以禮，臣事君以忠。」

孔子說：「我侍奉國君，一切都只不過是盡我的禮儀本分，但因為別人都不這樣做，所以他們認為我有點兒諂媚。」

孔子幹了什麼事呢？就是老闆跟他說話時，他都畢恭畢敬的聽；老闆交代的事，他趕緊去辦，而且很快就有覆命——存在什麼問題，自己是怎麼想的，怎麼解決的，下個階段該怎麼辦……都及時的給予回覆。

一位管理學者跟我說：「看一家公司管理得好不好，方法很簡單，就看一件事——主管交代了一件事之後，部屬是不是可以很快給出回覆。比如客戶提出了一個需求，公司的相關負責人是不是能儘快的給予某種回應。」也許**這種回應並沒有馬上解決問題，但傳遞一種解決的訊號也是重要的**。

有一年，馮侖大哥跟我說：「服務業有一個特點——給服務對象及時的回應。」比如你們開了一家物業管理公司，業主家的水管爆了，你得關水閘、修水龍頭、安排業主到別的地方住……也許這件事不能在二十四小時內完全解決，但一家好的物業公司，應該是過一會兒就跟業主反映：「我們把水管停了，已經安排檢修了。」、「我們已經幫您換了一個新的水龍頭。」、「我們已經安排您去對面的酒店住了。」

好的做事習慣，應該是把做事的過程在中途不斷的回饋，而不是等自己全部解決好了之後，再來回覆別人。

許多年輕人都有這種習慣，總覺得沒有幹好就不能說，自己準備著憋大招，最後給人一個驚喜。其實很多時候，在你努力做事的過程中，上級或者顧客早已不耐煩，甚至有點兒崩潰了。

做領導的人有一個很重要的安全感來源，就是他交代的事是否有回應——別小看這個簡單的行為，其實這是一個非常重要的禮。這個禮的能量有多大呢？

我再舉一個例子，我有一位朋友說：「你知道我為什麼喜歡車比喜歡老婆更甚嗎？」我說：「為什麼？」（我的腦海裡閃過了一百個念頭。）他說：「我一踩油門車就跑，我一按喇叭它就叫；而我老婆呢，跟她說話她也不理你。所以車讓我更有成就感，而老婆就沒有。」當然這樣的對話換成老婆說，就會變成：「我老公怎麼叫都不回應，什麼事也不幹。」其實都是一樣的。

回饋是禮很重要的核心。孔子在做大臣時，是很尊重國君的，這叫敬禮。但別人都不是這樣做的，於是大家都說他諂媚，這著實讓人有點兒鬱悶。其實孔子這樣做，魯國國君還是蠻喜歡的。

定公問：「君使臣，臣事君，如之何？」孔子對曰：「君使臣以禮，臣事君以忠。」

有一天，魯定公問孔子：「上級對待下級，下級對待上級，應該保持什麼樣的態度呢？」孔子回答：「上級在對待下級時要以禮相待，給予足夠的關懷、尊重，並且發揮他的優勢；下級對上級不僅要有禮，更要有忠。」

什麼叫忠？忠就是我承諾支持你就會一直支持你，即使有時不理解你要我做這件事的用意，我依舊會先執行，因為犯了錯之後，最終還是大領導擔責任。

部門也是一樣的，權力越大，責任也越大。所以，只要在老闆眼中，你仍然是忠於這份事業的，哪怕偶爾能力不及，犯了錯誤，結果也只是換個職位，還是可堪培養的。但如果你不忠，就算業務能力再強，卻會影響整個大局，老闆總有一萬個方法淘汰你。

許多年輕的朋友讀到這一段時可能會想，這都什麼年代了，大不了我重新換家公司，大不了自己創業。

如果你換一家公司，對老闆不忠的模式仍然存在，無非是換一個老闆繼續不忠而已，也許會再次陷入職場中被穿小鞋的命運。

你在自己做部屬時都不會忠，更不知道如何是忠的狀態，自然也無法讓上級對你以禮相待，等到了自己創業時，你就不知道該如何以禮相待部屬，也無法激發他對你的忠誠。當然，這句話講起來容易，做起來真是太難。所幸孔子仍然給了我們一個方向。

如何對待部屬？曾子曾經說過一句話：「用師者王，用友者霸，用徒者亡。」這句話的意思是，把部屬當老師用，比如周文王去拜見姜子牙，請他出山，事事都非常尊重姜子牙的意見，周文王的宏圖霸業在《封神榜》裡得以顯現。

其實，如果把你的好朋友用好了，也許能成就霸業。霸是什麼呢？行動力很快，大家肝膽相照，迅速成就一番事業，但成不了王道——在親朋好友以外的範圍，人們仍然對你充滿了敬意。如果你用不如自己的人，比如用弟子來做事，通常做不好。

雖然現在我的學生很多，但在我心裡是把他們當老師的，他們每個人都有很多值得我學習的地方。在其他領域，比如藥房、診所的管理、ＩＴ系統的開發等，我都盡量找到能成為我老師的人，起碼要在你的部屬身上找到值得自己學習的地方。

正所謂「三人行，必有我師焉」，如果你能把部屬身上的優點看成值得學習的地方，並且在內心覺得他可以成為你在這個領域裡的老師的話，你就擁有了一種禮的心智基礎。

長大後的工作態度，來自小時候的家庭教養

忠的基礎是什麼呢？忠的基礎是發自內心的相信自己的上級在承擔著更大的責任。很多時候下級是看不見上一級的人吹牛、喝茶、談事、喝酒所承擔的那份責任的。

推而廣之，做父母和做兒女的也是一樣。父母要尊重兒女，以禮相待，甚至要在兒女身上學習應該學到的更新的東西——現在大多是兒女教父母使用LINE、臉書等各種應用軟體，這時父母就能對兒女以禮相待。

兒女如果有機會跟隨父母去了解他們的事業承擔的風險與責任，那麼就會真正的在內心忠於這個血脈，忠於傳承下來的事業。

據說李嘉誠先生在很早的時候就在董事會裡擺上小凳子，讓自己還不到十歲的孩子，聽他開董事會——演給兒子看，如何成為一個好的董事長。

所以，經過這麼多年，李嘉誠先生八十多歲了把這番事業交給李澤鉅時，儘管大家懷

疑他的能力，但事實上李澤鉅已經在這個職位上「工作」了三、四十年了。

你想想看，一位這麼多年一直在英明的父親指揮下的接班人，對這家企業來說是多麼大的福分，似乎一切都在沒有改變的過程中完成了權力的交接。而對兒子來說，三十多年來都是以父親的指令為依歸，慢慢體會父親的智慧，這又是一種什麼樣的傳承。

從這個角度來看，儘管很多人對李嘉誠先生的投資，包括種種布局，有不同的看法，但你不得不承認，在現代社會裡，商業體系的父輩與子輩的傳承，據我所知目前李家是做得很好的。

我還沒有看見哪個家族能比他做得更好。這一定是李嘉誠先生在兒子身上常常學習新的東西，而兒子也由於常年跟隨父親工作，理解了他的責任、風險、擔當，還有那些看不見的智慧背後，而生發出來一種由衷的忠誠。

所以，儒家思想對管理者來說其實是非常重要的核心心法，尤其是企業做大時，如果沒有一種彼此尊重、彼此尊崇的態度，很難長治久安。這種態度的背後，都來自一份我們稱之為同情和共感的精神。

如果沒有真正的站在對方的角度看到他們的不容易，沒有真正的用一種發現的心尋找對方的優點，是很難做到以禮相待、以徒為師——把自己的部屬和徒弟當作老師，然後生發出盡忠職守的心態的。

很多人在職場上之所以鬱鬱不得志，沒有受到老闆的提拔，我想主要原因就是小時候他的爸爸沒有教會他如何尊重父親，或者是他的媽媽沒有教會他如何真正的尊重父親。還有很多人在做主管做到一半的時候，格局上不去，也是因為他小時候沒有見過一位心胸開闊的、有智慧的父輩（不一定是他的父親，也可能是親友中任何一位男性長輩），帶著一種隨和、寬容、圓融，並且鼓勵晚輩成長的姿態。

我有時看著父輩們的種種生活，想到自己年老時應該更加學會沉默和讚嘆，不用即時提醒孩子們注意、小心什麼。因為一提醒，兒女便很容易產生逆反和對抗的情緒。其實，你只要時常對他們做得好的地方隨喜讚嘆，他們就會變得更好。管理部屬是這樣，對待上級也是這樣。

如果我們慢慢的與自己的上、下級有了更好的互動，你就會發現，每一天上班不是一件痛苦的事。如果明天上班不是一件痛苦的事，那麼前一晚的睡眠也就不再是痛苦的事了。許多人睡不好覺，是因為他起床時心中充滿了面對部門同事的焦慮，這是一個惡性循環，解開這一切的心結就從以禮相待開始吧。

12 快樂不要過於放縱，悲哀不至於傷到自己

原典

子曰：「〈關雎〉，樂而不淫，哀而不傷。」

有一段時間我很喜歡王鳳儀先生的教導，他認為，我們的生命分成性、心、身三個層面。我以為，「性」大概指的是情緒，王鳳儀先生說，人的身體大部分的問題都來自情緒；「心」指的是對是非對錯的理性判斷；「身」當然指的是肉身。王鳳儀先生說，**情緒幾乎決定了我們超過一半的生理和命運**。

我曾觀察過一群老年人的生活，他們都有類似的生活經歷——生活在同一個時代，各自的能力也都差不多，但晚景卻略有不同。由此看來，導致這種差別的原因還是和情緒有關。所以孔子花了很長時間去討論如何成為一個偉大的情緒管理者。

子曰：「〈關雎〉，樂而不淫，哀而不傷。」這一篇講的就是情緒管理的終極心法。

我們都知道《詩經》中的〈關雎〉這首詩。有人說這是一首描述皇后為皇帝選妃子的詩，也有人說這是一首描述青年男女談戀愛的詩。無論如何，它都在傳遞著一種氛圍——春天，男孩和女孩都在河邊玩，漁翁帶著魚鷹打魚（「雎鳩」是魚鷹，「關關」是魚鷹的叫聲）。女孩露出了潔白的手臂、腿、充滿彈力的肌膚，牙齒白白的，身體壯壯的……男孩看到了，不自覺的流露出一種發自內心的原始的喜愛。

於是，回去輾轉反側，覺得這個女孩子太美了，想像著和她一起採花、撿菜……再想著有一天要用盛大的典禮把她娶回來，從此男孩和女孩過上了不計畫生育的生活。

人民一直這樣過著快樂的生活是一件多麼幸福的事，而孔子卻在這首詩裡看見了歡喜和思念的情緒都不太過分的狀態。「君子好逑」時「輾轉反側」——有點兒著急，但不哀傷，尤其不痛苦，沒有孤獨、寂寞、冷，也沒有關上手機出去「浪」（按：出去玩）的這樣一種憤怒、悲傷。在純樸的年代，人們的情緒表達是接近中間值的。

「樂而不淫」的「淫」是過分的意思，我們說「淫雨霏霏」，意思是雨下得有點兒過了，後世把「淫」引申為過度好色。「哀而不傷」是說，雖然有點兒小情緒，但並沒有傷到心裡。

以我這些年的觀察，各種修行法門無外乎就是讓自己的身體和情緒變成一個相對溫和的，不會大幅度振盪的狀態。每種修行法門無非都是告訴我們：「看破事情如夢幻泡影，它只是一個假象。」就像儒家思想只是告訴我們，世間「喜怒哀樂之未發，謂之中；發而皆中節，謂之和」。

理論上這是很容易做到的，但真正碰到事情時其實很難做到。一個人的情緒固然會受天生自帶的因素影響，比如某些星座的人就溫和一些——我認識的大部分巨蟹座的人情緒波動就沒有那麼大，而許多天蠍座、獅子座的人情緒波動就比較大一點，但也不是完全沒有轉機，這也得看一個人的上升星座、下降星座等。

本質上來說，我認為情緒管理源於一個人童年的情緒反應模式。如果父母都是情緒溫和的人，當一個小朋友開始哭泣吵鬧時，爸爸、媽媽就沒有那麼恐懼，不會害怕他有一天變成在人世間不堪的人，或者說他們沒有憤怒，不會覺得父母的權威受到了挑戰，而是能蹲下來與孩子共同體會這種情緒——透過握著他的小手表示理解，慢慢的加以引導，轉移他的注意力。讓一個小朋友在很小的時候就學會不要激烈的表達情緒，也許長大了，他這種溫和的習慣就養成了。

我跟我兒子說：「記住，爸爸對你沒有什麼要求，如果以後還有婚姻制度，在你愛的和愛你的、有錢的和沒錢的、漂亮的和更加漂亮的女生裡，選一個性格溫和的當女朋友，這是我對你唯一的建議。至於學習成績，你今天學的任何東西，可能到你長大時，都沒有什麼用。成績好的人也會失業，成績差的人也許因為性格好，能夠有貴人相助。學習不過就是養成一種思考的樂趣而已，面對不確定的未來，學會自學就可以了。」

有一天在飯桌旁邊，我兒子很認真的說：「爸爸，你為什麼不教我寫作業呢？」我非常嚴肅的告訴他：「你們現在學的東西，再過一年，我想教也教不了了。我們在高中時學的英語，都不如你們現在二、三年級學得多（他們經常學的都是十一個字母以上的單字），所以爸爸知道教你做作業只是暫時的，而培養你學會自學的能力才是重要的。爸爸一直到了上大學時，由於我的老師教的都不如我自己看的東西多，所以才學會了自學。」

以前大學老師給我們看的錄影、電視節目，其實都是很傳統的、很老的節目，當時我是從廣州去北京讀書的，我在高中時已經在看賴瑞金現場（*Larry King Live*）和大衛深夜秀（*Late Show with David Latterman*）了。因此，我很早的時候就知道，將來的電視形態大概會發展成什麼樣子。

而到了北京廣播學院的電視系，老師們講的東西對我來說，是一個已經發生過的過去的電視形態（沒有任何指責老師的意思，他讓我在大學一年級時就迅速明白了一件事——自學才是最重要的），而事實上當時學校裡的老師也都意識到，電視這個行業日新月異，老師能教給學生的和學生自己能看到的知識，幾乎是一樣的，所以老師在很早的時候就收回了「我比你懂很多」的潛臺詞，告訴我們：「讓我們一起來學習最新的電視吧。」

所以你幾乎很難在一所學校裡學到關於互聯網的課程，因為互聯網的發展實在太快，任何一個老師都可能會發現學生去實習後了解到的東西遠勝於他。甚至很多互聯網公司的高層，都未必真的了解互聯網正在發生劇烈的變化。反倒是那些大學還沒有畢業的實習生，或者是剛剛畢業的學生，他們接觸到最新的互聯網應用，甚至會把這些應用背後的邏輯運用得更加如魚得水。

我和我兒子說：「你一定要知道，爸爸在你上三年級時就明白了一件事——我是不可能教你做功課的，你必須要學會自學。如果你有問題，我倒是很願意和你一起學習最新的知識。」

小時候的情緒管理模式，養成了長大後的性格特徵

這種學習的過程，和本篇我跟大家分享的情緒管理有什麼關係呢？實際上我想講的是，如果我們能在孩子很小的時候就放下身段，彼此尊重，和他共同學習，也許你就不會喝斥他，不會以一種居高臨下的方式要求他，他會覺得自己和你是並肩作戰的，因此就會養成尋找同伴而不是尋找對手的習慣。等他長大後，就不那麼容易瞬間墜入情緒對抗的模式、不那麼容易憤怒，憤怒的情緒會影響一個人後來能否有貴人相助、婚姻是否幸福、在部門能否獲得一段不錯的友情……。

小時候的情緒管理模式，養成了長大後的性格特徵。這是我希望傳遞的一個非常重要的想法。

有一天，單農（按：中國服裝品牌）的創始人王先生給我發來了一張螢幕截圖，上面寫了一條微博，內容是如果你想起自己的父親會怎麼樣？下面幾千條評論的內容都是「那個老王八蛋」、「那個壞人」、「那個不爭氣的人」、「那個魯蛇」、「那個和我對抗的人」……全是那樣的評論。看完後我感到深深的悲傷，原來這麼多人的父子關係如此緊張。很多父親和孩子由於常年對立，形成了某種相互傷害，這就是後來我們樂於淫、哀於傷的基礎。

本篇我和大家一起分享的是《論語》中的子曰：「〈關雎〉，樂而不淫，哀而不傷。」說的是在〈關雎〉這首詩裡所傳遞的道理，快樂不要太過於放縱，悲哀不至於傷到自己。

情緒管理的核心在於我們終於明白一個道理——任何快樂的事只要你一放縱，就會過猶不及，最終釀成悲劇；任何悲傷的事，也是有它本來的命運的。曾經有一位女士和我分享，她由於種種原因，沒有保住自己的一個胎兒的故事。她是如何走出來的呢？她最終接受了這個胎兒也有深刻的屬於自己的命運。

因此，「樂而不淫」的基礎來自你知道了如果放縱自己的快樂，就會轉向它目前的對立面；「哀而不傷」的基礎在於了解命運的無可奈何。

「樂而不淫，哀而不傷」的背後，都是智慧與年輕時習慣的集成，如果你已經不再年輕，可以花點時間重新和年輕時經常發脾氣的自己說：「請放下悲傷，你可以成為一個性格更加溫和的人。」

13 人們總是花時間找錯誤，卻忘了要解決問題

原典

哀公問社於宰我。宰我對曰：「夏后氏以松，殷人以柏，周人以栗，曰使民戰慄。」子聞之曰：「成事不說，遂事不諫，既往不咎。」

本篇我和大家分享一個值得我們引以為戒的故事，說的是人的命運其實早已註定，並且註定和你心智模式裡的某些念頭有關。

哀公問社於宰我。宰我對曰：「夏后氏以松，殷人以柏，周人以栗，曰使民戰慄。」子聞之曰：「成事不說，遂事不諫，既往不咎。」魯哀公是一個性格暴烈、能力不強的人。「哀」是他的諡號——就是他死了以後人們給他取的稱號。

《逸周書．謚法解》裡記載：「早孤短折曰哀；恭仁短折曰哀；德之不建曰哀；遭

難已甚曰哀；處死非義曰哀。」就是說死得早的、沒什麼功德的、被別人早早剷除的都叫「哀」。當然，不是他活著時叫魯哀公，而是他死了以後別人根據他生前的所作所為，給出的一個具有評價意義的稱號，就像漢獻帝最後是把江山獻出去的，所以叫漢獻帝，是一樣的。

宰我是孔子不太喜歡的一個弟子，是個問題青年（孔子門下也不是每個學生都是賢人）。有一天，魯哀公問宰我：「到底應該如何祭祀、如何建立王權的尊嚴呢？」宰我就信口雌黃的回答：「你看，夏朝人種松樹，殷朝人種柏樹，而周朝人種的是栗樹，就是要讓人民感覺到害怕。」

這句話已經顯示出了宰我的殺伐之心——透過嚴苛的刑法、恐怖的行為，讓人們感到害怕，從而便於統治。國君和大臣的對話，已然彰顯出他們的價值取向。當時魯國有三大家族，在朝廷內外，這三大家族無論在財權、軍權、人權等各個領域盤根錯節、根深葉茂，魯哀公覺得他們不尊重領導，便要剷除他們。

結果，魯哀公被打得落花流水。宰我後來跑到了齊國做官，由於總是鼓動領導以戰爭和恐怖主義推行他的管理，參與了田常作亂，最後被砍了頭，而且還被滅了族。

孔子在聽他們兩個人的對話時，就有一絲不祥的預感，曰：「成事不說，遂事不諫，既往不咎。」這句話的意思是，**很多事已經定了，就不要再隨意改變它；有的錯誤曾經犯**

過了，就不要再翻舊帳，否則會引來一系列不可控的變化。

事實上孔子在魯哀公和宰我的對話裡，傳遞著一種史觀——國家就跟人的身體一樣，怎麼會沒有問題呢？如果你把每件事都處理得很清楚，也許當下這件事解決了，但生態平衡就被打破了。用嚴苛的刑法去推動統治，最終也會傷及自身。這個平衡被打破以後，大老闆——魯哀公也受到了最大的反作用力。

人，就是前半生在錯誤中學習，後半生在帶病中延年

國醫大師陸廣莘老先生曾經在正安坐診，陸老的眉毛很長，頭髮很黑，八十多歲了還很矍鑠（按：老而強健）。有一次診後，我陪陸老閒聊，當時他跟我說：「人哪，就是前半生在錯誤中學習，後半生在帶病中延年。不要想著把一件事挖出來剷除乾淨，問題是不能完全解決的。」

說完，老先生仰天長吸一口菸，這對當時年輕的我來說無疑是有很大衝擊的，因為他告訴我，不要把每件事都做得很決絕，對那些曾有意無意犯過錯誤的人，要得饒人處且饒人，對身體的疾病也是如此。不要把每件事都搞得很緊張，草木皆兵。很多公司的管理層都有這樣的情況，最後不是聰明的員工離開了這家公司，要不就是形成了各種對抗。

孔子對人們已經形成的錯誤，往往持有一種寬容的態度，反倒是對那些還沒有形成錯誤、只是起心動念生出了惡念的情況，予以高度警惕。想來這也不失為一種優雅而智慧的策略。

在錯誤還沒有發生時，你還可以用有效的方法解決；當錯誤已經發生了，比如兒子有一天回來告訴你，他把別人的肚子搞大了，你怎麼辦？做父母的，還不是得趕緊去跟女方家長見面討論如何善後。假如這時你把兒子打了一頓，他一生氣出去跳樓了（或者反過來女兒在外面一不小心肚子被搞大了，你把她打了一頓，過兩天一屍兩命）……想起來多麼可怕。

很多家長在孩子小的時候都是用這種方式來和子女對抗，導致孩子在外面出現了問題，不會主動跟父母講，等到真正出了事，悔之晚矣。所以孔子說：「成事不說，遂事不諫，既往不咎。」**對已經形成的過往的問題，先擱置，從現在開始，努力尋找更好的方向，不要糾纏於問題，不要追究是誰的責任，而應該把焦點放在現在我們怎麼做，才可以讓這件事變得更好上。**

一個組織如果花很多時間追究責任、翻舊帳——之前你是怎麼說的，後來你又是怎麼做的……就會喋喋不休。**人們總是花時間去尋找錯誤，卻忘記了解決問題，或者在一個問題還沒有發生之前，就對它進行干預和解決。**這是我們大部分的時間對問題的心法和焦點的討論。

由此想來，孔子真是在人間活成了終極智慧大師的人物。不讀《論語》，我們怎麼會知道，不要過度的糾纏已經形成的錯誤，是一件多麼重要的事。

曾經有一位心理輔導老師跟我說，他有一位女學員，老公跟別人跑了，她總是很恨，恨不得她老公和那個女人開車時被撞死。這位老師對她說：「妳知道嗎，妳的大腦和整個宇宙聽到的不是妳老公和那個女人被撞死，而是妳期望他們被撞死的這個樣子，也許最後受傷的是妳。念茲在茲，哪怕妳老公之前犯了錯誤，他已經跟別人走了，妳內心生起的仇恨，同樣會傷害妳，因為這是妳內心怨毒的體現，它會以各種方式表達為妳身體的病狀以及情緒波動。

人們是不了解妳為何怨恨的，只會感受到妳是一個充滿怨恨的人，從而疏遠妳，無法與妳快樂的相處，哪怕妳是基於無比理直氣壯的理由，可妳還是一個充滿怨恨的人。」

綜上所述，我在本篇想和大家分享的是，孔子對即將變壞的事情的態度，和已經變成很糟糕的情況的態度是不一樣的——**起心動念時要非常嚴肅、認真，已是既成事實時，要把焦點放在如何讓它變得更好，而不是追究誰的責任上。**

14 創造大家都贏的增量世界，不要玩零和遊戲

原典

子曰：「管仲之器小哉！」或曰：「管仲儉乎？」曰：「管氏有三歸，官事不攝，焉得儉？」「然則管仲知禮乎？」曰：「邦君樹塞門，管氏亦樹塞門；邦君為兩君之好，有反坫，管氏亦有反坫。管氏而知禮，孰不知禮？」

接下來，我們一起看看古人是以什麼樣的方式看待世界、調整自己內在的格局的。

有一天，孔子感慨的說：「管仲之器小哉！」管子可是一位大人物，在經濟學、管理學方面很有建樹，曾創造了很多經濟戰和貿易戰的打法。整體上來說，管子幫助齊桓公「霸諸侯，一匡天下」，他能做到「倉廩實而知禮節，衣食足而知榮辱」。基本上在他管理國家期間，國民富足，對外不用打仗，靠貿易戰就能把其他國家的錢都收到自己國家。

可以說，如果管子還活在世上，也許他會成為一位很紅的評論貿易戰、國家和國家的經濟實力對比、貨幣和能量扭轉的專家。管子開創了一代盛世，甚至有人揣測，「管理」這個詞就來自管子。說回來，既然管子是如此具有商業頭腦的人，透過管理經濟，幫助齊桓公建立了一方霸業，為什麼孔子還說他氣量小、格局不夠？

孔子正在感慨時，一個學生接話——或曰：「管仲儉乎？」透過這句話可以看出這位學生上不了名錄，應該是孔子不太喜歡的學生，連名字都沒有留下來，只稱其為或，「或曰」——不知道是誰，插了一句話：「是因為管仲太節儉了嗎，所以氣量不大？」

孔子說：「管仲怎麼會節儉呢？他有三棟豪宅，裡面綾羅綢緞、美女如雲，應有盡有。更厲害的是，他居然成立了三個獨立的部門來管理這三棟大宅子。一方面，他認為這樣可以創造就業機會；另一方面，他也有一個更深層次的想法——有比較或許才有進步。所以，管仲可不能稱為節儉。」

總之，一個人住著三棟大豪宅（人家住的大房子跟我們現在住的六十坪、一百八十坪、三百坪的房子可不一樣，以前的大房子都是幾十畝的），可不能稱之為節儉。

這時另外一個學生又插嘴了：「不是因為他節儉，難道是因為他知禮嗎？是因為禮太重了，所以格局不夠嗎？」這句話說得讓孔子有點兒無所適從。

你知道老師要發感慨，學生的水準必須很高，甚至可能已經高於老師才會提問題點撥一下老師，或者保持長期的沉默，就像顏回在某些地方可能已經超過孔子了，但他對孔子說的話，要麼插嘴，要麼永遠保持沉默。但聽到好的話，就馬上去踐行。

這兩個不識相的學生，讓孔子很為難。既然學生已經問了，孔子只能說：「國君宮殿門前，立了一個塞門（屏蔽內外的門，進了王宮後會看到影壁〔按：用於遮擋視線的牆壁〕，雕龍畫鳳，很是奢侈），管仲自己在家也立了一個塞門；國君設宴招待外國的君主，在堂上有放置酒杯的設備，管仲也有這樣的設備。假如說他懂得禮節，那誰不懂得禮節呢？」

從這兩點來說，管子已經完全僭越，他甚至在心裡覺得，雖然有國君在，本質上來說，如今國家的太平都是他管理的結果，他在內心覺得自己完全可以跟國君平起平坐。

當然齊桓公是愛才之人，他知道管子雖然狂傲，但的確有才，可以不打仗，僅透過貿易戰就把其他國家的錢全部收來，而且還能保持通貨不膨脹，人們生活得很好，也算是一個了不起的人物。所以齊桓公對管子還是相當容忍的，不然換成別人，早就被砍頭了。

既然弟子如此問不到點子上，為什麼《論語》裡還有這句話——子曰：「管仲之器小哉！」其實背後隱含的，是孔子的一種羨慕。孔子一輩子都希望自己能像管子一樣，擁有國君對他的支援，擁有足夠的管理工具和時機、因緣，把一個國家打理得井井有條。只可惜，管子雖然在經濟管理上是一把好手，卻仍然達不到孔子心中聖人的樣子。

孔子認為，除了讓大家「倉廩實」，還有更重要的事——「知禮節」。除了會賺錢，更要建立起一種更高的社會理想，有更極致的精神上的追求，人人都更知禮（這個禮不僅是指普通的禮，還是懂得如何傳承文化）。

如果你所有的好，都是從別人那裡搶過來的，那很危險

舉一個也許不太恰當的例子。美國前總統川普（Donald John Trump）在任時，短時間內擾動世界，沒有打太多仗，出兵次數遠不如布希（George Herbert Walker Bush）和歐巴馬（Barack Obama），但是用經濟槓桿、貿易戰，使得美國經濟持續走高。

當然這種走高未來是不是可持續發展的呢？我們只能留待將來看，川普作為一個商人來治理美國，還是讓很多人意外的，比如他剛上臺時很多人猜想的，要做得更好一些，起碼對美國普通老百姓來說是這樣。

川普稱得上是一位偉大的政治家嗎？這得看跟誰比。如果從旁觀者來看，也許還是不夠，因為他用這樣的方法，造就了一個霸業國家。但世界人民並沒有因此更愛他，也沒有因此更尊敬美國。這就是孔子認為的王道和霸道之間的一點兒區別。

也許川普是一位很優秀的，能利用談判技巧打壓競爭對手的期望，提高自己收益的政

治家，但一位政治家僅僅使國家達到經濟上的繁榮是不夠的。

要想獲得尊重，還需要更相容、寬厚的格局和世界觀，能讓其人民，甚至國家不同派系的人都覺得他不錯，發自內心的尊重他。

我接觸過很多美國的知識分子，有做媒體的、做IT的、做金融的……似乎好多人都不是那麼喜歡川普，儘管他在美國中下層人民中的支持度還挺高。

幸好有川普這麼一個人，幫助我們說明了孔子說的這句話——「管仲之器小哉」——管子還是器量太小，睚眥必報，追求奢靡的生活，追求讓自己管理範圍內的人們生活得不錯，但對更高的追求，卻未必盡然。

對於這樣的判斷，很多人可能會有完全不同的反應與解讀。畢竟一位領導能把人民的生活水準提高，已經是一件很了不起的事了。但終究我們活在同一個地球上，不同種族、不同階層的人是互相聯結的，僅僅小部分人活得好，國家的繁榮昌盛不可能長久。

這是一種零和遊戲（零和博弈），你所有的好，是從別人那裡「吸」過來的，這很危險。而孔子希望創造的大同世界，是一個增量世界——你好我好大家好，君子仁者無敵，而不是零和遊戲。也許這是一個理想國，但如果連這點兒理想都沒有，我們又該朝向何方？偉大的政治家，總是要超越當時所謂一城一池的增加、減少，為後世提供一種更加深遠的政治方向和文化理想。

15

對不熟的事，小步試錯；熟練的事反而要適時收手

原典
子語魯大師樂，曰：「樂其可知也：始作，翕如也；從之，純如也，皦如也，繹如也，以成。」

有一天，孔子和魯國的國家級音樂大師——太師聊音樂。孔子幾乎什麼都懂，吃飯、管理、占卜、彈琴、射箭、教書……我甚至覺得孔子人生最大的樂趣和最大的悲哀都來自懂得太多，所以他反覆說「學而時習之」。

某種程度上，他可能覺得自己了解得太多之後，還不夠深入學習，尤其是不夠深入「習」，因此多少有點兒遺憾。我在讀孔子講的東西時發現，他提倡的理念正是自己的內心希望的。

孔子說：「樂其可知也：始作，翕如也；從之，純如也，皦如也，繹如也，以成。」這看似是一個閒聊的過程，但其實我在讀到這一段時，倒覺得孔子可能借著講音樂在講做成一件事的感覺。他說：「**對不熟練的事，可能要先學習，小步試錯，快步迭代，一步一步的進行創作；但對已經熟練的事，只要有套路，就應該知道怎麼做——先高舉，然後流暢的高打。**」

試舉一例，假如您已經開發過無數建案了，再開發一個新建案，那肯定一上來就高開高舉——學區房、綠化好、交通便利、空間充足、景色優美、物業服務好、鄰居素質高……堆上各式各樣好的概念。然後在整個城市的地鐵廣告、報紙、微信公眾號等傳媒管道「狂轟濫炸」，接著就有絡繹不絕的人過來看房，然後銷售員對其進行拜訪，通知他們來選號碼，選完房子之後交訂金，開發商收完一些人的訂金再去收其他人的……這樣的套路一層一層、連綿不絕。每個建案開盤都一樣，關鍵是最開始的氣勢要上去。如果最開始的氣勢沒上去，後面的活兒就不好練。

做建案是這樣，生小孩是不是也是如此呢？生第一個小孩時按照教科書，一步一步，生怕出錯。等到多生幾個小孩，就知道小孩一生下來怎麼餵、開始有脾氣時怎麼立規矩、長大點時怎麼讓他開闊視野、怎麼輔導他考上好的學校……。

好幾個朋友跟我說，第一個孩子養得很辛苦，到後來，就越養越簡單了，說完總是跟一句：「你要不要再生一個啊？」我看著他們說得很輕鬆的樣子搖搖頭，因為我覺得這個套路太複雜，教育小孩的技巧還不嫻熟，我很難保證第二個、第三個小孩仍然能高舉高打、氣勢如虹。

現在看來，孔子講的這套樂理，主要針對的是反覆操作的事情的套路。我明白了，以後再做重複的業務，應該高舉高打，如是，對將來要做的事來說，就能借到這股勢能。

任何一件事往前發展，如果不是因為勢能大，就一定是因為動能強，否則它就會停滯，一停滯就會淤滯，淤滯之後就會生出種種錯亂。你看美國的大片，起碼前五分鐘會死好幾百人，這樣電影才能開始往下演。為什麼？因為這樣演員的情緒和故事情節的高潮才能堆起來。

我觀察了一下反覆談戀愛的高手們，他們的套路總是很嫻熟，前三個月——甚至都不用三個月，一般來說只要三週，甚至在前三天，氣勢就立起來了，接著就一路綿延不絕，該怎麼談就怎麼談。

如果你小火慢慢燉、慢慢燉，現在的青年哪，總是很不耐煩，可能你還沒有燉到一半呢，就被人橫刀奪愛……你難道不覺得很鬱悶嗎？

因此，**對於反覆的、熟練的事，應該採取開高走高、綿延不絕、齊聲和鳴，然後適時的給予收手**這樣一種策略。

看書拿筆，生長出自己的思想

也許我的理解是錯的，孔子根本就沒有這麼想。但這不重要，讀書的樂趣不僅要揣摩作者的原意，同時也要借讀書引發自己的聯想，反觀自我。之前我去杭州一所很好的民辦學校，叫梔子書院，是由太安私塾一位姓朴的師兄和一位姓蔣的國學老師創辦的。

據說這位老師是杭州非常了得的人物，在他的課堂上，四、五年級的小學生聽他講《鬼谷子》、《孫子兵法》，嘴都張著——可以停在那兒十五秒，你可以想像嗎？四、五年級的小朋友聽《鬼谷子》聽得如痴如醉呀。

蔣校長講完了之後，小朋友們居然說：「能不能加講一場《易經》呢？」他回答：「你們這幫小朋友現在真是早熟啊，才四、五年級就跟我一起討論關於周易卦象背後的理論了。好吧，我答應給你們講，但你們能不能答應我一件事呢？」小朋友們說：「好，可以。」蔣校長說：「你們現在玩電子遊戲，家長擋也擋不住，但請你們玩遊戲之前先去看原著。比如你可以玩三國殺、王者榮耀等遊戲，但你得知道原著是怎麼講的，你得把《水滸傳》、《三國演義》，還有金庸的很多小說都讀了。」

玩遊戲可以，但你能不能把原著先讀完，然後想如果有一天，你來做這款遊戲的開發總監，會怎麼改編原著，以此來設計人物故事情節？看武俠小說時，如果可以，拿出一枝筆，在旁邊記錄你的閱讀心得。

讀書不能讀電子書，哪怕是金庸的武俠小說，為什麼？因為電子書本身的性質，導致你做筆記的可能性要少一些。有人說電子書也可以在旁邊做筆記——我也用過這類電腦，但整體上來說，當你的手上拿著一本紙質書的時候，你做每個注解，都比在電子螢幕上更加容易。

我為什麼要說這個故事？其實我想說的是，書不僅要讀，還要在讀書時把自己的心得體會、當時的感受寫下來。也許與作者的原意是有差距的，但這都不重要，重要的是你因此發展出了自己的聯想，於是你內在的想法就和這本書連到了一起，也和這本書的作者的思想連接到一起，成為思想上的生命共同體，如油和麵。

想想看，如果我們能讓小朋友拿著一枝筆去看書，那麼他們也許就會慢慢的在讀書的過程中生發想出自己的孔子、自己的莊子……。

我和梔子書院的蔣校長聊天時，對此深以為然。我覺得如果有這樣的老師做自己小時候的語文老師，我應該能考上北大吧。當我把這個想法告訴蔣校長時，他說：「我現在開的班就叫『清北班』——培養孩子將來至少考上清華、北大。」

我說：「你和其他學校有什麼不同？」蔣校長說：「現在語文屬於某些大學自主招生面試的科目。」我說：「這意味著什麼呢？」蔣校長說：「這意味著現在語文成績在高考成績中占很大的比重，所以國學的占比肯定是很大的。」

我說：「你能不能讓我更清楚的了解，自主招生的學生到底需要考什麼？」

他說：「有一年北大自主招生面試時問的問題是：『你怎麼看魯迅和郭沫若之間的筆仗？』如果你在自主招生的現場，一定馬上打道回府，好好參加高考吧。而現在高考中兩百分的語文題，不可能再加一篇作文，或者閱讀理解，那還能加什麼？只能加文學部分，加文學背後對歷史、哲學思考的部分，加對這樣一篇文章的開放性思維能力的部分……」

由此看來，拿著筆看書，生長出自己的思想是多麼重要。

16 世道再混亂，過一個週期就會變

原典

儀封人請見，曰：「君子之至於斯也，吾未嘗不得見也。」從者見之。出曰：「二三子，何患於喪乎？天下之無道也久矣，天將以夫子為木鐸。」

本篇我跟大家分享一段《論語》中很有意思的話，是關於絕望和希望的。

儀封人請見，曰：「君子之至於斯也，吾未嘗不得見也。」從者見之。出曰：「二三子，何患於喪乎？天下之無道也久矣，天將以夫子為木鐸。」

孔子作為一位有理想、有抱負的政治家，有一段時間很鬱悶——一個人的能力強、品格高，並不一定就可以施展自己的才華。站在更宏觀的角度看，並不一定每件事都應該嚴絲合縫的按照某種方式去做，一切事物的發展進程自然有它本身的道理。

孔子很鬱悶的帶著學生離開衛國，因為在衛國不能實現他的政治理想。當他走到一個邊陲的城市——儀時，遇見了封人——官名（朱熹注解，「封將之官」），大概就是邊防哨所的所長。他聽說孔子帶著一幫人路經此處，於是問：「我能不能見一下孔子？」（當時孔子也是一個大V啦，即使再不得志，名聲還是有的。）

於是孔子的弟子帶著邊防哨所的所長見到了孔子，這位所長看見孔子整個團隊的神情好像都很落寞，於是說了一句很有意思的話：「二三子，何患於喪乎？天下之無道也久矣，天將以夫子為木鐸。」這句話的意思是，你們怎麼感覺垂頭喪氣的？這個世界不按照你們想像的那樣運行，也有一段時間了。

「木鐸」是一種比喻（有種大的鈴鐺是銅的，但中間的部分是木頭的，古代頒布某條法令時，為了引起百姓注意，就會敲木鐸），我們可以理解為警鐘——雖然世界處在混亂中，仍然需要像您這樣的人為大家敲響警鐘。所長這句話的言外之意是，您有很重要的價值啊。

讓我們還原一下當時的情景——一位位高權重的知識大V，正在為自己看見這個世界偏離航道，出現了各種亂象而痛苦不已，為不能在一個很好的位置上施展自己的政治抱負而沮喪時，一個邊防哨所的所長說了一句話：「不要沮喪，世界混亂久了之後，就越發需要那些發出正確聲音的人。」

在遙遠的春秋戰國時期，雖然沒有電視、沒有互聯網，但總有人一眼就可以看到事情的狀態。我們常常以為只有在資訊很豐富時，才能看見事情的真相，以此做出判斷。現在看來，即使身處資訊很豐富的時代，我們也未必能做出正確的判斷。

現在，各種互聯網資訊瞬間就傳遞出來了。但事情的真相真的是我們看到的那樣嗎？每天傳出來的版本都不一樣，每個人看到的也都不一樣。我想，即使資訊很發達，也不一定有助於我們判斷一件事；資訊不發達，也不一定就封閉了我們看見世間真相的可能。

老子說：「塞其兌，閉其門。」也能知天下事。一個邊防哨所的所長，怎麼就能如此清晰的看到，在混亂的時局裡，人們可以扮演什麼樣的角色，而世界又會朝什麼樣的方向發展呢？當我讀到這一段時，心裡一直在想，可能最重要的是，我們的內在對超越正常現象的宏觀週期，是否擁有一種篤定的判斷和理解的能力。

到底是時勢造英雄，還是英雄造時勢

大概在二〇一六年、二〇一七年時，我曾看過某首席經濟學家寫的一篇文章，他當時根據地球上各種週期性的規律，就已經精準的預測出在二〇一八年時將出現的經濟狀況，甚至二〇一九年會怎麼樣，將來又會怎麼樣。

我看到這篇文章時，十分感慨，因為我是不可能在幾年前就站到二〇一八年這個時間點上看待這些事，他怎麼就能做出這樣的判斷呢？我們以為經濟上的起承轉合會受某些偶發性的因素影響，比如中美貿易戰等。如果你在心裡沒有一個基於宏觀週期，甚至基於太陽黑子，基於每件事都有自己的發展節奏的理解，是不可能隔著那麼遠的時空，穿越個案、穿越現象去理解事情的週期的。

這個世界有許多未發生的事，有的人總是能做出某種預測，並不是他知道多少資訊，而是明白在這個世界上不管什麼時候，總會有英雄出現，總之差不多到了相應的時間點，就會出現這樣的現象，因為它背後蘊含著某種週期性的規律。

道家有《陰符經》，歷代許多人都非常推崇，南老也曾經對《陰符經》做過解讀，他就能推測出大概什麼時間會出現什麼樣的事。你說他們是怎麼能理解的呢？我們沒有辦法把這個話題做太深入的探討，但總可以把一些現象剝開，來看當前許多問題的本質。

一個國家，尤其像中國這樣已經經歷過很多朝代的國家，總是有一些很有意思的現象，比如某個階段混亂的政治和軍事戰爭（放在三十年、一百年或者幾百年的大時代裡看），開始時會讓人感到混亂，終於打到大家都不想打了，突然有一天，由於某些很奇怪的事，戰爭結束了，不管是誰安定的局面，總之戰爭就這樣結束了。

中國人特別勤勞，善於學習，也追求美好的生活，總有一些人在這個過程中迅速找到了發家致富的方法，然後出現了國泰民安的現象。但這種現象並不會停留在這裡，過一段時間貧富分化就很嚴重了，一小部分人擁有了更多的財富，於是社會矛盾重新開始激化，接著總有一些政治家想要以改革的方式抹平這樣的貧富分化。

窮人要用各種方法來表達他們也想過得更好的意願，而富人千方百計的想要維繫他們以前努力賺錢，後來靠資本財富，以及和各種權力捆綁在一起形成的優勢，試圖把這些財富和權力傳給自己的後代。於是，不公平演化成矛盾，有了矛盾就必須解決，解決就需要某些事件的週期。

中國的歷史發展進程，大致都是一個又一個大週期套著小週期。如果你讀錢穆先生的《國史大綱》，會發現中央與地方、有錢的財閥與逐漸喪失生產資料的貧民、外國的各種勢力與這樣一個文明體的衝突……幾種力量一直在週期性的彰顯出它的推動性，並且形成某種週期現象。

因此，很難說到底是時勢造英雄，還是英雄造出來的時勢。有的人相信世間的各種現象總是會出現一次又一次的輪迴，他們稱之為「道」。

在《論語》裡，一位邊防哨所所長，居然可以看見這些人的氣象，說出這樣一番話——你們不要垂頭喪氣，世界混亂久了，就需要有人出來匡正、就需要有人為歷史做出某種批註、就需要有人出來做教育和文化的傳承……。

這位所長的言下之意，是告訴孔子有很多事可以做，不要把目光放在短短的幾年時間裡，應該把你的角色放在幾千年的大時間軸裡。不做政治家，還可以做一個發出警報的人、還可以做一個教育學者、還可以做一個知識收集和整理者……你的歷史使命是非常宏大的。

當你在讀《論語》時，在一段簡單的對話裡，是可以看見道無所不在的。那股穿越在某些局部力量，隱藏在背後推動的歷史循環發展的力量，到底是什麼呢？

如果你像了解自己每天都會醒來、每天都會入睡，了解父母總是一次又一次的陷入對孩子未來的焦慮，直到孩子終於成為另外孩子的父母時，又開始擔心孫子等背後的規律，就會了解這類事都是有週期的，都是推動歷史在演進過程中被我們忽視的真正力量。

本篇我想和大家分享的是，你相信看不見的週期性的力量嗎？也許它不是看不見，而是我們一直都忽略了它。如果你想看，你就能看見。

第四部

在很多時候，和平比公平更重要

〈里仁篇〉

01 與其抱怨環境差，不如自己動手改

原典

子曰：「里仁為美。擇不處仁，焉得知？」

本篇要跟大家聊一聊家居風水的話題——你居住的地方風水好不好，能不能旺你。我們來看看孔子是如何說的。

子曰：「里仁為美。擇不處仁，焉得知？」「里」，二十五家為一里，如今很多街道的地名還在用這個字，比如北京的永安里、曙光里……。

正安文化北京總部所處的那條街叫國子監街，街道裡有塊牌子上寫著「里仁之美，林立之間」。一個里有二十五家，彼此之間都為鄰，這叫鄰里之間。

「里仁為美」的意思是，一個社區的風水好不好，得看社區裡的人是否有寬厚的氣象。比如你走到一個社區裡看到保全，他們臉上的光芒是寬厚的，還是凶殘、懈怠、冷漠

的；社區裡清潔阿姨的眼睛有光還是沒有光，這是可以感覺得到的。

我有一位朋友，總能找到特別好的房子。我就問他：「你是怎麼選的？」他說：「很簡單，我想在一個社區裡租房子，第一次去這個社區時，發現保全特別和善，很樂意幫助社區裡的住戶；社區裡由磚砌成的小路髒了，清潔的阿姨居然沒有用拖把拖，而是蹲在地上用抹布擦，遠遠的看見有人走過來，她會站起來打招呼——這個社區的風水真是太好了，值得居住。當我住進去之後，事業發展得很好，身體也很健康。

「後來有段時間不知道什麼原因，可能是物業公司的老闆換了，有一天我回家時，發現社區裡的保全已經是不同的人了，臉上寫滿了不滿，有種看著別人開著這麼好的車進來的憎恨；那些清潔阿姨也不一樣了，常常躲在角落裡玩手機，以前地上如果有灘水，絕對不會停留超過十五分鐘，有一次那灘水在地上已經有一天多了，還是沒人管……所以我決定搬走，因為仁的感覺已經沒有了。」

我聽到他這樣講，細細琢磨了一下，還真是如此。細微處見真章，微言大義，許多事都是同氣相求的，透過一、兩個細節就可以看到社區風水的變化。有的社區的保全會在住戶家裡出事時，第一時間過來幫忙；而有的社區可能就發生過保全盜竊，或者殺人事件等。報紙上常常能看見，這就是風水好和不好之分。

當然，不光是社區裡的保全和清潔阿姨等服務人員可以反映社區的風水，你晚上在社區裡散步時，留心觀察一下走來走去的人臉上的表情，孩童玩耍時的狀態，家長是否放心讓自己的孩子在社區裡到處亂跑，抑或很擔心，非要爺爺、奶奶盯著，而且活動範圍在五公尺之內，否則孩子一消失在視線之內就害怕……這些細節全都反映出這個社區的風水。

同樣，一家公司也是這樣。我有一位做管理諮詢的朋友，他從一家公司的大門進去，一直走到老闆的辦公室，一路上觀察員工的動作、眼神、收包裹的神情，還有老闆在辦公室裡的狀態，大概就知道這家公司是否值得投資，是否值得幫助。

現在很多人都找大師看風水、看格局，布一個「左青龍右白虎」陣，哪裡放幾個葫蘆、哪裡刷一片灰色、哪裡擺放水晶……其實，這些都是技術層面的話題。而孔子這樣的人間老司機只看一樣東西——仁，有沒有仁的狀態。

「擇不處仁，焉得知？」這句話是說，如果你在選房子時，沒有選到一個有寬厚鄰里風格的地方，不管是作為居住還是上班的地方，都不是明智的選擇。

身處不好的環境和氣場，你選擇離開還是改變

風水很神祕嗎？如果你讀了這句話，就會發現一個好氣場，一個給你帶來更健康的身體、更好的安全保障、更強的能量成長的地方，不需要那麼多技術判斷（這是後來要做的

事），你只要看看那裡人們的臉上是不是有寬厚的笑容。

我兒子有個同學，去年暑假去美國的親戚家小住了一個星期，回來後跟我們分享：「那個地方的人真好，我在路上玩時，看見一對黑人老夫婦，他們雖然不認識我，但很友好的跟我打招呼。我英語不好，他們居然跟我說了很多話，不斷的逗我笑，然後送了我一個禮物就走了。我覺得那個地方真好。」他爸爸在旁邊說：「這只能代表美國的部分地方，自己國家的人也是這麼友好，到哪都有好人。所以不是因為美國好，而是因為那對夫婦好，對不對？」我覺得這位父親還是很有覺悟的。

到哪都有風水好的地方，也都有風水不好的地方（美國也有地方發生槍擊案，也有很危險的城市）。有一年，我在洛杉磯晚上都不敢出門，因為有拿著槍的黑人在街上走，這可是在美國啊。當時我就想，我這輩子都不要再來這個城市。

所以，一個小朋友居然可以在與一對黑人老夫婦的互動中感受到氣場的祥和，我突然想到，如果我們處在一個不好的環境和氣場裡，該怎麼辦？如果你的能量弱，就離開那裡；如果你覺得自己的能量強，或者願意更主動的承擔起責任，也許可以做出另外的選擇——從我做起，改變整個地方的氣場。

很多人可能會說：「我犯得著嗎？我的能量本身就很弱，被消耗沒了怎麼辦？」這種想法是不對的，可能正是因為這樣，透過你一個人的方法，就能改變一方的氣場，最後你就修練出了一種能力。

有一天下午，我很尊敬的一位學者，與我分享他最尊敬的人是如何透過個人修為感化旁人的。也許很多人都不見得有多麼好，但起碼他們都表達出了善良、仁厚、和藹、親切，以及充滿希望、勤奮的一面。後來這位學者告訴我：「其實每個人的內心都有善和惡、好和壞的種種面相，處在相對的世界裡。為什麼同一個人，可能對待別人很凶，對待你就變得很溫和呢？有沒有想過是因為你釋放了什麼樣的能量波，激發了他不同的面相？」我覺得他說得很有道理。

我有一位廚師朋友，他經常會在做完飯之後，用一些邊角料認認真真的做一盤宵夜，回家時帶給社區的保全吃。他所住的社區並不是很高檔，保全的收入很低，平常對很多人的態度都不好，但就是因為他經常送宵夜給保全，所以對他的態度很好。

有一天他回家時，突然下起傾盆大雨，那個保全看見了他，遠遠的撐開一把很大的傘在雨中等他，把他接進社區，一直送到他們家所處的通道裡。對此，他很感動：「透過這件事，我真正的感受到了，當你用溫暖、仁愛釋放出生命的訊號時，哪怕不是一個很好的對象，也會被你激發出本身的善意。」

因此，世風的敗壞，我們不可以指責別人，不可以說整個環境變差，而要反省我們每個個體做了什麼，是不是能做到坦然和寬厚。

02 很多快樂，其實不需要條件

原典

子曰：「不仁者不可以久處約，不可以長處樂。仁者安仁，知者利仁。」

我曾在飛機上看一部很有趣的電影，叫做《國王外出中》（*King of the Belgians*），這部電影幽默得很含蓄，節奏很慢，講述了比利時國王到土耳其商討歡迎土耳其加盟歐盟一事。

當時，發生了一件奇怪的事——比利時的瓦隆區突然宣告獨立，於是比利時國王當即決定回國。回國的路上正好遇上了太陽風暴，土耳其境內的飛機都不允許起飛，比利時國王就坐火車、汽車、輪船，穿越前南斯拉夫地區、阿爾巴尼亞等，總之穿越了巴爾幹半島，才回到了自己的國家。

回國途中，比利時國王體驗了人民的普通生活。其中有一個細節，很值得和大家分享。國王一行人在路上搭便車，結果被一個人載到了一個鄉村，被迫參加了一場乳酪選評——農民拿出自家釀造的乳酪，每個人都要吃，然後投票。

在鄉村乳酪選評會上，比利時國王和村長聊起了天，國王問：「你每天的工作是什麼？你為什麼要當村長呢？」村長回答：「我希望人們能夠獲得無條件的快樂。」一個人如果要有條件才能快樂，那麼獲得的就不是真的。那些充滿了EFD（Event Forwarding Discriminatio，事件前向判別）、充滿了「如果」的快樂，都會讓你真正不快樂。

這個細節給我留下了深刻的印象，一個歷經戰亂、各種分崩離析，身處動盪地區貧困山村的村長要做的事，居然是讓村民們獲得簡單的快樂，在貧困中依然保持著快樂的能力。這真讓人感動啊！為什麼我要和大家分享這個片段呢？因為它正好呼應了本篇要講的這句話，子曰：「不仁者不可以久處約，不可以長處樂。仁者安仁，知者利仁。」

孔子說：「一個人長時間處於窮途末路的狀態，就很難保持內心的仁和安然。只有真正的仁者，才可以做到。不仁者，也不可以『長處樂』——不能自帶快樂流量的人，是不能常常處在快樂中的。天生就有這種能力的人，會安駐在這樣的狀態裡；智者因為知道了這件事的好處，就可以安駐在仁的狀態裡。」

仁是一種很複雜但又很單純的情緒狀態，它不會因為你長期處在困頓中而消失。相反的，它會幫助你獲得長久的、沒有條件的快樂。

《國王外出中》這部電影，講述了比利時國王趕回國家勸說人民不要分裂的故事。一個從頭到腳穿的不是亞曼尼西裝，而是歐洲皇室訂製西裝的人，最後鬍子拉碴，開著一輛破爛的車一路狂奔，甚至還栽到了田裡。

大家可能會認為這是國王開車技術不好導致的，結果卻是國王在開車行駛的路上發現了一隻烏龜，為了不把這隻烏龜輾死，而一路衝向了田埂。

類似的情節還有很多，一個平常被操縱著，連拍攝紀錄片說什麼話都被內閣總理約束的國王，終於在一路狂奔中呈現出了一個真實的仁者狀態。我看著電影，心情真是愉快——原來做國王也不過如此。尤其那位國王還很高大、很帥，但有點木訥的樣子，讓我想起了以前的老闆，他也很帥，有時有點羞澀、靦腆、木訥，但也許這只是我心中的他。

當他們有天晚上坐著一艘破船，奔回自己的祖國時，主僕幾人仰望星空，太陽風暴的光影蕩漾在整個天空，國王脫下衣服跳到海裡游泳，幾個貼身大臣都很害怕。那一剎那他是快樂的，沒有了國王的身分，他一直在想，如何完成自己的使命——想起了他宣誓成為尼古拉斯三世時說的那句宣言：「我誓死捍衛國家的統一、民族的完整。」

有意思的是，一路走來，他們受到巴爾幹半島農民的各種戲耍，但他們卻從中慢慢的找到了一種來自底層的快樂。

「仁者安仁，知者利仁。」如果我們發現了內在純粹的自己，發現也許自己不需要那麼多錢，也不需要那麼多東西，自己曾經努力獲得的所有東西，也許都在羈絆著你，或許你就達到了仁者的狀態。

很多快樂和錢沒有關係

有段時間，很多在海外有存款的朋友都很害怕共同申報準則（Common Reporting Standard，CRS），因為大趨勢是全球徵稅。很多企業主擔心企業因為國際形勢的變化受到影響，還有很多人擔心失業……自媒體中充斥著消費降級的新聞。

其實這些可能都是已經獲得了一點兒東西，並且被這些東西束縛的人的悲傷。也許這些所有讓大V們擔憂的事，對什麼都沒有，或者只有很少東西的朋友，並不是一件多麼讓人焦慮的事。

有個調查很有意思，說日本居然有百分之七十幾的國民覺得自己很幸福，遠高於二、三十年前日本經濟大發達時期的國民幸福比例。

當今的日本，越來越多的人處於一種安貧樂道的狀態——很多年輕人宅在家，不結婚，沒有性伴侶，沒有孩子，不養狗，不工作（偶爾工作，做一些時間很短的工作賺點兒錢），住的房子很小……也許這會讓很多正在狂飆突進、迅速發展的人覺得，這種生活太宅、太沒有前途了。但是，子非魚，安知魚之樂？從調查統計來看，百分之七十幾的滿意率放眼全世界都是很高的。

其中有許多我們不足以了解的情況，因為我們不是他們，不知道這些資料有多少真實性，但以我在日本時所接觸的一般民眾，包括在便利店裡的售貨員、翻譯、導遊，也包括一些在民宅裡生活的人們，大部分的時間你仍然會在他們身上看到一種不疾不徐的禮貌——對你很禮貌，但並不有求於你。

許多日本人一家都住在大概不到二十四．二坪的房子裡，這二十四．二坪還被隔成了兩層，他們居然在這兩層裡還隔出了一個〇．六坪的庭院、一個一．二一坪的停車位、三個〇．三坪的廁所——馬桶上面是一個洗手檯，洗完手的水流到馬桶裡，可以直接沖馬桶。坐在〇．三坪的廁所裡，居然會產生一種安全感；房間裡放著像燈泡一樣的暖壺，足以讓你覺得很溫暖……。

在日本看見這樣的房子，我覺得真的挺美好的。房子很小，也很矮，個子高點兒的人伸手都能摸到房頂，但你仍然覺得房子裡似乎隱隱的有種傳統，這種傳統也許來自遠古時期儒家文化的傳承——「仁者安仁，知者利仁。」

他們只是活在自己小小的世界裡，不一定有多麼宏大的理想，不搞P2P（按：peer-to-peer，線上借貸平臺），不求改變世界，也不擔心被割韭菜。甚至我認識的很多

四、五十歲日本老男人，還在看他們童年時看的漫畫（《一休和尚》、《原子小金剛》是一九六〇、一九七〇年代的作品，那時已經做得很精緻了）。

我想跟大家講的是，其實很多快樂和錢沒有關係。當然，如果你開著一輛保時捷在雨夜，突然看見前面有一位阿姨過馬路時，蘋果掉到了地上，你把車停了下來，幫阿姨把散落在地上的蘋果撿起來，並脫下自己的亞曼尼西裝包好，攙著阿姨過了馬路，甚至還幫她叫了輛車送她回家，再開著自己的保時捷回到公寓，也是不錯的——但這不是必須的條件。必須的條件是，你看見別人需要幫助時，用自己的一點兒力氣幫助了別人。

這和你有沒有開保時捷沒有關係，而是和你是否願意，乃至是否有能力體會到深夜中別人的媽媽過馬路時的狀態有關，這就叫仁，「仁者安仁，知者利仁」。

03 做好人，是有代價的

原典
子曰：「唯仁者能好人，能惡人。」

我常常在醒來時，回想前一晚夢裡對某個人的情緒是什麼樣的，透過回想才真正發現，哦，原來我喜歡這個人；哦，原來我討厭那個人。但為什麼在日常生活中我並沒有感受到這一點呢？

子曰：「唯仁者能好人，能惡人。」這句話是什麼意思呢？只有那些與自己的內心全然同齊的人，他的好惡是一致的，甚至他的潛意識和意識都是一致的，只有這樣的人才是仁者。

大部分的時候，我們都有私心。我們表揚一個人，對一個人好，可能不僅是因為喜歡他，很多時候只是因為需要他。有時我們居然能對一些不那麼喜歡的人，慢慢的藉由對他的好，而發展成一種習慣，但這種習慣可能和自己內在的好惡相矛盾。

真正的仁者，應該是知行合一，意識與潛意識合一，說的和想的合一的。

我對孔子說的這句話很感慨，以前，我一直以為孔子提倡的好是不講原則的，努力讓自己與所有人都交朋友，與所有人都能達成某種和諧關係的東方版卡內基。現在看來，還真不是。

孔子是一個「以直報怨，以德報德」——用公平正直來回應怨恨，用恩惠來酬答恩惠的人。這樣一個好男人，我以前居然誤會了他。

但我們一定要知道，孔子說的「好人」和「惡人」，不僅是簡單的對一個人的喜歡或者不喜歡（我喜歡波希米亞風格，你非要跟我搞布爾喬亞；我喜歡 LINE，你非要跟我玩微信……不是這些）。他講的好惡與大道有關，與品味有關，也與心中的能見度有關。

一個修行到一定境界的人，其實有種向下不相容的力量。我以前也跟大家分享過類似的觀點——喝慣了好酒的人，要不然就喝好酒，要不然就不喝酒，大部分的時候他在餐桌上只喝白開水……。

所以你對很多東西都需要一種上去之後不願意下來的境界。對被迫接受一些低層次的東西，便會不爽，表達為惡。

就這點而言，孔子給了我們一個很好的啟發——我們之所以樸素得起、淡泊得起，不是因為品格有多高尚，僅僅是因為品味很高，不苟且，要麼就是最好的，要麼就不要。同理，做人在精神境界上，可能也有類似的情況。

無法辨別自己內心的好惡，最後受害的是自己

現在，我越來越羨慕那些只有一、兩個好朋友的人，他們和朋友一起談天說地時，可以講黃色笑話，也可以討論思想家傅柯；可以講中國歷史上匈奴、遼、吐蕃與漢族的關係，也可以討論青樓與紅樓的關係……但只限於僅有的幾個朋友之間。大部分的時候，這種人的手機通訊錄裡也沒有多少個朋友，不應酬、不融資、不投資、不出差、不趕夜班飛機……不需要討好誰，甚至不需要討好自己。他們吃得很少，用得也很少，但內在的「驕傲」卻是一直在的，因為他們不求你，所以呈現出了一種真正的勇氣。

我發現，這是一種令人尊敬的生命狀態。他們如果喜歡一樣東西，那就是真的入了他們的法眼，真的在他們那個頻率上的。他們會很真誠的喜歡，不計代價的愛。而對那些被強行塞到自己面前要接受的生活（或者是人，或者是狀態），他們可以全然放棄。至於你怎麼看他們，他們是無所謂的，甚至都不知道你怎麼看，也不覺得應該花一秒鐘去想你怎麼看。

也許在過去的幾十年，我們已經習慣了一個廣泛的緊密社會，太多人與不同層面的生命狀態進行了很緊密的連接，太多人不願意放棄任何一個機會，太多人讓我們無法真實表達自己的好惡，加之種種所謂教養的緣故，令我們沒有辦法辨別內心真正的好惡。這些都是對我們生命的損害，最終，它會在夢裡呈現出來。

我後來發現，絕大部分的睡眠問題都和心裡的某股氣不順有關。

有一天，我碰見一位已經失眠了很多年的朋友。他和他父親之間的關係緊張了很多年，他告訴我，由於這種常年的緊張關係，導致他的睡眠一直不是很好，常常夢見父親在罵他，於是他避免和父親交流。直到有一次他有機會和爺爺聊天，才知道他父親是如何從社會底層一步步努力，經歷了很多委屈，才成為了一位還不錯的企業家的過程。他這才意識到，原來父親對他的所有要求，都是因為害怕他落入他父親童年時的生命狀態。

一九六〇、一九七〇年代出生的人，經歷過特別的貧困時期。我記得小時候見過父母在農場裡挖花生的樣子，還知道那時一個月全家的收入總共就幾十元，是如何掰成一分錢一分錢花的。所以我們這輩人對當下的生活是充滿感謝的，也知道這是步履維艱、風雨兼程走來的結果。

現在很多一九八〇、一九九〇年代出生的小朋友，雖然他們有自己的困擾、痛苦，自以為飽受折磨，但整體而言，其實他們小時候已經生活得很不錯了，所以並不了解一夜破產的感受，因此父代與子代之間，有種對未來完全不同的展望、對過去完全不同的記憶而形成的衝突。

這位朋友從他爺爺那裡了解父親如何以自己的視角對待他，又同時了解他的父親是如何做兒子的狀態之後，突然全然理解了他的父親，不再與父親對抗，於是，他晚上一上床就睡著了。他把這個個案分享給我時，讓我深深的了解到，原來我們大部分的睡眠問題，是因為心裡的某個結沒有解開。

本篇要和大家分享的這個「結」，就是你是否真實的了解自己內在的好惡呢？你是否真的因為提升了自己的生命狀態之後理解了什麼東西值得「好」，什麼東西必須「惡」呢？而這種好惡，許多時候可能跟錢沒有多大關係，它是生命維度的提升。

如果一個人能很坦然的做到把自己的好惡都寫在臉上，也許他不是一個惹人喜歡的人，但起碼他是一個與自己和解的人，和自己統一的人，那麼他睡得就還不錯。

我有時會想，我和我們家那位相較而言，她就比我好惡分明得多，所以她睡得好，我睡得就沒有那麼好。學習了《論語》這篇內容後，我終於明白了個中原因，原來做個在別人眼中所謂好學、誠懇、凡事不遷怒的好人，是有代價的。

做一個真誠的人太不容易了！

04 做個不給世界添亂的人，就是偉大貢獻

原典

子曰：「苟志於仁矣，無惡也。」

很多年輕人在成長的過程中，都被教育要成為一個改變世界的人，尤其前些年商業社會很發達，很多企業家成了大家關注的焦點，不管他們是如何完成資本積累的，後來當他們成為公眾人物時，無不提出一個觀念——我做的事業是要改變世界的，是要推動世界進步和發展的。以至於常常會有一些年輕人問我，自己應該做什麼樣的事業來改變世界。

看著他們真誠的眼光，我的內心充滿了敬佩，因為在我年輕時，包括創辦正安中醫時，似乎都是懷著某種理想。但這種所謂推動中醫發展、推動生命意義傳播之類的想法，是真正的、最初的動力嗎？

有一天，我認真想了一下這個問題，發現好像不完全是。我們做一件事的第一推動力

是什麼呢？我們做一件事最開始微妙的發心是怎麼來的呢？

子曰：「苟志於仁矣，無惡也。」這句話是說，那些僅僅安於成為一個內心充滿同情的、有共感力的人，不會太壞。

我們剛開始做事時，初心可能沒有那麼宏大，僅僅希望自己成為一個不那麼壞、不給社會添亂的人。曾經，有一名北大的小女孩演講時說，在這個年代，如果國家不需要的話，我們也沒有必要拋頭顱灑熱血。

一個人如果能夠成為不壞的人、不給社會添亂的人，就已經是一個對民族很有貢獻的人了。

以前，我們常常聽說仁人志士，似乎隱含著一種拋頭顱灑熱血的氣概。但其實「仁人」是有同情心的人，「志士」是立志於好好學習的人。

如果沒有記錯，孔子也曾經說過：「古之學者為己，今之學者為人。」讀書不一定要光宗耀祖，不一定要獲得功名利祿，讀書最開始的動力僅僅是你喜歡讀書，在讀書的過程中獲得快樂而已。很多小朋友都很喜歡看書，先從看漫畫開始，慢慢的就開始看金庸、古龍的小說。現在有的父母對孩子看漫畫很不解，全然忘記了自己小時候也是看連環漫畫進入閱讀世界的。

實際上，大部分的時候我們都不過成了一個普通的、不那麼壞的人，這已經很不容易了。因為，**一個人對世界最大的貢獻，就是讓自己成為一個不拖累世界、還不壞的人。**

心中充滿同情、共感的人，再壞也壞不到哪兒去

當年我之所以做正安中醫診所，是基於更早之前一次去某醫院看病的經歷。走進醫院，人潮湧動，我不知道在哪個地方掛號，甚至都忘記了需要先掛號再看病，然後再去繳費，中途還有若干次不知道去哪裡驗血、驗尿等痛苦經歷。

所以我開辦正安中醫診所，最開始的發心就是做一間小小的診所，邀請幾位看病看得很好的醫生坐診，這樣以後看病就方便了，也不用想著怎麼給醫生塞紅包——塞多了自己心疼，塞少了又怕醫生生氣。想著在自己的診所裡，讓和自己關係很好的醫生給自己看病，總不至於受到過多的傷害。

然後推己及人，希望自己的好朋友也能體會我認為還不錯的診所的服務流程。後來朋友帶朋友來得多了，大家都說：「哎，你這間小小的診所還不是很差。」後來我又覺得自己學習的中醫知識不夠，這時就想去學醫。

我拜的老師鄧老在廣東，有點兒遠，不一定常常能獲得他親自教導，想要再找一位老師學醫，又怕人家幾句話把我打發了。

恰好當時中央人民廣播電臺邀請我做一檔節目，我想那好吧，就用這種方法學習吧——以中央人民廣播電臺節目的名義，邀請了很多老師，包括徐文兵老師、劉力宏老師、倪海廈老師，還有我的另外一位師父郭生白老師……來給我們講中醫到底是什麼。

後來大家居然說，小梁你在推動中醫的傳播上略有貢獻。一開始聽到這句話時我很慚愧，因為最開始做事的動機沒有那麼宏大，僅僅是想不花錢，就可以在節目中聽老師有系統的講一遍中醫理論——因為後面站著那麼多聽眾，所以老師自然會非常認真的講。就是這樣最基礎的動機，做著做著，後來變成了一份事業。

我會做睡眠診所，也是因為有段時間自己睡得不好，想著與其把它變成成本中心，不如變成收入中心——這是很樸素的想法。別人覺得你做得不錯，別人覺得你這樣做很有意義，然後在回饋給我的過程中，忘記了剛開始僅僅是想讓自己方便看病的初心，然後「老吾老以及人之老，幼吾幼以及人之幼」——把給自己父母看病的醫生推薦給其他人的兒女，把給自己孩子看病的醫生推薦給其他的父母，僅此而已。

看見孔子說的「苟志於仁矣，無惡也」，我特別擔心再過幾年隨著同事們越做越好，自己就忘了最開始的動機並沒有那麼宏大，就只是自己看病圖個方便，僅此而已；然後把自己也不壞的動機——想學習、想舒舒服服的看病，以一種善巧的、正常的方式分享給別人。

所以我常常跟做藥的同事說：「你們一定要記得，正安做的藥都是我們自己還有家人要吃的，能做到自己問心無愧的吃，那就很好了。」能不能做到國際一流水準，這很難說。植物長在地裡，江河大地的水帶著土壤，也帶著種種其他的東西——有些地方的水源已經重金屬超標了，很難說我們吃的每味藥都是全世界最好的，只能說起碼找到了連自己吃都吃得下去的藥。

為什麼我要講這件事呢？其實我在讀《論語》時，有一個很深的感觸，孔子並不是我們以前想像的那麼高端大氣上檔次，他只是給我們一些很低很低的要求——**做一個無害的人、做一個有同情心的人**，所以你看他說「無惡也」。**只要你的心中充滿同情、共感，再壞也壞不到哪裡去**。

有位年輕的朋友來問我，他想做一個專門賣家具的電商平臺。我問他：「你為什麼要做這件事？」

他說：「我真的覺得在實體店裡買不到讓我感覺很舒服的家具，我覺得北歐、日本，還有其他地區的一些家具設計得很舒服，很符合我們年輕人的想法。我只是想把中國本來就可以設計、生產出來的東西，讓它更容易被像我這樣的人找到。」

我說：「這大致是一個正確的觀念，因為這是一種同情心使然，你把自己特別希望獲得的東西，也就是說你的樂趣，或者為了免於恐懼而帶來的努力，變成了更多人可以獲得的益處。」

如果一個人是做服裝設計的，自己都穿不出他想要的服裝的樣子；一個人是做雞肉加工的，做出來的自己都不吃……不管什麼領域，一個人做的東西自己都不願意嘗試，我覺得這就叫「惡」。

如果他把自己最喜歡的、自認為在能力範圍內盡可能做到最好的事分享給別人，也許這僅僅是一個很小的，都不能稱之為善，只是不惡的念頭，最後卻可以幻化出對眾人有幫助的事。

我們對小孩子的教育可能也是這樣，剛開始未必要教育自己的孩子將來成為一個多麼偉大的人物，可能我們只是幫助他發展出對萬世萬物的同情心。比如對待一把椅背已經斷了的木製小椅子，能不能把壞的部分去掉，再把底座敲齊，然後做成小小的茶几呢？也許這個茶几並沒有生命，但你在對待它的過程中，是有同情心注入的。

很多人都相信所謂做善事有好報，無論是言施——中正動聽的語言，還是身施——助人為樂，又或者是財布施——把錢給需要的人等，其實都不是為了對方好，僅僅是在布施的過程中，養成了無私的心智模式。

有同情、有布施，慢慢的你就學會忍辱。為什麼要忍辱呢？我曾經在《冬吳相對論》節目裡講過，忍辱不是要打掉牙齒和血吞，而是用智慧把別人對你的侮辱化解掉。

有一次，德國大詩人歌德（Johann Wolfgang von Goethe）在一條窄窄的小路上散步，遇到了一位評論家。這位評論家不喜歡歌德的詩，在報上把歌德的作品說得一文不值。評論家看到對面走來的是歌德，先是一愣，隨後挺起胸膛，露出很傲慢的神氣，高聲喊道：「我從來不給傻子讓路！」

歌德卻摘下頭上的帽子，滿面笑容的閃在一旁讓開了路說：「我恰好相反。」歌德的一句話完美的說明了當別人侮辱你時，你可以用智慧去化解，這才是真正意義上的忍辱。

宏大志願往往生發於一些非常樸素、非常真誠、非常簡單，甚至是僅僅不壞的念頭，不要忽略它。你把自己喜歡的事做好了，然後分享給眾人，足矣。

05 沒錢是一種狀態，貧窮是一種心態

原典

子曰：「富與貴是人之所欲也，不以其道得之，不處也；貧與賤是人之所惡也，不以其道得之，不去也。君子去仁，惡乎成名？君子無終食之間違仁，造次必於是，顛沛必於是。」

大部分的人，對突然有一天自己處於一個什麼樣的生活狀態，其實是很茫然的。比如有的人一夜之間不小心成了千萬富翁，北京很多人都是這樣。

十多年前，被朋友拉著在三環邊買了間房子，住著住著，有一天房地產仲介打電話給他說：「大哥，請問您的房子賣嗎？」他問賣多少錢，仲介回答：「一千兩百萬。」

每月賺一萬的人，突然聽說自己每天用的廁所值五十萬，住的房子值一千兩百萬，是一種什麼樣的感覺？一千兩百個月的薪水耶，一個人一輩子能工作一千兩百個月嗎？一

年有十二個月，十年有一百二十個月，連續工作一百年，才有一千兩百個月。因為一套房子，就硬生生的在五年、八年之內，成了一個富貴之人。很多人面對這樣的狀況，其實是既高興，又有點兒隱隱的不安。為什麼會有種隱隱的不安呢？

如果很不幸，你沒有買房子，這幾年下來，搭車上班，甚至有時不得不坐直達車，來回於都市之間，突然有人告訴你，只要把公司的人力資源檔案，還有一些機密文件給他，你就能得到十萬——這對許多人來說，可能是一筆不小的收入，有的人也會因此而動心。但如果你真的這麼幹了，終究還是會有點兒不安。那麼你為什麼不安呢？

這種處在富貴中的不安，和你想脫離貧困產生的不安，背後都有一樣東西在起作用——與生俱來的、我們稱之為仁的東西。

對於仁有無數種解釋，可以表達為同情心、共感力，也可以表達為良知，或者安心。其實這麼多解釋都隱隱的指向一樣東西——你是否覺得自己所做的和所想的，還有所說的之間形成某種協同的、自我一致性的感覺。

子曰：「富與貴是人之所欲也，不以其道得之，不處也；貧與賤是人之所惡也，不以其道得之，不去也。君子去仁，惡乎成名？君子無終食之間違仁，造次必於是，顛沛必於是。」為什麼叫「去仁」呢？說明仁本來就在你的身上，你要花點兒力氣，才能把它拿掉。這是一個非常重要的判斷，起碼在孔子那裡，他相信每個人都有與生俱來的善良、自我一致性、自在的需求。

如果我們身邊有一個很努力的朋友，經歷了巨大的艱辛，流了很多淚水與汗水，終於拿到了世界冠軍，你會發自內心的為他感到高興——這看起來跟你一點關係都沒有，為什麼你會高興？因為你能體會他之前所有的辛苦，曾經也在你身上發生過類似的煎熬，但你看到他努力了、堅持了，最終獲得了應得的結果，便會有種好像自己在某種程度上也獲得了成就的喜悅。

所以孔子特別強調，做人要有一顆仁心。曾國藩說：「每日不拘何時，靜坐四刻，體驗來復之仁心。」當我們安靜下來，全然的齋心時，就會隱隱的感受到一種微弱的善良、與周遭環境共處的同情心，這種狀態或許叫仁。

我自不量力，與大家分享對仁的體驗，也是不得已而為之。但如果你看著我講的《論語》，懷著一顆體會到自己內在的新變化慢慢的睡著時，我還是會感到很高興。這就是我現在做《梁冬睡睡平安之梁注論語》的一個最簡單的發心——也許我不認識你，也許未來會認識你，但我知道總有那麼一些朋友會因此睡得稍微好點兒。

按道理說，這對我有什麼幫助呢？為什麼我會因此感到高興呢？我有一間房，叫自在喜舍，意為當我們在歡喜時，在做一些努力、放棄一些東西時，會得到某種隱隱的快樂，這就是仁的基礎。

一個社會，如果大家都因為競爭，因為恐懼，因為種種不得已，而把很微弱的基於同情、基於分享而帶來的快樂忘掉，那是一件非常可惜的事。而孔子想做的事就是不斷的、不厭其煩的提醒大家：「朋友醒醒、醒醒，別忘了你還有在這樣的狀態下獲得快樂的能力。」如果這種基於有如我剛才所說的分享、幫助、感受別人的種種而帶來的喜悅，變成一種更為廣泛、普遍的社會共識，那麼這個社會就會煥發出一種溫暖、誠意和喜悅。

覺察自己內心微弱的歡喜和不安，很重要

管理是一件很奇妙的事。一個上班族，如果能讓自己的同事常常體會這種喜悅；一個妻子，如果能讓她的先生在回家時感受到某種自己也不知道從哪裡來的歡喜；一個兒子，如果能藉由體會到爸爸陪他看動畫片時共同分享了他的快樂（不管什麼樣的動畫片，總之是爸爸陪著兒子看了會哈哈大笑的片子），還有什麼東西是不能溝通的呢？

在童年埋下的這些種子，過二、三十年後會結出果子——當你老了，兒子長大了，他或許會陪你看春節特別節目，或許會接受你把屋子弄得亂七八糟而不生氣，因為他知道那種亂，那種不符合年輕人審美的老年人把家裡弄成那個樣子，是值得同情的。他能理解你一直活在那樣的世界裡，也會尊重你。於是社會矛盾就少了很多，抱怨也少了很多。

當我們讀《論語》時，一定要有一個很清晰的概念——儒家不是後來被格式化成對人束縛、綁架的東西。起碼在孔子那裡，他只是不斷的幫助我們變得更精妙一些，變得更具有同情心一些，變得更覺察一些。

你覺察到自己現在的富貴，得來的並不是那麼光榮，並不是自己的努力使然，便會感到不安；你覺察到自己為了脫離貧困，而做出一些不得體的事，心裡也會不安。孔子說，這種不安很重要，有一天，它會幫助你看清自己的全然究竟。

我常常在一些醫術很好的中醫那裡看見「仁心仁術」這四個字的牌匾，我相信一位好醫生之所以有如此好的醫術，除了他精通醫理以外，還在於能同情每位病人。

對醫生來說，每天都會見到很多病人，被我們認為是德藝雙馨的、值得尊敬的老大夫，不會因為你的病情很輕，而對你疏忽；也不會因為你的病情很嚴重，而抱有某種怕你傳染給他的恐懼；更不會因為你有一些比較扭曲的人生觀而得的病，跟他溝通時表現出來的種種不堪，而讓老大夫改變「你是一個值得同情的病人」的最基本判斷。

幾乎在所有領域，那種即時的覺察自己的感受，覺察到這樣做、這樣去布施、這樣去分享，就會有一點兒喜悅；那樣做，就會遭受鄙夷、不耐煩，甚至占人便宜就感到不安。當你覺察到這種歡喜和不安時，就會生出屬於自己的道心與佛心。

儘管「道裡道氣」、「佛裡佛氣」是我不太認同的，但我仍然覺得儒家的心法其實與另外的修行法門之間並沒有什麼根本的不同，都是幫助你不斷的覺察內在的歡喜與不安。儘管在這樣一個重口味的時代，那些很微妙的情感常常被我們忽略了。這是有魅力的人和粗糙的人、講究的人和將就的人的最大區別。

希望你能發現自己內在的那些隱隱的歡喜，還有隱隱的不安。

06

世間總有一種你不知道的東西，在推動著一切發展

原典

子曰：「朝聞道，夕死可矣。」

本篇要跟大家聊一個我們不知道的關於隱祕世界的話題。

有一年，我去終南山拜見一位修行很高的道長。我問他：「什麼是『道』？」當然這種問題的標準答案通常是，什麼不是「道」。但這位道長並沒有用這樣的套話回應我，他想了想，對我說：「我膚淺的理解，道就是你相信總有一種隱祕的規律，在推動著一切發展。絕大部分的人根本不知道這個世界上還有一雙看不見的手，以一種隱祕的規律推動著世界的千變萬化。」

如果你知道道的存在，並且有一天突然發現自己跟它是同頻的，比如你在想一個人，

這個人就打電話給你了；你打牌時想摸一筒，摸到手裡的牌就是一筒（熟悉我的朋友都知道，「想摸張一筒，就是張一筒」，這句話是我的名言）……。

反過來說就是同一個世界，同一個夢想。如果有一天你發現自己跟這個世界很同頻，你隱隱的知道明天的股價一定漲，你的直覺告訴你明天這個地方會發生某件事，你就能悟道了。

有一位朋友跟我說，他曾經在緬甸見到一位和尚，兩人聊著天時，和尚突然皺眉說：「我怎麼聞到了一股血腥的氣味。」於是他拉著和尚趕緊離開了聊天的餐廳。結果第二天，這家餐廳發生了一場鬥毆，有人血濺三丈……。

你說有沒有這樣一種可能性，和尚在打坐的過程中，不小心把自己和某種時空的頻率對接了，未來的事情提前一段時間洩露了某種資訊。所以，本篇要和大家分享的是，子曰：「朝聞道，夕死可矣。」

這句話是孔子的千古名句之一。喜歡講道理的朋友們都把它認為是「我明白了某個真理，就可以自在了」的意思，我認為並非如此，「朝聞道」中的「聞」不見得是聽的意思，可能是領會某種道理。比如「觀世音」這個詞，世界的聲音怎麼能看呢？那是因為我們有眼耳鼻舌身意的分別，所以才會把看與圖像對應、聽與音波對應。對一個資料封包來說，是沒有分別的。

假設這個世界上有一樣特別真實的、全像投影的ＶＲ體驗，你不僅能看見一個逼真的人，聽他說話時能發現他的嘴型與聲音是一致的，甚至當你伸出手，還能摸到他的身體，你就會覺得他很真實。但當你跳出這個ＶＲ體系，你知道所有看見的、聽見的、觸摸到的、聞到的，都不過是一堆比特信號，都是同一來源的，那麼你也許就會了解所謂看見什麼和聽見什麼，不一定對應的是看見的顏色、聽見的聲音。「聞道」也是一樣——不僅代表聽見，也不僅代表嗅到，而是全然的感知到。

那種一切都經歷過的感覺，可能就是得道的感覺

孔子一輩子都在追求一種身歷其境的體驗，因為他可能隱隱的明白了一樣東西——當你與不生不滅、不垢不淨、不增不減的本體同頻共振時，就沒有生和死的差別了，就得以在宇宙世界永生。所以他說：「朝聞道，夕可死矣。」也許指的是朝聞道，夕可即生即死、忽生忽死、方生方死、不生不死也。

有一天，我和作家馮唐聊天，我說：「馮爺，我有一個體會，我怎麼在夢裡說出了一大串英語呢？」馮唐先生是學醫學的，人極聰明，他說：「我也想過這件事，其中一個可能是，我們本來已經學會英語了，只是我們的大腦和意識不相信這一切。我們記過的英

文單字、看過的英語影集，全部進入我們的腦子裡，但在我們的『顯示卡』上沒有體現出來，所以在大部分清醒時，我們覺得自己不懂英語，但其實是懂的。」

我為什麼要說這種狀況？有可能我們曾經見過的所有人，都被我們記錄在深深的腦海裡，也許在彌留之際，會以一種非常快的速度，過完每一個我們人生的細節，你發現原來自己經歷的每件事，甚至在公共場合無意識的看見的某張臉，都曾經被記錄下來過。

那種全然的一切都經歷過、一切都體會過、一切都知道、一切都連接的感覺，可能就是得道的感覺。這不是我說的，我只是一個道聽塗說的人，我只是把跟一些自己認為誠懇的、不求功名的、在某個小角落裡獨自快樂生活的朋友聊天時，他們給我分享的這種狀態分享給大家。他們沒有必要騙我，因為騙我也沒有任何好處，而且是在我很誠懇的向他們請教時才告訴我的。這絕對不是知識，而是親身的體驗。

當我讀到「子曰：『朝聞道，夕死可矣。』」這句話的時候，我堅信孔子曾經在他生活的年代拜訪過無數高人，他一定聽說過類似的話，所以「聞道」不僅僅是聽道，而是全然的連接道。

當我們吃特別好吃的食物時產生的那種忘我、當我們聽特別入心的音樂時產生的那種忘情、當我們在瘋狂的戀愛時產生的那種無畏、當我們在一群人的吶喊聲中，產生的那種跟所有人同頻共振的荷爾蒙爆表之後的類似的錯覺，可能就有點兒接近「聞道」了。

說到此處，我還想跟大家分享一位大修行者曾經跟我講過的話，他說：「你在禪坐的過程中會產生很多體驗，你會覺得自己見過很多人，甚至感覺到自己會飛，而且一點都不會覺得餓……但都是這個過程中產生的幻覺，還遠遠沒有達到所謂『道』的感受。」

我問他：「什麼是真正的、全然的得道的感覺呢？」老先生看著我，好像有一萬句話想說，但沒有說出來。他最後只能說：「我也不知道。」

這個世界上到底有沒有一種全然得道之人、全然得道的真實感受呢？有的人根本就沒有聽說過這些，有的人確信自己還沒有得道，還有的人模模糊糊的不知道自己有沒有得道。迄今為止，在我接觸到的人中，境界最高的就是那位老先生說的「我不知道」。孔子也只能這樣說。但你知道有這麼一個方向，是非常重要的。

在睡夢中，當你連夢都沒有做時，你在哪裡？如果你在夢裡完全都沒有夢時，有一個聲音問：「我在哪裡？」也許是一種非常有意思的生命體驗。

07

某個領域做到極致的人，都不怎麼在乎品味

原典

子曰：「士志於道，而恥惡衣惡食者，未足與議也。」

子曰：「士志於道，而恥惡衣惡食者，未足與議也。」這句話是說，一個人如果立下志向，追求真理、追求偉大的使命感，但同時又恥於自己現在的待遇、飲食、衣服，那還是不要和他談論大道了。簡單的說，就是那些宣稱自己有使命，但同時對待遇要求很高的人，還是不值得深聊啊。

這句話對絕大部分的普通人來說，無疑是一個很重要的當頭棒喝。我曾經見過一位做到很高位置上的長者，受到萬眾敬仰。但他年輕時，做著基層工作，心裡就想把事做好，對得起黨、對得起國家、對得起人民的培養。一輩子努力奮鬥下來，不追求好的食物、好

的待遇，但因為後來做到了很高的位置，一切自然而然的也都有了。好的食物他吃，不好的地方他也不討厭，也就這樣隨便過去而已。

老人家跟我分享，其實當年在做這些事時哪想過有這樣的好日子。當時他只不過想要把事做好而已，後來得到的一切，只不過是順帶的。我一開始覺得這是個案，後來有機會和那些在不同領域裡真正做到最好的人溝通時，都發現了類似的規律。

再舉一個有意思的例子。有一天，一位做藝術品拍賣的好朋友告訴我：「國內有幾位畫家，一定要買他們在最苦時畫的畫。」

我說：「雖然那些畫都很有名氣，但不值得收藏。」

他說：「歷史會證明我的判斷的。」

結果過了若干年，果然那些畫家在年輕時完全憑著對美、對藝術的追求而創作的畫，被賣到了更高的價錢。

曾經有一位藝術評論者說：「中國有的藝術家基本上是靠年輕時，用藝術作品對資本主義進行批判而成為資本家的。後來他們越來越紅，賣的畫越來越貴時，作品反而變得越來越沒有力量。」

我聽過的事情，似乎都是這樣。不管是在藝術領域，還是在創業領域，很多人真正的能量是在最開始那幾年不求回報、不考慮待遇，僅僅想用自己所做的事向心中最美、最善、最牛、最好的狀態致敬。他們內在的力量噴薄而出，創作出來的東西，無論是企業還是藝術作品，都是最好的。

甚至有的作家也是如此，年輕時窮得連飯都吃不起時，那股不知道哪裡來的熱情，創作的作品直指人心。後來穿越時代，開始有稿費、有粉絲、有市場了，也開始有採訪了，卻越寫越油、越寫越差。

匱乏是致富的力量

不說別人，就說我自己吧。竊以為，我做《國學堂》做得最好時，是剛開始根本沒有錢的時候；做《冬吳相對論》做得最好時，是剛開始設備最差的時候；早年在鳳凰衛視做節目時，現在看來，其實剛開始的前幾十期，雖然製作有點兒粗糙，表達有點兒生澀，但背後的那股闖勁兒，那種犀利、真誠，是現在作為一個「老油條」看來很汗顏的。

剛開始那種不求好吃好喝，不求功名利祿，僅僅把事情做到極致的闖勁兒，是有力量的，是有原始力量的，是有穿越宇宙時間的力量的。

所以孔子說，一個真正有志於道的人，如果同時對待遇好不好很敏感、斤斤計較，是不足以與他討論「道」的。窮自然有窮的價值，匱乏自然有匱乏的力量。

當年在鳳凰衛視工作時，你都不能想像，一檔娛樂節目一年給我的預算是多少。剛開始除了配一個編導以外，沒有其他預算（當然薪水是會發的）。後來上級覺得實在不行，一個月給兩千元的顧問費，可以找一些朋友來開策劃會。

後來轉去百度公司管理整個市場部時，一年能用的市場預算，現在說出來都讓人覺得汗顏，當時手上的現金放到如今，可能連一部廣告片都拍不出來，但絲毫不妨礙我們做出了「百度一下」和「百度更懂中文」的策略。當然現在提百度，有點兒違和感，都不知道是提好還是不提好。但在那時，我是充滿了熱情和激情的，後來不在其位，也無法判斷。

現在看來，小夥子的那股闖勁兒是必須要有的。年輕時的胡適、錢穆、周樹人、周作人、林語堂、傅斯年……在那樣一個群星璀璨的年代，一群懷揣著想要教育圖強、改變國運的年輕人，是什麼東西令他們有如此大的能量，在一、二十歲時，就能穿越歷史？

還有年輕的毛澤東先生，坐在小小的角落裡，聽著李大釗先生（按：中國共產黨創始人）、傅斯年先生等民國諸子討論著救國圖強的故事，默默的把他們的會議紀要記錄下來，晚上在一盞比蠟燭亮不了多少的燈光下奮筆疾書，「指點江山，激揚文字，糞土當年萬戶侯……」是什麼東西點亮了他們？只有一樣東西，內在的相信和使命感，還有他們的飢餓與貧窮。當然很多人說當年的胡適、梁啟超、熊十力等學者可不窮，這就是後來你看到的為什麼毛澤東比他們的境界和成就都要大的原因。當然不僅是因為窮，不得不承認，某種程度上的鬱悶、無法控制內心的衝勁，有多麼大的新力量。

我常常在想一個問題，是什麼能讓一個人在如此困頓的情況下，仍然能破繭而出，超越他的能力半徑，超越他的階層，推動世界改變。唯有一樣東西——深深的相信自己的使命，深深的洞察趨勢，並且「盲目」的相信這種趨勢。就像馬雲先生最開始在一個公寓裡辦公，在技術會發展成什麼樣子、電商未來的支付系統是什麼、物流怎麼做根本不清楚的情況下，僅僅是相信互聯網將會澈底改變人類的商業模式，一邊做一邊學，一邊學一邊改。當年的騰訊、百度、華為、萬科……都是這樣。

是什麼讓這些人跟我們經歷了同樣的時代，卻穿越了這個時代？

我是從一九九三年開始投身紅塵的（一九九三年到一九九七年大學讀書），龍湖集團（按：中國的房地產開發公司）創業在一九九三年，也沒有比我早多少年。我在想自己和他們的差距在哪裡，後來發現，就是因為我太喜歡吃好吃的東西了。我在沒有創業前，就有志於成為一個吃貨，對生活的要求太高，所以做不了大事。不過當自己明白這一點之後，也就釋然了。

我發現了一件很奇怪的事，每個領域做到極致的人，在吃穿上都不太有品味。當然你不要隨便聯想我說的是褒義，這說明他們在年輕創業時根本就沒有花時間去考慮這些，這也許就是人間的悲劇與喜劇吧。

08 跳出自己的好惡，就沒有那麼多情緒

原典

子曰：「君子之於天下也，無適也，無莫也，義之與比。」

子曰：「君子之於天下也，無適也，無莫也，義之與比。」這句話的意思是，君子對天下所有的事，沒有什麼可以的，也沒有什麼不可以的，沒有自己內在的貪婪、好惡、憎恨（各種貪嗔癡慢疑、怨恨惱怒煩，都沒有），做不做一件事，以社會大眾的標準為標準，而不是以自己的標準為標準。

人為什麼要做君子？我在讀《論語》時常常有這種困惑。對我這種普通人來說，讀《論語》時常常有種芒刺在背的感覺，每讀一句，就心生一絲慚愧。

這也是為什麼相較「梁注論語」而言，更多朋友喜歡「梁注莊子」的一個隱隱的原因，因為在莊子的世界裡，沒有好壞對錯，大家都會覺得「雖然自己不夠好，但也沒有那

麼壞」；但《論語》就不是了，孔子總是給我們很多關於好壞對錯的標準，常常用君子來砥礪他人，同時也砥礪自己。人世間最好的方法莫過於自己做小人，讓旁邊的人做君子——這樣做當然會很舒服，小人總是被君子包圍著，但這樣做是不是太自私了？

孔子站在一個更宏觀的社會層面上，明明知道大部分的人做不到君子，但他還是要講，明知不可為而為之；明明知道跟別人講做君子可能是一件吃力不討好的事，但我相信孔子還是有自己的良苦用心的。哪怕我們達不到心中樹立的是非對錯的標準，但這還是會隱隱的驅使我們成為一個不那麼壞的人。

我覺得，人在年輕時，應該先學習《論語》，小朋友還是要有是非對錯的概念。混到四、五十歲了，好的壞的、美的醜的都可以分辨了，對自己也有一些了解了，有了足夠的褒獎再來談《莊子》，多少也算是嘗試過了。

我人生最大的問題就是先學《莊子》，後學《論語》。大概在一九九二年第一次接觸《莊子》時，就喜歡得不得了，那時我還是一名高中生，真正接觸是後來我的師父蔡志忠老師的《莊子》漫畫版本。

在心中播下一顆「莊子」的種子後，總是隱隱的擔心自己做不了君子，而隱隱的想要成為君子這件事給自己產生了某種壓力，所以一直不敢觸碰《論語》。

我跟大家一起學習《論語》的過程中，慢慢的產生了兩種感覺：

第一，孔子沒有我們想像的那麼刻板，還是很寬厚、柔軟的，最起碼儒家在最開始時並不是那麼教條主義，凡事上綱上線（按：把小問題擴大成大問題）。

第二，孔子非常了解大部分的人做不了君子，但仍然樹立了一些標準，為了讓整個社會有一個大致的行事準則。尤其他所處的時代禮崩樂壞，大臣可以殺掉君主、夫妻可以反目、兄弟可以同室操戈……所以孔子不得不在人世間提出了一個所謂君子的標準。

讀這些內容時，我覺得應該讓自己的孩子先接觸《論語》——有一套關於好壞的標準，然後放下，才能有所依託。就像如今巴菲特做股票，絕對不會再去看K線圖、週線、量比差、陰陽組（陰線和陽線之間的關係）、十字星等，但你知道他年輕時受過很嚴格的技術流派的訓練嗎？

梵谷也不是開始畫畫就畫得很抽象、很後現代、很印象派，他的素描功底是非常扎實的。所以當我們再看到「君子」這個詞時，我想跟大家分享一個心得——我們明明知道也許有天自己不會被「君子」這兩個字所束縛（起碼不會被它的表面含義所束縛），但我們應該在年輕時多少有點兒靠譜的樣子，否則很容易陷入散漫。

我們學《論語》時，大致要有一個態度——對君子來說，不應該被自己的好惡、偏見、成見綁架，應該以社會的最大公約數作為自己的行為準則。

一個人能見眾生時，就不那麼容易被自己所在的世界影響了。

君子應跳脫個人的世界觀，用更宏觀角度看待世界

我常常說，雖然川普在中國不太受歡迎，但他之前能在美國當選總統（尤其在美國的精英階層普遍不太支持他、不喜歡他的情況下），我覺得也是因為他看到了沉默的大多數人的訴求，起碼他利用了這些訴求。

因此，本篇我們學習《論語》中的這句話，我看到的就是，君子應該跳脫個人的世界觀，站在更宏觀的角度看待世界。

比如生活在北京、上海、廣州等城市的朋友，都有屬於自己的朋友圈子，這些人對國家的很多問題都很敏感，但你有沒有想過，如果你站在絕大部分的人的生活水準和要求來看，也許我們現在正在走向的那條路，是大多數人所需要的。

不要站在自己的朋友圈、自己每天看新聞的角度看待世界（因為你看到的新聞背後已經研究過你的好惡，每天推送的都是你關心的話題），而要以一個更開闊的視野去看待世界。這不僅是孔子在道德層面上給我們的教導，也許放在今天，哪怕是你要創業，可能也需要反向思考。

有一天，老吳說「網易嚴選」（按：中國電商品牌）的東西又便宜又好（人均消費價格大概是二百五十元），就有人冷冷的評論了一句：「你居然認為『網易嚴選』的東西

便宜？」老吳說他當時看見這條評論，後背一陣發涼。是啊，中國還有很多人覺得「網易嚴選」的產品價格嚴重超過了他們的消費能力。「淘寶」的人均消費價格可能不到五十元，「拼多多」的可能不到三十元，但它們能發展成這麼大規模，一定是有原因的。

我以前在互聯網公司工作時，常常被鄉民的很多言論嚇到，覺得怎麼會有這樣的人、怎麼會有這樣的觀點？後來我越發明白，其實不是別人的錯，是我的錯，我太狹隘了，只看見我的朋友圈和身邊的那些人——我能看到的人其實是很「非主流」的。

我和老吳談到一個話題，我說：「你有沒有意識到，像你我這樣的人，其實都是邊緣人群。我們還在用一款A字母開頭的手機，如果從數量上來說，如今在中國可能不到一〇%的人在用這種手機。就算這樣，他們仍然不屬於主流人群，越來越多人在用年輕人用的、我們永遠都不會用的各種應用軟體，這些人就是真實的存在著。」

所以當我們讀這句話時，其實最應該關心的是，跳出自己的好惡，以更宏觀的視野看待問題，如是，你就沒有那麼多的情緒。你的情緒好了，怎麼會睡不著覺？

09 努力做個君子，你會更尊敬自己

原典

子曰：「君子懷德，小人懷土；君子懷刑，小人懷惠。」

子曰：「君子懷德，小人懷土；君子懷刑，小人懷惠。」這句話是說，君子總是在想如何讓別人舒服、開心，而小人總是對自己的舒服、開心有種深深的眷戀；君子總是設想自己做這件事，到底會不會觸犯刑法，而小人總是容易陷入對好處、便宜不占天理難容的感覺裡。

我認為，我們總是把人分成君子和小人，這種做法本身就錯了。否則，大部分的人都會活在「我就是個小人」、「我這輩子都做不了君子」的絕望中，甚至還會有很多理由為自己成為一個舒服的小人進行美化，在靈魂上給自己進行「美圖秀秀」。

但也許不是這樣的，文化人梁文道先生曾經在《鏘鏘三人行》節目裡這樣說過，很多女人都誤以為男人分成痿的和不痿的兩種，其實只是因緣不足，每個男人都有可能在他生命的某一時刻力不從心。這給了我一個很重要的啟發——君子和小人並不是截然分開的兩個陣營，一個人的內心深處同時兼具君子和小人的面相。大部分的人內心深處的小人之心居多，偶爾我們會覺得君子之心亦美好。

太安私塾五期有位羅師兄，有一天在班裡給我們講了一個生活中的小細節。他和好朋友回社區時，眼看著大門馬上就要關了，一位認識他的外送小哥用身體頂了一下門，這樣他就不用按密碼了。進去之後，外送小哥還指了一下電梯的方向，說：「電梯、電梯。」他過去一看，電梯門即將關上，正在此時，電梯門又徐徐打開了，裡面的鄰居聽見匆忙的腳步聲，又幫他按開了。

羅師兄說，他突然感受到了里仁之美——外送小哥、素不相識的鄰居，會為了毫不利己的事，願意把這份溫暖分享給他，而他也在這個過程中感受到了溫暖。或許下一次他在電梯裡時，會很主動的等待匆忙趕過來的其他鄰居。

善良是可以傳染的，溫暖是可以傳染的，君子之德也是可以傳染的。因此，我們在學習這篇時，也許可以換個角度——大部分的時候，我們懷著「土」（所居處之安），這也無可厚非，但隨著年歲見長，隨著大部分的欲望得到滿足，或者真的絕望，甚至不再有希望，隨著我們看到了人世間的諸多無常，慢慢的把自己身體裡小人的面相變得少點兒，君子的德行擴充得多點兒。

做小人時，我們比較喜歡自己；做君子時，比較尊重自己

正如稻盛和夫先生所說，一個人活一輩子，究竟是為了什麼？這個問題是我們每個人都不能迴避的，哪怕你再小人，可能在某個時刻也會想這個問題。稻盛和夫先生說，如果我們有靈魂，我們希望自己的靈魂在走的時候比來的時候略微重點兒，哪怕只是一微克。

把這句話放到《論語》中的語境就是說，我們希望讓自己身體裡小人和君子的比例略微有點兒提升和改變，即便小人的比例從九九．九九九％到九九．九九八％，也算是此生的一個積分。

做小人時，我們在內心比較喜歡自己；做君子時，我們在內心比較尊重自己。不說別人喜歡你和尊重你，只說自己對自己的看法。

當我們看見那些為了國家、為了民族大義的年長的科學家們，把自己一輩子所有的收入全部捐獻，以很清貧的方式做著科研，但做出了巨大成就。哪怕上一秒我們還看著各種八卦新聞，當我們看到這一則新聞時，仍然禁不住想要按個讚。是什麼東西讓你願意為這些人按讚？

還有一個故事，當年主持人崔永元採訪一位來中國做鄉村教師的美國人，他的全部家當只有一頂年輕時戴的棒球帽、一張全家福、一件很好的大衣（從美國帶來的），其他什麼都沒有，還嫌一百多塊的薪水太高了。他在中國做了二、三十年的鄉村教師，這是他的快樂。

當看到這些故事時，你還是會感動，對嗎？所以，不要對自己大部分的時候作為一個小人，既感到快樂，又隱隱的感到悲傷，不需要，這是生命的常態。不過，如果我們能有意識的擴充一點君子的成分，那麼我們總會感到內在充滿了「自己還不錯」的成就感。

君子是做什麼的呢？「君子懷德」，德者，得也。君子的心裡想著能讓別人得到什麼，那麼能不能讓更多人以更低的成本得到點什麼？在一個人與人可以充分交流且資訊發達的社會，成本和價格降低，並不意味著品質一定要降低，有時可能會透過科技發明來降低成本。

有一天，我在京瓷看稻盛和夫先生的研究。以前我們看到的打地基或者是鑽石油平臺用的鑽頭，是用金剛石製成的，價格很貴，而稻盛和夫先生的公司可以燒製一種特殊的陶瓷，可以替代金剛石，而且硬度比傳統的鑽石和金剛石高出很多倍，價格和成本卻只是它們的幾十分之一。儘管他們的鑽頭價格比普通鑽頭價格便宜一半，但仍然獲取了很高的利潤，這個利潤可以用於更多研發，可以讓員工的生活更好，也可以繳納更多的稅——這就是我認為的德。

想起來，真是覺得我們活在一個幸運的年代。由於種種外部原因，逼迫我們必須學會重新審視我們日常生活用品的價格，但人們對生活品質的要求又不會降低，在這樣的背景下，那些不關注成本，只關注價格和利潤的企業，也許就無法生存下來。而另一些千方百計用了以前十分之一的成本，做到了兩到三倍效率的公司，也許就會開創一種新局面。

現在，很多人都在討論所謂的「消費升級」和「消費降級」，在我看來，如果讀《莊子》和《論語》，我們就可以思考，會不會有一種道路——生活成本降低了，但生活品質可以提高呢？如果我們相信有這樣的可能性，就有動力朝這個方向努力。

君子和小人不是兩種人，而是我們身體裡兩種生命的面相。我們此生要做的事，就是略微提高身體裡君子的比例，不是為了別人，而是你會因此更加尊敬自己。

10 總是做只對自己有好處的，會得到怨恨

原典

子曰：「放於利而行，多怨。」

子曰：「能以禮讓為國乎？何有？不能以禮讓為國，如禮何？」

你有沒有發現，在周遭的朋友中，有一種人（比例大概是五%至一〇%）總是在大部分的時候讓你覺得很舒服，而且這種人在現實生活中總是很成功。

有一天，我們在討論一個問題——什麼樣的人是成功的，什麼樣的人是不成功的。這種庸俗的問題不妨礙得出有趣的答案，因為每個人對成功的定義都不一樣。

功就是施了力，並且產生了位移。成功就是你使出的力，朝著自己期望的方向產生了有效的、足夠的位移。

物和人有一個很大的區別——你對物向東邊使力，那麼它可能往東邊移動；而人不

是，人是有動物性的，你把他往東邊推時，他往往會對抗你，往西邊使勁，然後你一鬆手，他就向西邊飛去了。有句俗語說：「要讓豬往左跑，就別往左拉。」我每次想到這句話就覺得，本質上來說人還是動物的一種。

動物和死物（一般的物件，比如木頭、桌子、椅子等）最大的區別在於，動物有內在的對抗心，也有內在的對抗力，所以老子才說「反者道之動」。

為什麼我要在本篇要講這段話呢？因為後來我發現，所謂能讓人產生位移的人，無不使用了「反之道」。

子曰：「放於利而行，多怨。」「放」是依據，遵循。這句話的意思是，**一個人總是遵循怎麼對自己有好處的方式做事，得到的只會是抱怨**。最後你很努力的想要獲得點兒什麼，大家都不給你，收到的很可能是怨恨。

這和我之前說的是一致的，如果一個人總是不以自己的利益為標準做事，而以別人的利益為標準做事，也許他會收到更多的迴向。

有一個小男孩叫彼得，他的媽媽要他幫欄杆刷油漆，彼得把刷油漆這件事從一份差事變成了一項娛樂活動——他跟其他小朋友說：「如果你們把自己的玩具和食物拿給我，我就允許你們用一用這把高級刷子，它能把欄杆刷得很漂亮。」

居然有很多小朋友把家裡的玩具、零食拿給彼得，就只是想體驗一下用高級刷子刷高級油漆的感覺。彼得坐在樹下，玩著朋友們的玩具、吃著他們拿過來的零食，小朋友們一個個爭先恐後，還得排隊才能刷一會兒。小孩子的本性接近小動物的天真，你要他刷他不刷，你不讓他刷，給他設置門檻，他就刷了，這就是人性。

孔子當然不會那麼小氣，用禮讓、布施獲得更多，這都是我們以小人之心度君子之腹的態度。但客觀上來說，孔子作為人世間的老司機，充分的看到那些「放於利而行」的人，招回來的都是怨恨；沒事多布施的人，受到的都是迴向的好。

讓利，不會遭怨；把多餘的分享給別人

從這個維度上看，我開始理解什麼是布施了。布施，固然可以讓我們養成不執著於貪戀某件東西的心智模式，而且它有一個副產品——把自己喜歡的東西分享給別人，也許將來你會獲得更多。

大家都明白都這個道理，但很難做到。怎麼辦？我有兩個建議：第一，你試著用半年時間在餐桌上盡可能的買單（我後來發現一件事，在餐桌上主動買單的人，後來都混得不差）；第二，把表達的機會多讓給同事。

以前我在一家公司時，發現一位同事好像也沒有做什麼，卻受到其他同事的喜愛，老

闆也很欣賞他。我觀察了很久，發現他有一樣是很值得我學習的——每做完一個專案後，他會寫一份長長的感謝信，然後@公司的所有人，感謝這個，感謝那個，只要能想到的名字都寫出來，而且會很詳細的說明，每個人在這件事上做了什麼。

理論上來說，很多人在職場上都很希望能表達自我，讓老闆看見自己做了什麼。其實，當一個人不斷的為別人邀功時，收穫往往是最大的。

有一天，我在「抖音」上看到一條段子，一個男生問一個女生：「姊，怎麼搞定一個笨蛋？」那個女生就說：「不與他爭辯。」男生說：「不對呀，姊。」女生說：「對，你說得對，停止。」所以，你會發現，與人爭，也是一種避利（避開自己要的利益）。

後一句話講的是「能以禮讓為國乎？何有？不能以禮讓為國，如禮何？」這句話是說，如果能把禮讓作為一個國家的精神，管理國家還有什麼困難呢？如果不以禮讓為核心，就算把禮寫在牆上，又有什麼用呢？

我去溫哥華玩時，住在一位朋友家裡。他開車從社區到馬路邊時，由於十字路口沒有紅綠燈，他就在十字路口停下來等一等，看看有沒有車過，確信過來的車已經走了，才慢慢的開車。他說：「在溫哥華這是一種交通規則，當你開車行駛到沒有紅綠燈的十字路口時，必須先停下來。」

從結果上來說，這樣少了很多交通事故，但就是這些細節，讓加拿大人民變得非常可愛。大部分我碰到的加拿大人，都因為這類細節讓我慢慢的理解了，「讓」才是真正和諧的基礎。

在這個地球上，有一種公平幻覺論——很多人都覺得自己受到不公平待遇，因為每個人都更清楚自己付出的努力，甚至付出的心力，這些都是別人不知道的。所以在論功行賞的時候，如果社會是以一種公平為導向的制度，表面上看這是很好的，但由於這種制度非常難以衡量，又因為社會強調公平，所以自認為受到的不公平待遇的幻覺會形成不和平的狀態。

在很多時候，和平比公平更重要。這就是禮讓的精神，結合前面那句話，「讓利，不會遭怨」，也是一樣的。

「人行陽德，人自報之；人行陰德，鬼神報之。」如果你做了好事讓別人知道，也許別人會回報你；如果你做了好事別人不知道，也許天地會回報你（有可能會回報在其他地方）。以我這些年的觀察，屢試不爽。

曾經有一位非常頂尖的ＩＴ大佬，是我的好朋友。他跟我說，他的母親是一位非常虔誠的佛教徒，捐了很多廟，還會偷偷的拿出很多他給的錢捐給別人。大部分的人會認為，這是一種所謂的果報——母親布施了很多，最後迴向在兒子身上。不過我更願意選擇另外一種方式——他的媽媽演給他看，你不需要占有那麼多，在足夠富有的情況下，把多餘的分享給別人，其實沒有什麼壞處。

如果一個兒子從小看見自己的母親，總是盡可能的把不需要的、多餘的東西都給別人，自己真正需要的東西很少，如是，可能就會慢慢被培養成一位企業家——懂得如何把這種精神變成讓利給消費者，讓股東賺到錢，讓員工也愉快的心智模式。而這兩者間心智模式的影響，才是後來這位ＩＴ大佬在朋友圈裡被大家認同、被客戶喜歡、被投資人喜歡的主要原因。

本質上來說，就是一句話——我們是否懂得「讓」，這種「讓」是對人性裡的動物性深深的理解而帶來的。絕大部分的人都是希望先看到好處，再予以回報，其實先後順序又有什麼區別呢？

大人和小人之間的差別就在這裡，如果我們在兒童教育中讓小孩子學會把自己擁有的東西盡可能的分享給同學們，這難道不是一顆非常有意義的種子嗎？

11 人生最高境界，是沒名有料

原典

子曰：「不患無位，患所以立；不患莫己知，求為可知也。」

有一天，一位朋友跟我說有人挖他跳槽，從現今這家公司的總監級別跳到另外一家公司做副總裁，問我有什麼看法。我隨手一翻，發現《論語》中有一句話，挺適合他這種處境的。其實這句話和很多類似的場景都可以對應，比如突然有一天你被求婚了，由女朋友升格為妻子，或者突然有一天你不小心成了大V，再或者突然有一天你從普通科員升為科長，諸如此類。

遇到類似的問題之所以會糾結，其實是因為對自己現在的角色有點兒不滿。如果有機會成為自己心中應該成為的角色，擁有了那個角色的名分、好處時，在那一剎那，我們應該有什麼樣的覺知？應該問自己什麼樣的問題？

我的那位朋友問我他該不該跳槽去當副總裁，我跟他說：「《論語》裡有一句話，正好可以解決你當下的處境——子曰：『不患無位，患所以立；不患莫己知，求為可知也。』」他問：「這是什麼意思？」

我說：「大致的意思是，一個人念茲在茲，我現在所處的位置是否好？是否有一個足夠讓自己施展才華的空間和位置？我如何立得住？內在的本是什麼樣的？如果有一天不小心讓我到達自己期待的位置上，我坐不坐得住？是先到自己期待的位置上，再鍛鍊自己的能力，還是等自己的能力已經遠遠超出了這個位置的需要，再順理成章的，哪怕是慢半拍的獲得這個位置呢？」

「不患莫己知，求為可知也。」這句話是說，君子不怕沒有人知道自己，也不擔心被別人誹謗、誤解，他擔心的是自己突然出名之後，沒有足夠的能力可以支撐這一切。這是非常危險的事。

君子要的是恐，小人要的是貪。因為小人什麼都沒有，所以總是希望可以獲得更多；而君子總是怕獲得之後，德不配位，遭到更大的譴責（可能是天譴）。

我在上文提到的君子和小人，是指君子心態和小人心態，我們每個人既可以擁有君子心態，也可以擁有小人心態。

那位朋友繼續問我：「我到底要不要去，我現在在這家公司負責業務，是有獎金的；

去那家公司，位置高了，沒有獎金，但有期權，算是合夥人，收入可能會高很多，但也可能會低很多，反正不是當下就能兌現的。現在做銷售總監，每個月清清楚楚該有多少獎金，可以馬上拿走；到那家公司可能要到年底，甚至幾年之後融資成功了，或者上市了，才會有一大筆分紅。」

這就是當今社會普遍的現象。

《論語》的道理放在這裡，依然是成立的——你願意要小錢還是大錢？你願意當下有回報，還是有延遲回報？你願意即刻用位置來證明自己的角色，還是願意內在充滿了之後，有一天迫不得已被提拔到一個更高的位置，但其實早已遊刃有餘？你願意生活充滿風險，還是願意擁有更高的確定性？……這都是小人心態和君子心態的分野。

讀《論語》最大的好處是，它可以幫助我們清楚的看見自己身上的小人。

真正有本事的人，大都很低調

關於後面半句，君子不擔心自己不為人知，甚至被人誤解，更擔心的是，自己被人知道了後，發現其實內在是空的，到時更丟人現眼。想來也的確是這樣，很多人還沒有準備好就成名了（也可能因為太年輕）。我跟大家分享一下自己當年的感受。

我也許是運氣好，也許是運氣不好，反正在大學剛畢業一年就進入了電視臺，因為職業原因，很快就在珠三角地區（按：即珠江三角洲，涵蓋廣州、深圳、佛山、東莞、惠州、中山、珠海、江門、肇慶等），還有其他能收看到這個電視臺的高端社區被人們了解。剛開始時，又沒錢又有名，關鍵是沒有讀過什麼書，自我感覺還挺好，每天都覺得自己是個角色，後來發現其實自己並不快樂。

人生四個境界中的最高境界是沒有名而有料（料包括真才實料的知識、能力、財富）；第二個境界是有名又有料；第三個境界是無名無料；最差的境界是有名無料。

當年我媽媽買房子貸了十八萬，貸二十五年，可想而知當年我在鳳凰衛視的收入有多低。雖然名氣很大，可這讓我很痛苦啊，挺有名的一個人，住不了別墅，回廣州父母家時，擠在電梯裡，那種難受勁兒如坐針氈。大家在電梯裡看見這個人好奇怪呀，剛才還在電視裡，怎麼這會兒出現在我們社區了呢？

我也覺得很難受，戴著帽子、低著頭。在餐廳吃飯也是，電視臺在香港，吃飯在廣州。有那麼幾年時間，感覺自己做的與獲得的嚴重不匹配。

後來，有幸不再作為電視主持人，去了ＩＴ公司工作。在樓下的餐廳裡和很多程式設計師、工程師等同事一起吃飯。雖然他們後來都是著名的百度和新浪公司的員工，但那時其實大家都沒有什麼錢，百度還沒有上市。在黑乎乎的地下三樓的餐廳裡，吃著黑乎乎的茄子、土豆（馬鈴薯），菜裡偶爾有半片魚和肉。

有一天我抬頭望去，當年明朗得像一輪皓月一樣乾淨、英俊得不得了的我的老闆Robin李，一個人安靜的坐在眾人堆中吃午餐，既沒有著急，也沒有任何不舒服——那是幾個月後就會在納斯達克上市的百度CEO。

我遠遠的看著他，突然覺得這才是真正的境界——已經很有料了，已經知道自己要做什麼了，各方面都很有成就了，但仍然和光同塵的在理想國際大廈地下室的餐廳裡，安靜的吃著飯。那一秒鐘我度過了自己內心最重要的障礙期，我想我是什麼呀，什麼都不是，還老給自己貼標籤。

後來我發現，很多真正的大成就者往往都是和光同塵的，他們並不以自己所處的位置、所擁有的名聲自居，往往關心的重點在於自己內在的價值是不是還在提高，對於其他人怎麼看自己，反而不那麼關心。

現在想來，這句話實在是太好了。關心什麼？關心「何以利」。如何讓內在有一樣東西撐得住自己，不至於給你一個位置時內心發虛，不至於給你一個名分，內心覺得其實德不配位。

後來，一些做心理諮詢的朋友說，總是覺得自己憑什麼可以擁有這些，這是一種病態——不自信、自我不認同。

有段時間我也深刻的反省了，如是這般煎熬了幾個來回以後，我終於發現，原來常常覺得自己不配某件事，並不是病態，因為表面上看我們應該得到的和已經得到的，比自己內在的能力對應的價值高太多了。

擁有這種心態會有什麼好處？最大的好處是常常覺得自己太幸運了。如果有一天這些東西被拿走，也不會覺得有什麼不公平。價值總是要回歸的。

以前我看見有人在網路上對我詆毀、非議，總是很生氣。當然現在也沒能擺脫得了，多少還是會沮喪。但換個角度認真想想，人家說得不對嗎？如果我是一名聽眾，可能也會這樣想吧。

有了這樣的心態之後，整個人就好多了。因為我開始發現，外在的名聲、外在的待遇、外在的毀和譽（誹謗、毀滅、傷害和讚譽），不是不重要，而是它可能不應該成為我們關注的焦點。我們關注的焦點，永遠都應該是自己是否有充分的能力、是否有充分的涵養、是否有充分的覺知……。

子曰：「不患無位，患所以立；不患莫己知，求為可知也。」一個人不應該擔心自己是不是擁有好的地位、好處、待遇，而應該關心是什麼在裡面支撐著自己。一個君子不應該擔心不被人了解，甚至被人誤解，他的焦點應該在於如果被人知道了自己之後，有什麼值得別人知道的。有了這種心態之後，自然就能睡好覺了。

12

做任何一件事，都要找到貫穿這件事的主線

原典

子曰：「參乎！吾道一以貫之。」曾子曰：「唯。」子出，門人問曰：「何謂也？」曾子曰：「夫子之道，忠恕而已矣。」

「自在睡覺」的「九九睡前抄經營」，很多朋友以一種很奇怪的、自己都不敢相信的方式堅持了下來。我覺得，一個人堅持八十一天，每天用半小時左右的時間專心寫字這件事很感人。

首先，在專心寫字的時段裡不會被微信打擾，不會被當天公司裡發生的不公平的事打擾，不會被房價正在漲或跌打擾……寫毛筆字時，你會把氣沉下來，在每一鉤、每一撇、每一橫裡，將心注入。

其次，這麼多人專心寫字，會形成一種很奇妙的共性力，讓那些「吃瓜群眾」心生敬仰和讚嘆，也許有一天，他會說：「我可以試著堅持二十一天抄經。」把所有能量關注在一個點上，很可能是一種非常重要的心法。

子曰：「參乎！吾道一以貫之。」曾子曰：「唯。」曾子是孔子比較喜歡的一個學生，他很聰明能幹（《論語》裡除了孔子以外，只有曾參叫「子」，其他的學生都沒有叫「子」）。這句話的意思是，孔子說：「參呀！我的核心心法就是用一件事貫穿所有事，用一本書打通所有書，用一個心法連接所有心法。」

在萬惡的舊社會，真正大戶人家的男性都是用一個老婆來搞定所有老婆的。因為自己去搞定那麼多老婆是很困難的，如果讓原配處理這些事，自然就簡單多了。

如果一家公司沒有一款爆品引爆市場，可能很難真正做下去。有一天，阿里健康的幾位朋友跟我談和正安的合作，提到一個非常重要的觀念（我以前也想過，但想得沒有那麼明確）。他們說：「你們能不能砍掉所有業務，只做一件事——做一款真正的爆款。」

我問他們：「什麼叫爆款？」他們回答：「一天有一千萬以上的使用者使用的產品就叫爆款。」我聽完仰天長嘆，這就是阿里能成為阿里的原因。「一以貫之」，他們內部的每個事業部還是有一個非常明確的心法在的。

有段時間，我發現身邊很多人都有知識焦慮症，好像這本書還沒有讀完，那本書又來了；這個新概念還沒有理解，下一個新名詞又出現了……。

我問一位朋友：「碰到這種情況你會怎麼辦？」他說：「孔子曾說過，『一以貫之』，讀一本書就夠了。」我問他：「你最近在讀什麼？」他說：「如果你是做投資的，就讀《雪球》（*The Snowball: Warren Buffett and the Business of Life*）；如果你是做管理的，讀彼得．杜拉克（Peter Ferdinand Drucker）的任何一本書都可以；如果你是作家，每天把《圍城》讀一遍，寫作水準應該不會太差。」

想想也是，我認識好多人，這輩子就讀透了幾本書。做產品，就把一款產品做成爆款；讀書，就用一本書勾連所有書。

有一天，蔡瀾先生跟我說：「人家把金庸、倪匡、黃霑，還有我，稱為『香港四大才子』，其實不是這樣，我們和金庸先生完全不在一個段位。金庸先生是真厲害，說起《紅樓夢》、《水滸傳》等名著，倒背如流，甚至講到哪個人家的僕人，都記得清清楚楚，那才是真正做學問的人。」

我聽說郭沫若先生也是這樣，不管你對郭沫若先生有什麼樣的評價、態度，但他的文學素養、獨處能力是真厲害，據說翻開《紅樓夢》的任何一章，只要起個頭，他就能繼續往下背。

小時候背過名篇、名句的人，和沒有背過的人是有很大區別的，比如我和老吳，雖然老吳講的每個道理我都懂，但他總能引述一些《菜根譚》、列夫・托爾斯泰（Leo Tolstoy）的話來佐證。

「一以貫之」，用一本書勾連所有書，你把一本書吃透，甚至把它背下來，這輩子可能在讀任何書時都可以信手拈來，因為你學習的知識是有主幹的，後面學習的新知識都離不開這個主幹。

老一輩的知識分子都背《論語》、《大學》、《中庸》……我甚至見過一位老師，可以把《黃帝內經》中的任何一篇倒背如流，不是死記硬背，而是小時候背下來之後，這輩子碰見任何一件事，都可以在《黃帝內經》裡找到解決的心法，進而跟它產生關聯。

當我們需要記住某個東西時，有一個生活場景，相應的名篇、名句、名章就會記得非常牢固。就像我終於記住了「君子懷德，小人懷土；君子懷刑，小人懷惠」，這十六個字太好用了。

做任何一件事，都要找到貫穿這件事的主線

孔子跟他的學生講了自己最重要一個的心法——別看他好像會很多東西，其實他在做任何事的時候都有一樣心法貫穿其中，就像一串銅錢上的那根線一樣，可以把所有銅錢串

成一串。

蔡志忠老師曾經告訴我一個學英語的方法——用不同的線把故事串起來，比如一些以one結尾的單詞：bone、phone、zone，你把這幾個單字串成一個故事——在一個區域你看到一塊骨頭，然後拿起電話告訴了別人。如是，bone、phone、zone全都記住了，這就叫「一以貫之」。

找到一根線把所有碎片化的東西串起來，就不會陷入精神分裂和知識焦慮。

我常常記不住park和pork，因為這些單字對我來說是碎片化的。有一天，蔡老師跟我說：「你建立一個坐標系，橫坐標是A到Z，縱坐標也是A到Z，坐標上的任何兩個點一連接就會形成一個矩陣。比如橫坐標上是P、K，你在縱坐標上選一個點，這樣，所有P開頭、K結尾的單字就形成了一根線。pork的意思是豬肉，park的意思是停車——你可以想像自己停車時車裡有一坨豬肉，這樣你都會記得牢固了。」

讀《論語》的「一以貫之」是什麼？我們會發現整本《論語》有一根線，我個人認為，這根線就是以同情為基礎的對他人的幫忙、對自己的謹慎、對天地的熱愛、對學習的追求……這些都是深深的感受到自己和別人的聯結而帶來的種種應用場景。

《論語》的核心觀點是仁——廣泛的同情，了解了這個心法我們再來讀《論語》，就變得非常透澈了；《莊子》的那根線是什麼呢？我個人認為，就是「齊物」二字——好與壞沒有區別、多與少沒有區別、正向流動與反向流動沒有區別、本體與投射沒有區別、體與用沒有區別……因為沒有區別，所以沒有分別心；因為沒有分別心，所以沒有情緒的差異；因為沒有情緒的差異，所以獲得了逍遙。《莊子》以〈齊物論〉為本，《論語》以仁（同情）為本。

我的師父蔡志忠老師反覆告訴我：「做任何一件事，都要找到貫穿這件事的線。」你的人生主線是什麼？這是你面對所有選擇時需要回答的問題。有了這根主線，做決策其實不會很難。

13 所謂成熟，就是把看似對立變成你我共有

原典

曾子曰：「夫子之道，忠恕而已矣。」

本篇要和大家分享的是對《論語》中最有共鳴的幾句話之一。

很多人都以為，「夫子之道，忠恕而已矣」是孔子說的，其實這句話是孔子最得意的學生曾子總結他跟隨老師學習那麼多年的心得體會，意思是老師的所有學說就落在兩個字上——「忠」、「恕」。於己者忠，於人者恕。

忠，首先要聽從自己內心的聲音。一個對自己都不忠的人，對別人的忠，總是顯得不那麼綿長有力量。一個真正了解自己，傾聽自己內心聲音的人，才能忠於他所忠於的事、忠於他所忠於的人、忠於他所應該忠於的一切。

一個人之所以忠於一件事，不是因為簡單的利益、短期的利害關係，而是基於長期對

自己內在信念的堅持。

關於「忠」，孔子是這麼解釋的：「己欲立而立人，己欲達而達人。」簡言之，你的所有作為都是自己內心的投射。你要發達，得先讓別人發達；你要讓自己有所成就，得先讓別人有所成就——這是忠的核心要義。

所以，忠不一定是下級對上級的一種心態體現，它可以是自己對命運共同體、對夥伴們、對自己所奉獻的領域、對自己的目標等，那些一以貫之的同心同理的認同。

孔子對於「恕」的解釋，叫「己所不欲，勿施於人」——你不願意落在自己頭上的事，也不要強加於他人身上。

一言以蔽之，「忠」、「恕」兩字都是將心比心之意。想到此處，我心生慚愧，學習《論語》真是一個洗心革面的過程，每次學習都讓我覺得距離君子的境界還差好遠。有時我甚至在想，在古代，如果真有那麼一群人以「忠」、「恕」的標準要求自己，這群人多麼令人尊敬啊！

老知識分子身上的溫潤、堅定，對真理的追求，對身外之物的不在意，對自己內心認同之信念的堅持，甚至對跟自己同氣相求的朋友之間的捨生取義，都煥發出中華民族最優秀的人的面相。

中道，找一個雙方都不拒絕的解決方式

孔子的話，給我們很多啟迪，放到現代生活中也同樣讓人受益匪淺。很多朋友都會有這樣的煩惱——逢年過節都會為「去你家還是去我家」而糾結。本來兩個人各回各家、各找各媽也是可以的，但如果夫妻有了一個孩子，怎麼辦？

有兩個孩子還好說——「今年我帶女兒回我家，你帶兒子去你家」，可現在只有一個孩子，難道要把孩子分成兩半嗎？有人說：「前三天去你家，後三天去我家。」但這樣的解決方式，總讓人覺得不痛快。因為這時每個人都覺得自己需要向父母交代。

從某種程度上來說，這是我們在「忠」的層面上想要做到的——忠於自己的家庭。已經結了婚的男女，各回各的家，其實是各自忠於原生家庭的一種必然反應。但我在想，如果站在「恕」（原諒他人）的角度，可能我們要關心的不是各回各的家的問題，而是在這之後需要彼此理解的心態。

很多家庭都有類似的情況，自己帶著孩子回到原生家庭過節，總覺得沒能跟隨自己回家是對方的錯，全然想不到對方也有同樣的想法。因此，問題是在你是否能同時心懷對方放自己一馬的感恩。

在人類發展進程中，現代社會的這種情形非常少有——男女平權此為一，孩子很少此

為二。以前，大年初一妻子跟著老公住在婆家，這是一件大家都心照不宣的事；大年初二老公陪妻子回娘家，由於這件事已經變成習俗了，所以老公跟著妻子回娘家也是對的。但你想想看，如果這是一個夫妻雙方都是獨生子女的家庭，大年初一妻子跟著老公去他家，那女方的父母就得自己在家過春節了。想起來，也讓人覺得很傷心。

如是，很多家庭沒有辦法，只能把雙方父母接來一起過年。可是這樣問題又來了，平常都不怎麼交流的人，擠在一起也是一件痛苦的事。這林林總總的一地雞毛，很多朋友都跟我分享過類似的焦慮。

如何解決這個問題？每個家庭都有各自的方案，重點是除了做法之外，還要有心法——回自己父母家過節，可以說行的是忠道；各回各家、各找各媽時，能不能心存一絲對對方的感謝，這叫恕道。忠恕之間，就像仁義一樣，有時甚至可能會出現矛盾，是需要協調的。我們對自己的忠和對別人的恕，中間有矛盾時該怎麼辦呢？這真是一個考驗人智慧的時刻呀！

我問過很多朋友：「你們家是怎麼解決類似問題的？」有的人說：「可以抓鬮（按：音同「糾」，抽紙條決定），可以年度替換：今年去我們家，明年去你們家。甚至都不要有主客場了——別要我爸媽去你們家，也別要你爸媽去我們家，我們外地過節。」

這就是為什麼每到逢年過節，一大家子都要奔赴外地的原因。就像兩位國家領導人互相掐架，幾十年不見面，最後到了需要談判的時刻，只能選擇去中立的國家，比如新加坡、馬來西亞、荷蘭等，借助國際會議的形式聊一聊。

這種不去你們家，也不來我們家，我們一起找一個協力廠商地點過節的方式叫什麼呢？叫中道。真正的中道不是在中間找出口，而是找一個雙方都不拒絕的解決方式。

所以我常常在想，我們在讀《論語》時，看見「忠」、「恕」兩字，要想到底如何以協力廠商路線去面臨是非對錯的相容性問題。其實這就是一種智慧。

我年輕時有一段很有意思的經歷，現在想來是歪打正著。我大學一年級和二年級，學的是廣告專業；三年級和四年級，學的是電視專業。這種變化的個中原因就不細述了，總之我又想做廣告，又想做電視節目，到了畢業實習時就很為難，因為只有一段實習的時間，到底做什麼呢？是去電視臺，還是去廣告公司呢？

後來我想了一個方法，跟電視臺老闆提案：「我們做一檔廣告類的節目吧，代表電視臺去採訪各家廣告公司，聽他們講創意、媒體策略、整合行銷、品牌定位……」如是，便可以一方面了解了知識，另外一方面也做了節目。更重要的是，還可以和廣告界的大佬們有一段很深刻的交談。我很感謝這個經歷，因為它演化出了一種態度——你不一定要落入二元對立的非此即彼中。因此，如果能同時兼顧「忠」、「恕」兩字固然好，倘若不能同時兼顧，就要創造出一種兼顧。

其實，漢字一向都包含了這樣的祕密。比如「我們很嚮往這件事」中的「嚮往」，「向」是未來，「往」是過去。我們用「嚮往」同時表達了一種對過去和未來所有美好的相容；再比如地方志的「志」，意思是帶著這個地方的回憶，但我們用「志向」代表對未來的展望；還有睡覺的「覺」，既是覺（按：音同「叫」），又是覺（按：音同「絕」）——既代表睡，又代表醒。

可能中國文化的真正祕密在於，如果我們有足夠的心胸、足夠的想像力，就可以把對立的兩件事抽離出來，整合成一件事。**所謂成熟，就是把看似對立的情況變成一種你我共有的表述能力**。所以，藉由去你家過節還是去我家，最後去一個一家人都想去的地方過節的解決方法，就是「忠」、「恕」兩字的現實版應用。

透過對《論語》的學習，我們發現，中華民族的智慧往往體現在超越矛盾的心態上。

14 堅持做正確的事，哪怕回報慢一點

原典

子曰：「君子喻於義，小人喻於利。」

本篇我們要學習的是「君子喻於義，小人喻於利」。

「喻」是知曉、明白的意思。這句話是說，小人對一件事有沒有好處心裡很明白，君子對什麼是應該做的，什麼是社會公義（社會契約，大眾必須遵守的事，例如環保、維持社會的公平，諸如此類），牢記於心。我以前跟大家分享過，君子不是指我們稱一個人為君子，而是我們身上的面相。每個人身上都有君子的一面，也有小人的一面；有「喻於義」的一面，也有「喻於利」的一面。

當今社會，如果一個人做事完全不考慮利益，其實很難做到。就像我之前說的，忠與恕如果出現了矛盾，我們要找到忠與恕之間更高層面的、可以統攝它們的解決方式，這是

真正意義上基於整合的中庸之道。

對於利和義的認識，我想也是這樣的。

作為一個現代人，既要有社會公德，站在使命、願景、責任的角度看事情，也要懂得如何在利和義之間取得平衡。學習《論語》時，常常會讓我們陷入某種君子與小人、義與利的衝突中，我越發覺得這其實是一種誤會。

一個完整的人，應該是義與利兼備的——懂得如何把長期利益、大眾利益、短期利益，以及個人利益做一個平衡（不過如果一個人修為得法，也許可以做到大部分的時候考慮長期利益），在更多的時間裡，應該把目光放得更長遠，所以義利之爭，應該以義為先，以利為後。

在投資市場，其實也是一樣的。我在股市，包括其他投資方式上，交了太多學費。這麼多年來，最相信的一句話，就是巴菲特提倡的價值投資理論——如果我們能堅持做一件正確的事情，哪怕回報會慢點，但由於時間複利，就長期而言，其實帶給自己的仍然是高回報。

所以，有的公司也許很賺錢，但你一輩子都不應該投資它，比如賭博公司。我一向認為，如果一個人把眼光放得長遠點，堅持投資長期做正確事情的公司，並且也相信自己投資的公司在做正確的事情，其實獲得的回報反而會更大。

會讓你睡不好的股票，不要買

有一天，亞馬遜的創始人貝佐斯（亞馬遜是一家很了不起的公司，跟雅虎是同時期出現的，在互聯網界，稱得上「恐龍級」公司。可如今你已經不知道雅虎在哪裡了，而亞馬遜仍然是全世界最有市值的公司之一）問巴菲特：「既然賺錢真像你說的那麼簡單，長期價值投資永遠排在第一位，請問為什麼那麼多人賺不到錢？」巴菲特說：「因為人們不願意慢慢賺錢。」

巴菲特的財富的最大部分，是他在六十歲後突然爆發性增長的，因為財富的基數很大。對一個有一千億美元的人來說，每年五%的利息，一千億就有五十億純利。中國有多少公司一年有五十億美金的純利呢？這就是因為累積的時間足夠長，自己堅持的事就會湧現出價值。

於是大家可能會產生一個疑問，為什麼這件事能做很久，那件事不能做很久呢？我想，一件事能做得長久只有一個原因——符合大多數人的需求、符合基本的社會道德、符合歷史的發展規律，最重要的是，符合義。

投資是這樣，其實做人也是這樣。那些講義氣、在朋友圈裡不以一時得失利害為交友標準的人，長期而言，總會有一些老朋友，這些老朋友在關鍵時刻，總能幫助他度過難關，所以他能長生久視。那些總是堅守正道的人，從長遠來說，會獲得更高的回報。

在過去的一、二十年裡，隨著資訊越來越無遠弗屆，幾乎沒有什麼是可以永遠隱瞞的，所以長期堅持做著不錯的事情的人，仍然會獲得好的回報；靠欺騙、壓迫、權謀獲得短期好處、利益的人，在歷史的長河裡，仍然不堪一擊。

當今時代，風雲變幻，每個人都充滿了一種對未來的不確定感（我只能用「不確定感」這種比較中性的詞，形容我們內心的焦慮）。有一天晚上，我在翻閱錢穆先生的書時，有一段話讓我很感動，以至於讓我這種很少發朋友圈的人，也在朋友圈裡發表了自己的感慨。

錢穆先生說，他年輕時，有段時間處在兵荒馬亂中，整個大時代的格局動盪得厲害，錢先生做了一個決定——在江南的某個小山村裡讀書，整理文字，帶著學生做學問。他說，後來看來，那時是這麼多年來自己最快樂的一段時光。

即使外面時局動盪，總有一個江南的偏僻農村，有一片藍天，有一湖清水。他說，有時看書做學問累了，就獨自泛舟於湖上。某日下午，他在山間突然很感慨，想起了一首詩：「山中何所有，嶺上多白雲。只可自怡悅，不堪持贈君。」這首詩說的是，你問我山中有什麼，那我就告訴你，山中只有白雲，我什麼都沒有，我只有山裡的白雲。我擁有它是因為它進入了我的心裡，我享受這片白雲在這一剎那給予我的安逸，但我不能把白雲送給你。——言下之意，你也不能把白雲送給我。

錢先生青年時期的這段自學經歷，給了我們很大的啟示——哪怕在最混亂的時代，在最不確定的時刻，堅持做一件不錯的事，比如讀書、做學問等，放在今天來看，仍然具有長久的價值，仍然為我們這些後生晚輩所稱道。這難道不是一種義嗎？

如果他當時因為時局混亂而惴惴不安，這些事一定會讓他輾轉反側，身心不得愉悅。但他選擇了做一件在當時看來哪怕不大，但是不錯的事。

我們說「君子喻於義」，其實不一定要多麼大的義，有時可能只需要不犯錯，不以當下的利害得失為標準的心理狀態，也許僅僅做到這樣，就已經很有價值了。

錢穆先生的這些經歷對我們來說，顯然是非常值得借鑑的。

其實，《論語》不僅講所謂的君子與小人，本質上來說，孔子總是在告訴我們，如何獲得一種真正意義上的身心健康、幸福之道。

你看《論語》的第一篇，「學而時習之，不亦說乎？有朋自遠方來，不亦樂乎？」講的是如何獲得幸福；「人不知，而不慍，不亦君子乎？」講的是如何避免不幸福。

「君子喻於義，小人喻於利。」其實講的是，我們每個人可能都有君子的面相和小人的面相。做君子有什麼好處呢？短期之內可能沒什麼好處，但長期來看是有好處的——不會讓你被短期的利益所糾纏，能睡好覺。

我有一個觀察，一件事值不值得做、一個人值不值得交、一種錢值不值得賺，有一個很重要的標準——能否讓你在晚上睡個好覺。由此而來，我想到了巴菲特說的，為了一檔股票，讓自己睡不著覺，實在是太不划算了。是的，如果我們買了一檔股票，讓自己輾轉反側、心驚肉跳，那一定是不划算的事，也就是不對的事。

是不是買了好的股票就一定會漲呢？也不一定。在我看來，那些二十年後還有很大機率會存在的諸如做醬油的、做酒的、做糖果的、做醋的公司，哪怕股價跌了、匯率跌了、通貨膨脹、國內生產毛額（Gross Domestic Product，GDP）下降……總之在你覺得焦慮時，這種股票還是不錯的，有很大機率它以後還是會存在的。

對每天產生正向現金流公司的股票，你只會買對，不會買錯。隨著時間的推移，放到五年、十年的時空裡，它有很大機率會高於平均GDP增長的回報。

只要你有堅定的信念，這檔股票哪怕是短期有漲有跌，仍然是值得擁有的。同理，很多人都在問：「到底要不要買房子？」其實很簡單，如果現在你已經買了房子了，房價哪怕在短期內有漲跌，也是值得擁有的。

15 愛子女是天性，愛父母是人性

原典

子曰：「事父母幾諫。見志不從，又敬不違，勞而不怨。」

本篇要跟大家分享的是，我們應該如何與父母相處的話題。我們孝敬父母時，看見他們有不對的地方，要溫和、委婉的提出建議，如果父母不接受，就不要再提了，不能對他們心生抱怨，仍然要保持尊敬。

其實，很多朋友不一定有孩子，但肯定有父母。一些平常溫婉、有教養、注重身心靈的朋友，和父母的關係卻不一定好。我觀察過很多個案，甚至捫心自問，發現自己對父母也常有不敬——經常有不尊敬的地方。

有一天，我和一位鳳凰衛視的前同事（曾經著名的女主播）聊天，她和我講起和母親的關係。有一次她帶父母去法國遊玩，在機場時，不知是由於溝通不良還是怎樣，她母親和機場的工作人員爭執了起來——在家裡父親比較隨和（甚至有點兒窩囊），這是長期和母親戰鬥不果，潰敗而逃的精神面相，長此以往，母親就變成了父親的角色，凡事都要去戰鬥、爭取。你大致可以想像這位朋友當時的難堪，她說：「我當時真的覺得很難堪，我母親怎麼能這樣呢？」她回到家跟母親大吵一架：「真是丟臉丟到國外去了。」她母親也很委屈的說：「我還不是為了你們。」

她後來反省了一下說：「其實，我母親也是挺不容易的，如果不是她，家裡這輩子可能什麼都沒有，我父親就是一個甩手掌櫃（按：只會指揮別人做事，自己卻不做事的人）。」這是一個非常典型的個案，雙方都覺得自己受了傷害。

不做父母的拯救者

許多人歷經了過去三十年的變化，有幸趕上了時代的變遷，拜通貨膨脹所賜，我們對錢的心態跟老年人不一樣——老年人活在自己的記憶裡，仍然認為一百元很值錢，一千元是鉅款，要是過萬就是全部身家性命了。

我還聽說過一個故事，有位朋友覺得自己平常沒有辦法孝敬父母，於是給了他們很多錢，但父母仍然十分節儉，甚至有一次明明有急事，卻死活不肯搭計程車，非要搭公車，結果還摔了一跤。他回去把父母唸了一頓：「你們太不懂事了，我給了你們那麼多錢，不就是想讓你們過得好點嗎？瞧瞧你們那樣，一看就不是富人的命，一輩子做窮人。」父母哭天搶地，覺得自己很冤枉，因為他們覺得搭計程車要一、兩百元，實在是太不划算了，擠公車有什麼不行，都擠一輩子了。

兒女覺得父母落後於時代、覺得父母不理解自己的心情、覺得父母不夠高級優雅（不如爺爺奶奶那輩人，在前朝時把頭梳得乾乾淨淨、整整齊齊，上了年紀有上了年紀的樣子），諸如此類；父母覺得自己很委屈，一輩子含辛茹苦的把孩子養大，生生的把自己的愛美之心、想過好生活的願望和能力全部磨沒了，現在卻受到兒女這樣的抱怨——其實兒女和父母都有道理。

這還算是好的，還有些家庭的父母與兒女間的矛盾更深。比如父親不願意回家，喜歡跑到街角公園看人下象棋，或者母親喜歡跑到公園跳廣場舞，做兒女的天天在微信等社交媒體上嘲笑這類人，赫然發現自己的母親戴著絲巾在跳廣場舞，於是對父母又是一通抱怨……這就是中國社會的典型現狀。

孔子透過《論語》想要和我們講的道理是，我們想要給父母提一些建議，要委婉平和、旁敲側擊。在古代甚至有孝子跪在地上請父母注重身體、請父母把該花的錢花掉……但不管以什麼樣的方式對父母提出意見，如果老人不願意聽，也不要對其過度指責，仍然保持尊敬，甚至不要再提，以後在合適的時機稍微講一下。如果他還是不樂意聽，那就由他去吧。

我常常看見事業挺成功、挺有品味、挺「身心靈」的朋友，回到家原形畢露，對永遠不會批評自己的父母諸多抱怨。我曾經聽一位老師說過：「我們為什麼會這樣對待父母？第一，因為你知道即使自己這樣做，也不會有什麼壞結果，父母還是會永遠愛你；第二，可能是因為我們總以為自己可以改變甚至拯救父母，其實他們不需要我們拯救，而我們也拯救不了，他們有自己的命運。人家都已經這樣活了六、七十年，你才活了二、三十年，你要改變他們，這不是很扯嗎？」

許多家庭都在上演這樣的故事，其背後原因主要是晚輩在類似《論語》這樣的生活智慧教科書裡受到的教育太少，父母以前也不知道怎麼在孩子面前「演」給他們看自己是如何對待父母的，事實上這恰好反映了孔子最想和大家分享的態度——**一個人愛自己的孩子，是很自然的，但一個人無怨無悔的、溫和的對待自己的父母，是很難的**。

如果孩子一、兩歲時突然吐了或者拉肚子，你二話不說就會收拾，內心一定不會生出任何厭煩和分別心；反過來，如果是父母吐了、拉肚子，你未必能那麼從容。

以前那些盜墓者，有時父子一起盜墓，墓穴的口很小，只能下去一個人，另一個人在上面把風，並且負責把下去的人拉上來。通常拉人之前，得先把盜出來的古玩拉上來，然後把籃子放下去，再把下去的人拉上來。經常是爹下去，因為下面的情形很複雜，當爹的做了大半輩子盜墓者，輕車熟路，知道什麼是好玩意兒，也知道怎麼樣去拿。

有時把古玩拉出來之後，或者半途被人發現了，兒子可能拿了古玩就跑，把爹留在了下面……後來行業規則改變了，一律要求兒子下去拿，爹在上面拉。雖然兒子拿上來的東西沒有那麼好，但被拋棄在墓裡的人減少了。因為機率顯示，爹絕不會把兒子留在下面。

我說這件事的意思是，父母愛兒女是天性，因為兒女身上有自己更鮮活的記憶；但兒女愛父母不一定是天性，有時其實需要後天的教化。

孔子在這句話裡其實說明的是一種教化，如果任何事都順著人的天性做（只有自然性，而沒有了社會性和人文性），人與禽獸就沒有區別了。孔子終其一生想要做的事，是幫我們往自然的、天生天養的動物性裡，裝點兒高貴的人性進去。他的偉大在這裡，有時受人詬病的原因也在這裡。

本篇孔子和我們分享的是，當我們侍奉父母時，要委婉平和的提出建議，如果他們不聽，我們要「又敬不違」——尊敬而不違背他們的意願，「勞而不怨」——繼續幹活，不再抱怨。在人世間處理人際關係的「老司機」孔子，用簡單的八個字，指明了大部分的人都會犯的毛病，也給我們指出了在人世間做事的正確方向。我們愛父母到底有什麼意義呢？也許以後有機會時，我可以從更深的層面上再與大家分享。

16

你與父母相處的方式，就是未來與老闆相處的依據

原典

子曰：「父母在，不遠遊，遊必有方。」

子曰：「三年無改於父之道，可謂孝矣。」

子曰：「父母之年，不可不知也。一則以喜，一則以懼。」

上一篇跟大家分享的是，子曰：「事父母幾諫，見志不從，又敬不違，勞而不怨。」——看見父母有不對的地方，想要跟他們提意見時，態度要溫和、委婉，如果他們不認同，也要保持尊敬，不違背父母的意願，繼續幹自己該幹的事，不抱怨。

孔子在《論語》裡講了孝敬父母的四項基本原則，前面這句說的是第一條基本原則。那麼第二條基本原則是什麼呢？子曰：「父母在，不遠遊，遊必有方。」

「慈母手中線，遊子身上衣。臨行密密縫，意恐遲遲歸。誰言寸草心，報得三春暉。」這是大家都耳熟能詳的一首詩。其實想想很慚愧，我們常常走到哪裡父母都不知道，偶爾春節、中秋、國慶假期回家陪父母三天，有兩天半在跟朋友喝酒。

父母平常都睡得很好，但因為你回來了，晚上還得坐在家裡等出去玩的你回家。如果半夜十一點半你還沒回家，就打電話給你，打到你心慌意亂、意煩情躁，回到家罵一頓父母之後倒頭就睡，第二天又心生後悔……現在有多少人真的能讓父母知道他在和什麼人交往、在做什麼事、去哪裡了……父母絲毫不知道，完全失控。

「父母在，不遠遊，遊必有方。」這句話是說，父母還在世時，你就不要去太遠的地方（當然說的是古代，那時沒有手機、飛機，通訊、交通不方便。孩子出去遊歷少則一、兩年，多則四、五年，其間音信全無，偶爾碰見家鄉的人給父母帶句話：「我還在。」

父母的恐懼，你可以想像嗎？含辛茹苦的把孩子拉把大，他就不見了，三年之後告訴父母自己還活著，或者五年之後有同鄉說，那個誰誰已經怎麼怎麼樣了，或者已經出家了，或者已經當大官了，有的人出家了，父母都不知道，做父母的還是非常恐懼的），如果要出遠門，就要讓父母知道你去了哪裡。

雖然我們現在有了網路，彼此之間視訊通話變得簡便了，但其實年輕人仍然不願意讓父母知道自己在做什麼，這就是 Facebook 公司要拚命的做 Instagram 的原因，也就是為什麼除了微信，QQ仍然有屬於自己的龐大的用戶群，還有現在九〇後、〇〇後使用的社交網站都是英文的——因為父母根本不知道網站名怎麼拼，更不要說了解兒女在上面發布的各種視頻、照片。他們就連發朋友圈，也都完全排除父母。有時兩口子吵架的最高級別的懲罰是互相拉黑，不讓對方看自己的朋友圈。如今，不生活在一起的父母都是從別的朋友那裡知道，對方朋友圈裡關於自己孩子的消息，這種情況也是當前社會的常見現象。

我讀到這兩句話時想，為什麼孔子要求一個人有藝術、有技巧、有章法的孝敬父母，為什麼他對找不著孩子的失控感有如此充分的理解呢？

其實，我們與父母相處就是未來與老闆、合作夥伴、貴人相處的預演。你很難想像一個在家喝斥、抱怨父母的人，會有一個不被抱怨的老闆。因為抱不抱怨上級，抱不抱怨父母，與他們值不值得抱怨沒有關係（這是人人都會有的問題），而是我們懂得如何與他們相處，其間不光有心法，還有做法、說法。

第三條原則是，子曰：「三年無改於父之道，可謂孝矣。」——父親過世之後，三年內不改父親以前定下的規矩，就是一種孝。

第四條原則是，子曰：「父母之年，不可不知也。一則以喜，一則以懼。」——父母的年紀不可不知道，一方面因為他的高壽而歡喜，另一方面也因為父母的衰老而恐懼。隨時都可能「子欲養而親不待」，能不害怕嗎？

現在的問題是，有多少人真正清楚的知道父母今年幾歲？還有多少人清楚的知道孩子幾歲？你問很多事業成功人士：「你的孩子幾年級了？」他說：「二年級？啊，三年級，對不起，好像上初中了……」這種對孩子幾年級都不知道的人，會清楚父母的年齡嗎？

為什麼我們需要知道並且延續父親以前留下的規矩呢？比如父親把家族生意交給了孩子，孩子接班後進行了一系列改革、裁員、調整戰略方向，甚至轉行炒股，最後迅速敗家。幾年下來把父親當年的遊戲規則完全改變，不光可能導致因變化而產生的種種不確定的危險，更重要的是，這種行為其實是在向自己內在的「父母」宣戰。

我常常和大家分享一個觀念，我們孝敬父母的原因是什麼？因為父母其實永遠都活在我們的身體裡，不以人的意志為轉移，他們的情緒、愛好，甚至他們做的很多事，留下的很多資訊，都以DNA的方式存在我們的身體裡。

所以當我們輕易的改變父母的原則，當我們不知道父母有多大年紀，沒有覺察到他們既在家裡，也在我們的身體裡，當我們沒有這種覺察時，其實很難與自己真正的達成共識，也很難獲得來自父母乃至父母的父母……的那種長久的、隱隱的加持。

從小範圍來看，我們如果不能與父母達成一種和解、尊敬的狀態，就不會習慣性的與自己的長輩、老闆、貴人達成習慣性的和解、彼此互相尊重。尤其是因為你尊重他們，他們才會來給你加持，這是外在的、科學的表法；內在的表法是，如果我們不能真正的了解、尊重父母，就不能像內在的DNA裡的那部分父母，乃至父母的父母……達成某種尊敬。這是一種不認同自我的表達，一個不認同自我的人很難獲得快樂，也很難獲得成就。

父母身教是孩子最好的家教

我一直在和不同的朋友探討如何發展出更健全的人格的種種方法，很多現代人之所以不成功、不健康、不快樂，其中一個很重要的原因是，不知道如何從父母那裡借力。

不要以為父母老了，他們在老家待著，每天看著電視劇，每晚泡著腳，與我們已經沒有關係了——其實不然，他們作為聯接者，以很奇怪的方式把我們和祖先聯繫在一起。我們對自己的結局要很謹慎，對自己的源流從哪裡來，要有種追溯感——「慎終追遠」。

西方現代心理學有一個流派，專門做人格療癒，其核心觀點是，一個人是否真正了解父母給他的、現在活在他身體裡的種種。你為什麼會成為醫生？你為什麼會成為會計？你為什麼喜歡浪跡天涯？你為什麼喜歡寫遊戲程式？你為什麼對錢這麼敏感？你為什麼在愛情裡會陷入種種輪迴？你為什麼會得這樣的疾病等。它可能有某種家族基因，可能有某種家族的隱祕的輪迴。

有一天，我認真的在內心裡跟家裡的長輩們做了一次對話——跳過父母，直接和爺爺、奶奶做了一次對話，和外公、外婆做了一次對話。他們之中大部分的人已經駕鶴西歸去了，但仍然活在我的身體裡。

我和爺爺對話，跟他聊五、六十年前他如何作為玉器行的從業者，去看待遠古以來中國最長久的一門藝術——理玉（玉器雕刻）。當我跟他聊天時，突然明白了自己為什麼讀這麼點書，居然還對中國文化這麼有興趣，為什麼我看見那些好的器物會心生歡喜？

原來根本不是我後來學習的（我後來沒接觸過），其實都是從爺爺那裡學習的。我作為文科生怎麼可能對投資和股票那麼有興趣？原來我的外公是會計學教授，他就有這個愛好，對銀行利率、國際匯率天生敏感。這些都是我在心裡和他們對話之後才發現的事。

我們以為自己用半生時間活出了自己，其實非也，我們一直活在家族的排列系統中，我們只不過是祖先一個反覆的延續。而我們又會以自己的方式作為橋梁和仲介，把活在我們身體裡幾十萬、上百萬人的過往經歷，給了自己很愛的人，他大概也會用很多時間來反抗你、折騰你，讓你痛苦不堪。

如何展開這個輪迴，就要在孩子面前「演」給他們看，我們如何洗心革面，孝敬他的爺爺奶奶、外公外婆……。如果我們現在不這樣做，將來孩子就會用我們對父母的方式來對待我們。

17

老是諸事不順？因為你說得太多、做得太少

原典

子曰：「古者言之不出，恥躬之不逮也。」
子曰：「以約失之者，鮮矣。」
子曰：「君子欲訥於言，而敏於行。」

本篇，我們要學習的是「古者言之不出，恥躬之不逮也。」子曰：「以約失之者，鮮矣。」子曰：「君子欲訥於言，而敏於行。」

孔子說：「古代的人想說點兒什麼，就會對自己說的話非常敏感，想說的一般都不會說出來，因為害怕說出來之後不去做，或者說出來之後去做了，但是做不到——躬之不逮（「躬」是躬行，按照說的話去踐行；「逮」，及，趕上），就覺得很丟臉，這是一件很

恥辱的事。

所以在古代說了但沒做到的人是很少有的，因為講得少、做得多，所以做不到的人很少有。君子說話很笨拙、很延後，行動很敏捷、很靠前，往往是做完了才說，或者做了也不說。」

這三點加在一起就是一個人的信用等級問題，我們稱之為credibility。不知道從什麼時候開始，PPT之風盛行——一個專案還沒有正式開始規畫之前，創始人就已經在PPT上做完了，然後就去跟投資者講自己的專案，投資者聽完表示：「你的夢想不夠大，花的錢不夠多，專案不夠牛，我還不能資投你。」

於是在投資者的推動下、在創業者夢想的推動下，形成了一種很奇怪的社會風氣——沒有做就先說，不管能不能做到，拿到錢再說。

在其他領域你也常常可以聽到類似的情況，我在看這幾段時發現自己又被打臉了。我過去幾年去了很多趟日本考察企業，我發現日本的企業有個特點，很少有企業拿到A輪、B輪、C輪、E輪的融資。

我想，可能儒家思想在某種程度上影響了日本的企業界，我在跟他們交流的過程中發現，一般只要他們答應你的事就會做到。其實日本民間延續了我國孔孟之道的許多經典觀念和做法，而我們卻把這些本應該具備的美好品格遺失了。

言而無信的人，通常脾胃都不好

王鳳儀先生是一位清末民初的東北心理學家，被稱為「儒家的慧能」。據說王鳳儀先生可以透過人的情緒、情感和性情來觀察這個人的身體，可以透過語言的交流幫人治病、調解矛盾。到底有沒有這麼神，我不曾了解，不過我見過鳳儀先生的幾位傳人，都很令人尊敬。

鳳儀先生在《王鳳儀誠明錄》裡提到過一個觀點，一個人如果常常失信於人，他的脾胃通常都是不好的。我是這樣理解的，如果一個人承諾了別人一件事，哪怕是再不可靠的人，心裡也會隱隱的思索做還是不做，沒做成怎麼辦，沒做成怎麼圓這個謊，哪怕他說出來面不改色心不跳，但內心仍然隱隱的有一絲慚愧——這種隱隱的憂思最傷脾胃。

孔子也曾經說過，如果一個人誇誇其談，他的內在很少有真正的人格自信。當然，莊子也許不會這樣認為，他只會說：「這多耗氣呀，沒意義。」

莊子不會在道德是非層面去評判一個誇誇其談的人，但會從能量層面對其進行評判；孔子不僅從能量層面評判一個人，也會從品格層面、觀人（觀察人）的層面進行評判。

讓我們再溫習一下這幾句話，「古者言之不出，恥躬之不逮也」、「以約失之者，鮮矣」、「君子欲訥於言，而敏於行」，這是可靠之人的行為準則。

在當今社會，如果一個人言而無信，起碼對他的朋友圈信用評級來說，會產生非常大的傷害。如果你在朋友圈混成一個可靠的人，其實是很有價值的。說得庸俗點兒，一個可靠的人要獲得投資人的支持，要獲得事業上的支持乃至種種支持，溝通成本會低得多。

因此，反過來看，如果你常常諸事不順，可以稍微反省一下，你是不是說得太多、做得太少。

我在本篇本質上說的是自我的批評與反省——有八〇%的自身能量都長在脖子以上、鼻子以下的那一小部分，雖然覺得自己蠻辛苦的工作、蠻努力的思考，但如果能再少說點、再多做點，你也許會更加喜歡自己。

在一個知識經濟時代，在一個媒體橫行的時代，做得很多、說得很少的人，到底是變得更有價值了，還是變得更不合時宜了呢？

我曾經花過很多時間在這兩個判斷中猶疑，隨著對《論語》的學習，我越來越清楚的發現，不需要別人了解自己，如果當別人了解了自己之後，發現其實你什麼都沒有，這才可怕。如果真明白了這一點，你就會發現，還是應該多做一些、少說一些。

18 哪怕你是對的，也不要太囉唆

原典

子曰：「德不孤，必有鄰。」

子游曰：「事君數，斯辱矣，朋友數，斯疏矣。」

關於人生幸福、快樂的研究有不同版本，但這些版本都顯示，良好的親密關係是幸福人生最重要的指標之一。也就是在一個幸福之人的心理帳戶裡，好朋友所占的比重是最高的。無論是有錢的人還是沒錢的人，概莫能外。

有的人誤以為自己有錢就會有很多好朋友，或許招來的只是關心你錢財的狐朋狗友，也許短時間內會讓你舒服，但長期而言，你在內心仍然會隱隱的感到些許悲傷。所以，如果一個男人僅僅靠錢，一個女人僅僅靠性（女性的魅力）獲得朋友，總是不長久的。

對此，孔子的看法是，子曰：「德不孤，必有鄰。」這句話是說，如果一個人的德行很好，而且不會把自己的德行作為碾軋他人的工具，或者把它收起來不願與人分享，願意把自己的德行分享給別人，必然會在身邊聚攏很多人——他有釋放靈魂氧氣的能力。

什麼是「德不孤」呢？我認為可能有兩個意思，第一是有德，第二是不孤。有德之人，必然想著如何讓別人獲得他們想要的東西，同時也是合乎道的。

在古代為什麼有人能成為酋長、君王？正是因為他能看見某件事的發展方向。每次他的預言其實是自己看見的東西，因此能帶領大家走向更好的生活，跟隨他的人也就越來越多了。

你相信世界上有某種隱含的規律，不以人的意志為轉移，必然會朝一個方向行動，而且擁有某種週期性嗎？

如果你能在二〇一五年時精準的預測到，大國在崛起的過程中導致的地緣政治衝突，從貨幣的釋放到貨幣的收縮，從產能的過剩到去產能化、優化產能的種種需求，從人口結構進行推演，清晰的描述二〇一八年、二〇一九年的狀態，那麼也許你就是一個有德之人，因為你了解了道。

其實，許多事都是自然而然的朝著一個不以人的意志為轉移的方向流動的，正是因為它具有週期性，才讓我們看到了預測的可能。

有這種得道的能力，並且不孤寒（吝嗇的意思），願意和親密的朋友真誠的分享，這樣的人即使短期內不被了解，稍過一段時間，也會有人聚集在他身邊。當人們看到他在五年前、八年前、十年前講的東西，發現他如今做的事越來越有價值時，跟隨他的人就會越來越多。

這件事的背後，其實是孔子對有德之人的兩個話題的討論。第一，你是否具有足夠的智慧和洞察，了解趨勢、預測趨勢；第二，你是否具有足夠的慈悲，把自己的努力和預測的方向分享於眾人，如是，一定會有很多人追隨你。這就叫「德不孤，必有鄰」。

孔子有一個很有意思的學生子游（子游深得孔子的喜歡，算是孔門十位比較著名的代表性弟子之一。他延展了孔子「德不孤，必有鄰」的思想，講到不僅要「德不孤」，更關鍵的是還要不囉唆。所以我常常覺得，一個人的學生很可能在某些時候並不差於老師，只不過他恰好成了學生而已），也對有德之人發表過看法——子游曰：「事君數，斯辱矣，朋友數，斯疏矣。」

子游這句話的意思是，如果你是部屬，告訴主管要小心這樣、小心那樣，講多了他不接受，你就不要再講了，否則一定會遭到羞辱。因為他覺得你很煩，你以為自己是為他好，但在言語中，傳遞的全是「我比你聰明」、「我看到的比你多」、「我比你優秀」、「我比你更得道」……所以他一定會在自己的權力和能力範圍內，給你足夠的難堪。

如果你看見一位朋友走在不正確的道路上，你反覆的勸說他這樣做不對，時間長了他也會離你而去。所以，無可無不可，佛渡有緣人。**如果你覺得自己提的意見是對他人好，但對方不接受，請你也不要太過激烈的強制性分享。**

人與人之間的關係，就像彈簧一樣

《論語》中的這兩句話很有意思，第一句是說你願意把自己看到的分享給大家，就會有朋友；第二句是說如果分享過度，朋友就會離你而去。

人與人之間的關係，就像彈簧一樣，如果距離遠，彈性就大，你具備的好德行，就會把品行不好的人「拉」回來；**如果距離太近，對方對你的建議無動於衷，你還非要靠過去解救他，就會被「彈」回來**。

有時我們知道父母被樓下推銷床墊、按摩椅的人騙了一萬元，感到很生氣，於是破口大罵：「我早就跟你說過了，那人是騙子，這樣的床墊最多賣五千元，他卻賣給你一萬元，我給你的錢難道就是用來買這個的嗎？」

其實老人家什麼沒有見過啊，他只是用額外的五千元買了一個「乾兒子」，天天陪他聊天——親生兒子給五萬元，他便拿五千元作為額外消費買一個「乾兒子」來做親兒子該做的事，「中間商賺差價」，有何不好呢？

如果你明白給父母錢，其實就是讓他們開心，彌補自己不能經常陪伴他們的損失，內心就會舒服了。

樓下賣床墊的小哥，陪你父親說了一年的話，平時幫他搬煤氣罐，處理各種事，最後感動得你父親從他那買了一張床墊、一個按摩椅、一個洗腳盆，讓人家賺五千元又有什麼不行呢？

你有沒有想過我之前舉的例子，如果你天天喋喋不休的跟你父親說這些事，不讓他再買，防止上當受騙，最後甚至可能發展成他對你回家都會產生畏懼。

反過來，父母天天追著兒子說該結婚了，追著女兒說該嫁人了，趕緊去談戀愛；如果剛結婚，就催促趕緊生小孩；剛剛生了一胎，那就再生第二胎……你會有什麼反應？

很多年輕人就是因為這些原因，不知道如何向父母打電話表示慰問，不知道如何與父母共處，漸漸的彼此之間就會疏遠。

因此，上下級、父母子女等很多人際關係都存在著「哪怕你是對的，但你太囉唆了」的危險境遇。

孔子真是人世間處理人際關係的「老司機」，他花了很長時間研究很真誠而樸實的人生幸福學的真理。首先，看見世界的發展趨勢；其次，不吝於分享；最後，不強迫分享。

這三個次第就是本篇我和大家分享的「德不孤，必有鄰」、「事君數，斯辱矣，朋友數，斯疏矣」（「疏」是數次、屢次的意思）的實際應用。

我覺得人生最美妙的事莫過於很多年前，有一個很好的朋友告訴你他的預測，並且幫你具體分析。比如有人在一九九八年、一九九九年時告訴你，在北京二環以里，看見任何一座出售的四合院，就把它買下來。

他後來出國了，沒有跟你說別的，只是向你展示了很詳細的推演——貨幣會增發、國內生產毛額會增長、人們最終還是會對北京二環以里的一塊土地或一棟房子擁有不可抗拒的獲得感，而且相較而言，其他很多努力產生的回報可能遠不如這個高等，走之前還說：「如果你需要，我可以借錢給你。」

一九九八年、一九九九年時，北京一座小的四合院大概是一百五十萬元；到了二〇〇三年非典型性肺炎時，南池子翻新的四合院，最低可以賣到四百萬元；到今天，一座四合院基本上得三、五個億。

如果有一位朋友告訴你要這樣做，這叫有德；然後很認真的幫你分析，還表示願意借錢給你，這叫不孤。後來他出國了，環遊世界，回來看看當年買的四合院，算了一下玩了二十年，還賺了三個億，只用了一個億。

當時人家願意借錢給你，但你覺得沒必要，因為擔心自己還不了就沒借。後來朋友偶爾打電話給你時也不聊這件事，只跟你聊聊家長里短，或者在不同地方寄一份當地的橄欖油、面膜、文物、明信片等有紀念的物品，無謂高低貴賤，想起什麼就寄給你。

當他回來時，你對他是什麼樣的心情？不是好友多年不見的親密感這種簡單的情感，而是「哥，你太強了，你怎麼當年就知道房價會漲，還表示願意給我這麼多支持，而且從來沒有逼迫我，我要向你表示感謝」這種很豐富的情感。

這位朋友再跟你說：「今年你還可以做這件事，如果你沒錢，我還願意借你一點。」你對這位朋友的態度會如何？這麼多年，你們未必見過幾次面，中間也沒有發生什麼事，但我相信你對他的信賴、忠誠、支持，那種他去哪兒你去哪兒，他指哪兒你打哪兒的決心全都在其中了。

這是我的一位朋友親身經歷的簡化版演繹，我在這個故事裡看到了「德不孤」的力量。如果你是一個有遠見的人，請做到後面兩點；如果你連第一點都做不到，請在身邊尋找能做到的人，並且深深的相信他，保證你每天都能睡好覺。

附錄

學而篇

1 子曰：「學而時習之，不亦說乎？有朋自遠方來，不亦樂乎？人不知而不慍，不亦君子乎？」

2 有子曰：「其為人也孝弟，而好犯上者，鮮矣；不好犯上，而好作亂者，未之有也。君子務本，本立而道生。孝弟也者，其為仁之本與！」

3 子曰：「巧言令色，鮮矣仁！」

4 曾子曰：「吾日三省吾身：為人謀而不忠乎？與朋友交而不信乎？傳不習乎？」

5 子曰：「道千乘之國：敬事而信，節用而愛人，使民以時。」

6 子曰：「弟子入則孝，出則弟，謹而信，汎愛眾，而親仁。行有餘力，則以學文。」

7 子夏曰：「賢賢易色，事父母能竭其力，事君能致其身，與朋友交，言而有信。雖曰未學，吾必謂之學矣。」

8 子曰：「君子不重則不威，學則不固。主忠信，無友不如己者，過則勿憚改。」

9 子禽問於子貢曰：「夫子至於是邦也，必聞其政，求之與？抑與之與？」子貢曰：「夫子溫、良、恭、儉、讓以得之。夫子之求之也，其諸異乎人之求之與？」

10 子曰：「父在，觀其志；父沒，觀其行；三年無改於父之道，可謂孝矣。」

11 有子曰：「禮之用，和為貴。先王之道斯為美，小大由之。有所不行，知和而和，不以禮節之，亦不可行也。」

12 有子曰：「信近於義，言可復也；恭近於禮，遠恥辱也；因不失其親，亦可宗也。」

13 子曰：「君子食無求飽，居無求安，敏於事而慎於言，就有道而正焉，可謂好學也已。」

14 子貢曰：「貧而無諂，富而無驕，何如？」子曰：「可也。未若貧而樂，富而好禮者也。」子貢曰：「《詩》云：『如切如磋，如琢如磨。』其斯之謂與？」子曰：「賜也，始可與言《詩》已矣！告諸往而知來者。」

15 子曰：「不患人之不己知，患不知人也。」

為政篇

1 子曰：「為政以德，譬如北辰，居其所而眾星共之。」

2 子曰：「《詩》三百，一言以蔽之，曰『思無邪』。」

3 子曰：「道之以政，齊之以刑，民免而無恥；道之以德，齊之以禮，有恥且格。」

4 子曰：「吾十有五而志于學，三十而立，四十而不惑，五十而知天命，六十而耳順，七十而從心所欲，不逾矩。」

5 子曰：「吾與回言終日，不違如愚。退而省其私，亦足以發。回也，不愚。」

6 子曰：「視其所以，觀其所由，察其所安。人焉廋哉？人焉廋哉？」

7 子曰：「溫故而知新，可以為師矣。」

8 子曰：「君子不器。」子貢問君子。

9 子曰：「先行其言，而後從之。」

10 子曰：「君子周而不比，小人比而不周。」

11 子曰：「學而不思則罔，思而不學則殆。」

12 子曰：「攻乎異端，斯害也已！」

13 子曰：「由！誨女知之乎？知之為知之，不知為不知，是知也。」

14 子張學干祿。子曰：「多聞闕疑，慎言其餘，則寡尤；多見闕殆，慎行其餘，則寡悔。言寡尤，行寡悔，祿在其中矣。」

15 哀公問曰：「何為則民服？」孔子對曰：「舉直錯諸枉，則民服；舉枉錯諸直，則民不服。」

16 子曰：「人而無信，不知其可也。大車無輗，小車無軏，其何以行之哉？」

17 子張問：「十世可知也？」子曰：「殷因於夏禮，所損益，可知也；周因於殷禮，所損益，可知也；其或繼周者，雖百世可知也。」

18 子曰：「非其鬼而祭之，諂也。見義不為，無勇也。」

八佾篇

1 孔子謂季氏：「八佾舞於庭，是可忍也，孰不可忍也？」

2 子曰：「人而不仁，如禮何？人而不仁，如樂何？」

3 子曰：「夷狄之有君，不如諸夏之亡也。」

4 子夏問曰：「『巧笑倩兮，美目盼兮，素以為絢兮。』何謂也？」子曰：「繪事後素。」曰：「禮後乎？」子曰：「起予者商也！始可與言《詩》已矣。」

5 子曰：「夏禮，吾能言之，杞不足徵也；殷禮，吾能言之，宋不足徵也。文獻不足故也。足則吾能徵之矣。」

6 祭如在，祭神如神在。子曰：「吾不與祭，如不祭。」

7 王孫賈問曰：「與其媚於奧，寧媚於灶，何謂也？」子曰：「不然，獲罪於天，無所禱也。」

8 子曰：「周監於二代，郁郁乎文哉！吾從周。」

9 子曰：「射不主皮，為力不同科，古之道也。」

10 子曰：「事君盡禮，人以為諂也。」

11 定公問：「君使臣，臣事君，如之何？」孔子對曰：「君使臣以禮，臣事君以忠。」

12 子曰：「〈關雎〉，樂而不淫，哀而不傷。」

13 哀公問社於宰我。宰我對曰：「夏后氏以松，殷人以柏，周人以栗，曰使民戰慄。」子聞之曰：「成事不說，遂事不諫，既往不咎。」

14 子曰：「管仲之器小哉！」或曰：「管仲儉乎？」曰：「管氏有三歸，官事不攝，焉得儉？」「然則管仲知禮乎？」曰：「邦君樹塞門，管氏亦樹塞門；邦君為兩君之好，有反坫，管氏亦有反坫。管氏而知禮，孰不知禮？」

15 子語魯大師樂。曰：「樂其可知也：始作，翕如也；從之，純如也，皦如也，繹如也，以成。」

16 儀封人請見。曰：「君子之至於斯也，吾未嘗不得見也。」從者見之。出曰：「二三子，何患於喪乎？天下之無道也久矣，天將以夫子為木鐸。」

里仁篇

1 子曰：「里仁為美。擇不處仁，焉得知？」

2 子曰：「不仁者不可以久處約，不可以長處樂。仁者安仁，知者利仁。」

3 子曰：「唯仁者能好人，能惡人。」

4 子曰：「苟志於仁矣，無惡也。」

5 子曰：「富與貴是人之所欲也，不以其道得之，不處也；貧與賤，是人之所惡也，不以其道得之，不去也。君子去仁，惡乎成名？君子無終食之間違仁，造次必於是，顛沛必於是。」

6 子曰：「朝聞道，夕死可矣。」

7 子曰：「士志於道，而恥惡衣惡食者，未足與議也。」

8 子曰：「君子之於天下也，無適也，無莫也，義之與比。」

9 子曰：「君子懷德，小人懷土；君子懷刑，小人懷惠。」

10 子曰：「放於利而行，多怨。」

11 子曰：「能以禮讓為國乎？何有？不能以禮讓為國，如禮何？」

12 子曰：「不患無位，患所以立；不患莫己知，求為可知也。」

13 子曰：「參乎！吾道一以貫之。」曾子曰：「唯。」子出，門人問曰：「何謂也？」曾子曰：「夫子之道，忠恕而已矣。」

14 子曰：「君子喻於義，小人喻於利。」

15 子曰：「事父母幾諫，見志不從，又敬不違，勞而不怨。」

16 子曰：「父母在，不遠遊，遊必有方。」

17 子曰：「三年無改於父之道，可謂孝矣。」

18 子曰：「父母之年，不可不知也。一則以喜，一則以懼。」

19 子曰：「古者言之不出，恥躬之不逮也。」

20 子曰：「以約失之者，鮮矣。」

21 子曰：「君子欲訥於言，而敏於行。」

22 子曰：「德不孤，必有鄰。」

23 子游曰：「事君數，斯辱矣，朋友數，斯疏矣。」

國家圖書館出版品預行編目（CIP）資料

讀論語，做一個沒有敵人的人：《論語》就是一堂孔子給現代人的快樂幸福公開課。／梁冬著. -- 初版.
-- 臺北市：任性，2021.03
416 面；17×23公分. --（drill：009）
ISBN 978-986-99469-2-6（平裝）

1. 論語 2. 修身 3. 生活指導

192.1　　109020130

drill 009

讀論語，做一個沒有敵人的人

《論語》就是一堂孔子給現代人的快樂幸福公開課。

作　　者／梁冬
責任編輯／蕭麗娟
校對編輯／郭亮均
美術編輯／張皓婷
副總編輯／顏惠君
總 編 輯／吳依瑋
發 行 人／徐仲秋
會　　計／許鳳雪、陳嬋娟
版權經理／郝麗珍
行銷企劃／徐千晴、周以婷
業務助理／王德渝
業務專員／馬絮盈、留婉茹
業務經理／林裕安
總 經 理／陳絜吾

出 版 者／任性出版有限公司
營運統籌／大是文化有限公司
臺北市 100 衡陽路 7 號 8 樓
編輯部電話：（02）23757911
購書相關資訊請洽：（02）23757911 分機 122
24 小時讀者服務傳真：（02）23756999
讀者服務 E-mail：haom@ms28.hinet.net
郵政劃撥帳號／ 19983366 戶名／大是文化有限公司

法律顧問／永然聯合法律事務所
香港發行／豐達出版發行有限公司 Rich Publishing & Distribution Ltd
地址：香港柴灣永泰道 70 號柴灣工業城第 2 期 1805 室
Unit 1805,Ph .2,Chai Wan Ind City,70 Wing Tai Rd,Chai Wan,Hong Kong
Tel：2172-6513 Fax：2172-4355
E-mail：cary@subseasy.com.hk

封面設計／林雯瑛
內頁排版設計／ Judy
印　　刷／鴻霖印刷傳媒股份有限公司
出版日期／ 2021 年 3 月初版
定　　價／新臺幣 499 元（缺頁或裝訂錯誤的書，請寄回更換）
ISBN 978-986-99469-2-6
